四川省哲学社会科学规划后期资助项目(SC18H010)

Chuancai Chanye Xiang Xiandai Fuwuye Zhuanxing Shengji Yanjiu

川菜产业向现代服务业转型升级研究

李进军 著

西南财经大学出版社
中国·成都

图书在版编目(CIP)数据

川菜产业向现代服务业转型升级研究/李进军著.—成都:西南财经大学出版社,2020.6

ISBN 978-7-5504-4393-8

Ⅰ.①川…　Ⅱ.①李…　Ⅲ.①川菜—饮食业—产业发展—研究—中国
Ⅳ.①F719.3

中国版本图书馆 CIP 数据核字(2020)第 081450 号

川菜产业向现代服务业转型升级研究

李进军　著

策划编辑:李邓超
责任编辑:李特军
责任校对:欧彩霞
封面设计:张姗姗
责任印制:朱曼丽

出版发行	西南财经大学出版社(四川省成都市光华村街 55 号)
网　　址	http://www.bookcj.com
电子邮件	bookcj@foxmail.com
邮政编码	610074
电　　话	028-87353785
照　　排	四川胜翔数码印务设计有限公司
印　　刷	郫县犀浦印刷厂
成品尺寸	170mm×240mm
印　　张	17.5
字　　数	334 千字
版　　次	2020 年 6 月第 1 版
印　　次	2020 年 6 月第 1 次印刷
书　　号	ISBN 978-7-5504-4393-8
定　　价	78.00 元

1. 版权所有,翻印必究。
2. 如有印刷、装订等差错,可向本社营销部调换。

前　言

川菜产业指从事川菜加工制作、销售、服务，以餐饮业为核心的企业经济活动的集合，涉及生产、加工、销售、服务等领域。川菜产业一直以来都被认为是技术和知识集成度不高的劳动密集型产业，即传统服务业。然而，传统服务业的属性并不意味着川菜产业属于夕阳产业，其发展伴随着第一产业的种植业、养殖业和第二产业的食品加工业以及第三产业的旅游业、现代物流业的发展，产业间的互动持续地为川菜产业的发展提供着动力源泉。正因为川菜产业对经济发展有着巨大的贡献和价值，政府一直以来都十分重视川菜产业的发展。早在1999年，四川省人民政府就出台了《关于大力发展川菜产业有关问题的通知》（川府发〔1999〕67号），四川省商务厅于2013年制定了《四川省川菜产业发展规划（2013—2015）》，成都市人民政府办公厅于2016年出台了《关于进一步加快成都市川菜产业发展的实施意见》（成办发〔2016〕22号），为川菜产业的发展进行了较完善的顶层设计。然而，新常态下消费者不断增长的多样化、个性化需求对川菜产业的发展提出了新的挑战。川菜产业在发展过程中暴露出了发展战略不明确、生产经营方式较传统、市场营销理念较落后、产业集聚不明显、技术水平有待提升等问题，而解决这些问题的关键在于推进川菜产业向现代服务业转型升级，以现代服务业的标准来推动川菜产业的发展。

同时，数字经济背景下现代服务业与现代制造业的协同发展已经成为我国经济转型的重要支撑。现代服务业的高技术集成、高文化集成、高素质人力资源集成特性将会带给消费者高层次的消费体验，将使服务附加值大幅提升。"互联网"和"物联网"也正在凸显现代制造业的价值。川菜产业是以服务业为主的一、二、三产业复合体。技术集成、文化集成、高素质劳动者集成的方式和"互联网""物联网"思维将会为川菜产业的发展带来新的活力，也将使川菜产业所涉及的生产、加工、销售、服务有机整合起来，创造更大的产业附加值，达到资源配置的效用最大化。因此，改变川菜产业的传统服务业属性，寻求转型升级的路径，推动其向现代服务业转型升级具有重大的战略意义。

本书的主要内容包括：

（1）川菜产业发展现状和面临的主要问题。近年来，川菜产业持续发展，对全省经济社会发展的贡献不断增大。但随着经济、社会和技术环境发生快速而深刻的变化，特别是消费者需求的不断变化，川菜产业的发展面临着诸多挑战。本部分作为本研究的出发点，梳理川菜产业的发展历史和现状，特别是系统地分析所面临的主要问题，为研究川菜产业转型升级路径提供支撑。

（2）川菜产业转型升级的战略性路径研究。随着社会经济的发展，特别是数字经济的萌芽和发展，川菜产业亟需制定更高层次和更长时期的战略目标和路线图，为整个产业的发展寻找制高点。同时，川菜企业在明确发展战略中必须发挥主体作用，特别是要运用适合产业发展的战略规划方法，明确自身的定位和发展方向，为川菜产业的现代服务业转型奠定基础。因此，本部分以川菜产业面临的环境为切入点，系统地研究川菜企业在个性化、多样化的市场需求下，如何进行战略规划。

（3）川菜产业转型升级的治理路径研究。对于川菜企业而言，公司治理问题由来已久。川菜企业从设立到发展的过程中，通常都没有按照现代公司治理的要求进行制度及运营管理的科学设置。在快速发展的过程中，川菜企业更多关注的是菜品的生产和服务的运作，公司治理及运营管理工作多采取一事一设的原则，而不是从顶层进行设计和梳理。因此，川菜企业亟需强调公司治理，使其具有更高的适应外部环境的能力和可持续发展的能力。本章主要研究川菜企业治理模式转型需求，以及公司治理模式的选择和优化。

（4）川菜产业转型升级的生产经营路径研究。川菜企业的生产经营方式转型是川菜产业向现代服务业转型升级的根本。本部分通过对川菜企业生产经营系统的设计、运行、维护、改进和优化，以及对其绩效管理系统设计等模块的研究，为川菜企业实现内部管理的现代化转型提供理论指导。

（5）川菜产业转型升级的技术集成路径研究。川菜产业向现代服务业转型升级，就是由传统的“粗放型、模糊型、经验型经营”向“精细化、流程化、连锁规模化经营”转型。本部分研究首先将信息化管理技术融入川菜产业的发展中，进行产业价值链的重构，从而使产业具有高科技与技术密集的特征；并利用“互联网”“物联网”战略的实施使川菜企业融入现代物流配送体系等现代服务业中，使川菜产业成为现代服务业的重要组成部分，进而实现产业成本的降低、服务质量的提高、客户关系的融洽，最终实现川菜产业价值的实质提升。

（6）川菜产业转型升级的文化集成路径研究。高品位的文化集成是现代服务业的重要属性。四川拥有悠久的饮食历史文化，这为川菜产业的文化集成提供了坚实的基础。本部分以巴蜀文化中的饮食文化为切入点，将川菜产业与巴蜀饮食文化、酒文化、茶文化、川西少数民族文化等进行有机整合，挖掘川菜文化背后所蕴含的营销内涵，研究文化集成的区域品牌形成路径。合理分工、持续创新，以达到川菜区域品牌识别、搭载和集聚效应。

（7）川菜产业转型升级的人力资源管理及人才培养路径研究。川菜产业必须集成众多高素质人力资源及拥有丰富知识的人才，才能在转型升级中找准方向、明确管理方式，并通过培养不同类型的人才满足产业发展中的多样化需求，进而提升产业的竞争力。本部分通过对川菜产业面临的人力资源管理问题的分析，提出川菜产业的人力资源改革思路和人才培养路径。

（8）清晰地界定政府及行业协会在产业升级转型中的定位和作用。本部分主要为政府及行业协会提出政策建议。首先，界定政府、行业协会、企业三方的关系，探索建立发展共同体；其次，研究政府和行业协会在政、产、学、研、用中的引导作用，研究建立决策咨询机构，搭建合作平台；最后，研究政府和行业协会在转型升级政策资金支持、促进行业自律、技术创新、交流、推广等方面的作用，提出相应的政策建议。

本书受到了四川省哲学社会科学规划后期资助项目（SC18H010）、四川高校科研创新团队建设计划（18TD0044）、四川省社会科学高水平研究团队（川菜国际化发展）的资助。同时，本书得到了四川旅游学院卢一教授、陈云川教授、胡培教授、杜莉教授的指导和帮助，在此对他们表示诚挚的谢意。受作者水平、研究视角、研究方法等主客观因素所限，书中难免出现错误或遗漏，恳请读者批评指正。

李进军

2020 年 6 月

目　录

1 引言

1.1 研究背景

川菜产业指从事川菜加工制作、销售、服务，以餐饮业为核心的企业经济活动的集合，涉及生产、加工、销售、服务等领域。川菜产业一直以来被认为是技术和知识集成度不高的劳动密集型产业，即传统服务业。然而，传统服务业的属性并不意味着川菜产业属于夕阳产业，其发展伴随着第一产业的种植业、养殖业和第二产业的食品加工业以及第三产业的旅游业、现代物流业的发展，产业间的互动持续地为川菜产业的发展提供着动力源泉。正因为川菜产业对经济发展有着巨大的贡献和价值，政府一直以来都十分重视川菜产业的发展。早在1999年，四川省人民政府就出台了《四川省人民政府关于大力发展川菜产业有关问题的通知》（川府发〔1999〕67号），四川省商务厅也于2013年制定了《四川省川菜产业发展规划（2013—2015）》，成都市人民政府办公厅于2016年出台了《关于进一步加快成都市川菜产业发展的实施意见》（成办发〔2016〕22号），为川菜产业的发展进行了较完善的顶层设计。然而，新常态下消费者不断增长的多样化、个性化需求为川菜产业的发展提出了新的挑战。川菜产业在发展过程中暴露出了发展战略不明确、生产经营方式较传统、市场营销理念较落后、产业集聚不明显、技术水平有待提升等问题，而解决这些问题的关键在于用现代服务业的标准来衡量和变革川菜产业。

数字经济背景下现代服务业与现代制造业的协同发展已经成为我国经济转型的重要支撑。现代服务业的高技术集成、高文化集成、高素质人力资源集成特性将会带给消费者高层次的消费体验，将使服务附加值大幅提升。“互联网”和“物联网”也正在凸显现代制造业的价值。川菜产业是以服务业为主的一、二、三产业复合体。技术集成、文化集成、高素质劳动者集成的方式和

"互联网""物联网"思维将会为川菜产业的发展带来新的活力，也将使川菜产业所涉及的生产、加工、销售、服务有机整合起来，创造更大的产业附加值，达到资源配置的效用最大化。因此，改变川菜产业的传统服务业属性，寻求转型升级的路径，推动其向现代服务业转型升级将具有重大的战略意义。

1.2 国内外研究现状

本课题的理论基础主要建立在现代服务业的内涵及特征、传统产业转型升级和川菜产业的发展理论上。

1.2.1 现代服务业的内涵及特征研究

1.2.1.1 现代服务业的内涵研究

人类社会在20世纪经历了深刻的社会结构和经济结构变迁，西方主要工业国家逐步从工业型经济转变为服务型经济，服务业在经济发展中的比重不断提升，发展水平已经成为衡量经济体社会经济发展水平的重要标志。进入21世纪以来，西方主要发达国家的经济结构实现了更为深刻的调整，服务业的比重可以占到整个国内生产总值（GDP）的70%以上，服务业所吸纳的就业人数也占到70%以上，而现代服务业已经成为服务业的主要组成部分，经济发展开始更多地依靠现代服务业拉动。

2002年11月，党的十六大报告明确指出，要加快现代服务业发展，提高第三产业在国民经济中的比重，"现代服务业"自此成为我国产业发展中的一个重要概念。然而，学术界一直以来对现代服务业都没有统一的明确定义界定。

（1）生产性服务业

现代服务业的概念界定首先来自对产品生产部门和服务生产部分的分类，而在这些分类中，与传统服务业不同的一个概念就是生产性服务业概念的出现。Browning和Singleman（1975）根据联合国标准产业分类（SIC）的规则，将商品产业和服务产业进行了分类，如表1-1所示。

表 1-1　商品产业与服务产业的分类

<table>
<tr><th>生产部门类型</th><th colspan="2">产业类型</th></tr>
<tr><td>商品生产部门</td><td colspan="2">农业、制造业、建筑业、公共事业、采矿业、石油与煤气业、林业、渔业与捕获业</td></tr>
<tr><td rowspan="3">服务生产部门</td><td>消费者服务业</td><td>招待与食品服务、私人服务、娱乐与消遣服务、杂项服务</td></tr>
<tr><td>生产者服务业</td><td>企业管理服务、金融服务、保险与房地产服务</td></tr>
<tr><td>分配服务业</td><td>运输与储藏、交通与邮电、批发与零售</td></tr>
</table>

资料来源：经济学家布朗宁（Browning）和辛格曼（Singleman）于 1975 年根据联合国标准产业分类（SIC）的规则进行的商品产业与服务业分类。

Healey 和 lbery（1991）将不同类型的服务业进行了进一步的梳理，将服务业区分为货物相关的服务业、公共服务业、基本服务业、生产性服务业四类。Grubel 和 Walker（1993）研究了服务业的增长原因和影响问题。他们提出，二战以后西方主要工业国家的实际经济增长，几乎全部来源于生产者服务或中间投入服务。20 世纪 80 年代中后期到现在，生产者服务业产出占全部服务部分产出的一半以上①。也就是说，发达国家服务业特别是生产性服务业的持续增长，大多数都被物化在数量不断增加的、用于最终消费或者国际贸易的商品和服务当中，在很大程度上反映了经济增长过程中知识资本和人力资本的巨大推动作用，反映了市场容量的扩大和社会专业化程度的不断提高②。刘志彪（2001）对生产者服务业给出了进一步的定义，即指那些为进一步生产或者最终消费而提供服务的中间投入。而所谓的传统服务业则是用于最终消费的服务，如零售、医疗、餐饮等服务业，他们所提供的服务并不是用来进行二次加工或为下一次的服务进行的中间投入，则不属于生产者服务业。虽然对服务业的概念还存在很多种定义，但对生产性服务业定义的界定，学术界还是比较一致的。国际上较为通行的统计计算方法是，将服务业中公共服务和消费者服务排除在外所剩余的服务业即为生产性服务业。与生产性服务业的概念界定相一致。

生产性服务业对经济增长产生了显著的推动作用，主要原因是社会大分工导致的专业化生产厂商的不断增加。专业化生产恰恰是以人力资本投入和知识资本投入为最主要标志的。人力资源和知识资源的价值在生产性服务业中体现

① 格鲁伯，沃克. 服务业的增长：原因与影响［M］. 陈彪如，译. 上海：上海三联书店，1993：4-6.

② 刘志彪. 论以生产性服务业为主导的现代经济增长［J］. 中国经济问题，2001（1）：10-17.

得最为明显，也就意味着西方主要工业国家二十世纪后半叶及二十一世纪前期的快速发展很大程度上取决于知识密集型产业的发展。那些知识资本和人力资本匮乏的国家，只能出口低技术的劳动密集型产品或者物质资本密集型产品①。

（2）现代服务业

生产性服务业的概念界定是比较明确的，但现代服务业的概念界定还有很多角度上的差异，大致可以包括四个方面：

一是认为现代服务业的核心就是生产性服务业，生产性服务业所依赖的人力资本和知识资本投入正是现代服务业的典型特征，现代服务业就是为生产服务的服务产业，现代服务业的发展带动的是制造业的发展。刘志彪（2001）认为，现代服务业是从传统制造业的部分缓解分化而成的，是伴随着现代化科学技术而发展起来的。因此，研究现代服务业与制造业协调发展的关系成为学界研究的重点。

二是认为现代服务业是以现代信息技术和知识经济为核心的新兴产业。Machlup（1962）在《美国的知识生产与分配》中论述到，知识是经济增长的关键要素，科学生产的知识既是提高未来生产效率的一种投资，也是在社会生活过程中进行消费的投资。他创建了知识产业理论，重新认识了知识在以现代科学技术为基础的世界新技术革命和产业革命中的作用，该书也成为现代服务业最重要的理论文献之一。胡启恒（2003）提出，现代服务业实质上就是社会进步、经济发展和社会分工的专业化需求。信息技术对现代服务业的发展起到了推动和保障的作用，同时也影响着服务经营模式和管理模式的变革，推动着市场机制和政府职能的转变。现代服务业是一个相对动态的概念，是第三产业的延伸和发展，具有高技术性、知识性和新兴性的特征（刘重，2005）。从实质上讲，现代服务业的产生和发展与信息技术的扩散和应用密不可分（盖建华，2010）。

三是认为现代服务业是指依托电子信息等高技术或现代经营方式和组织形式而发展起来的服务业。其包含的领域既包括以现代信息技术为基础的新兴服务业，也包括对传统服务业的现代化改造和升级（孙晓峰，2004），还包括一些新型的、满足个人更高精神追求的现代消费性服务行业（尚永胜，2005）。

四是认为现代服务业是以生产性服务业为核心，扩展部分高技术含量消费

---

① 刘志彪. 论以生产性服务业为主导的现代经济增长［J］. 中国经济问题，2001（1）：10-17.

性服务业的新兴产业。徐国祥、常宁（2004）在《现代服务业统计标准的设计》一文中提出，现代服务业的核心是生产性服务业，经济的信息化和知识化是理解现代服务业的关键，服务业正在向生产领域渗透，其范围也逐渐同生产领域相融合。特别还提出了现代服务业的基本判别标准：与生产过程相结合、与市场交易过程相结合、与创新过程相结合、与信息技术相结合。谭仲池（2007）提出，现代服务业是在工业化比较发达阶段产生的，指工业产品的大规模消费阶段以后快速增长，主要依托信息技术和现代化管理手段发展起来，信息和知识相对密集的服务业，主要包括信息、物流、金融、会计、咨询、法律服务等行业，还包括那些不生产商品和货物的产业。与传统服务业相比，现代服务业更突出高科技含量与技术密集型的特点。

事实上，对于现代服务业的定义，并没有一个学术界共同认可的标准。本书认为，现代服务业是以生产性服务业为核心，服务于生产部门和具有个性化、多样化需求的消费者，以高技术附加、高知识附加、高增值性和集群性、从业人员高素质性和新兴性为特征的服务业。

1.2.1.2 现代服务业的特征

关于现代服务业的特征，普遍的观点是“三新”和“三高”，即新技术、新业态、新方式和高人力资本、高信息含量和高技术含量（李善同，2002）。从这些普遍的观点来看，现代服务业与传统制造业和传统服务业的协同发展及相互渗透，实现产业链的优化和价值创造的创新，已经成为现代服务业发展的重要特征。在经济和产业结构发生深刻变化的今天，价值创造的过程已经显著从物质经济向非物质经济过渡，产业增加值很大一部分通过服务活动创造（马云泽，2008）。国务院发展研究中心来有为（2013）认为，现代服务业的商业模式不断创新，促进了我国实体经济的快速发展，促进了生产销售和流通领域的变革；人力资本是现代服务业发展的关键要素，高度的人力资本和知识资本密集是现代服务业的典型特征；现代服务业积极参与国际产业分工与协作，我国现代服务业已经成为国际产业链中的重要组成部分。综合多种针对现代服务业的特征分析，我们可以得出如下几点川菜产业向现代服务业转型升级所应具备的特征：

（1）服务性特征

服务性是服务业的首要特征，对于现代服务业而言，其服务性特征的体现主要表现在服务对象的差异上。现代服务业的服务对象主要是制造业、生产最终消费品的厂商及实施最终服务的服务商，同时也包括不同以往的最终消费者，即追求个性化、多样化需求的高层次消费者。服务对象的不同是现代服务业与传统服务业最显著的差异。因此，川菜产业向现代服务业转型升级的典型特征也是为个性化、多样化消费者提供高层次川菜产品和服务。

（2）知识密集特征

现代服务业最典型的特征就是高知识附加特性。伴随着社会分工和专业化生产，现代服务业越来越依赖于拥有丰富知识和经验的专业人才，通过知识密集型企业的价值创造活动，增加传统制造业和传统服务业的附加值，推动经济的高水平发展。因此，川菜产业的转型升级不再依靠密集型简单劳动驱动，而是由具有丰富知识和经验的专业人才驱动，并与智能制造紧密结合。

（3）信息密集特征

现代商业体是多层次、多维度的信息集合体，信息密度越高的产业增值速度越快。信息的大量聚集促进了现代服务业的产生和发展，使得现代服务业具有高信息集成的产业特征。因此，只有大量的信息集中与分散才能促使川菜产业价值链创新，使得川菜产业成为通过价值链的创新获得更高附加值的产业。

（4）技术密集特征

高新技术集成是现代服务业的重要特征，现代服务业区别于传统服务业的标志之一就是高新技术的聚集。高新技术的聚集可以促进商业模式的创新和专业化生产，也可以促使产业间的相互扩展融合。因此，川菜产业的现代化转型需要借助高新技术集成，促使其与现代制造业和现代信息产业扩展融合，降低生产成本，提升生产效率，创新商业模式，进而满足个性化、多样化的高层次餐饮消费。

（5）专业化特征

现代服务业来源于社会分工和专业化生产，使得现代服务业具有鲜明的专业化特征。现代服务业一般来说不是完整的产业链，而是处于产业链条中的一环或一部分，专业化使得现代服务业产业以最优化的成本实现了最快的价值增值。川菜产业的现代服务业转型就是要凸显川菜企业的专业化分工特色，以川菜企业为核心，构建一体化的供应链体系，而不是一家企业提供所有的产品和服务。

（6）扩展融合特征

现代服务业并不是独立存在的，一部分现代服务业由制造业衍生而来，另一部分由传统服务业衍生而来。这使得现代服务业一开始就具有很好的扩展融合特性，其具有从传统产业衍生为新兴产业的能力，也具有从新兴产业回归传统产业的能力，还具有从一个产业向另一个产业融合演变发展的能力。现代服务业转型促使川菜产业的边界不断模糊，也不断扩展，与相关产业的融合不仅会产生新的商业模式，甚至可能产生新的产业模式和产业生态，促使川菜产业获得更大的发展空间。

（7）规则化特征

现代服务业的规则效应非常明显，这种规则不仅仅体现在知识规则、技术规则的应用上，更体现在管理方法、运营方式和组织方式的规则运用上。特别是在川菜产业的转型升级方面，现代服务业的规则效应尤为显著，即高新技术规范化、运营方式规范化、管理方式规范化、组织方式规范化，都是川菜产业向现代服务业转型升级的重要路径。

（8）商业模式创新性特征

商业模式就是对企业全部价值活动的有效整合，可以概括为价值活动识别、价值活动重组、整合全体利益方的关系及有效性评估和检验。现代服务业多提供的专业化生产、知识化运营、扩展和融合空间为企业商业模式的创新提供了有效的支撑。川菜产业要想拥有更强的价值创造能力，商业模式的创新性也就必须成为其转型的典型特征之一。

1.2.2 传统服务业转型升级为现代服务业的路径

虽然很多分类将现代服务业与传统服务业相分离，但传统服务业只要具备了现代服务业的特征，对传统的存在方式（生产、交易、创新、技术方面）有所突破，特别是与生产领域相结合，同时具备了现代服务业的价值创造力，就可称之为现代服务业。川菜产业即是具备这样转型升级条件的产业之一。在传统产业的转型升级研究方面，郭金喜（2007）认为，传统产业集群作为一个由路径依赖性质主导同时又不断受到外部冲击影响的复杂系统，其升级并非单纯源于集群自身的主动构建，在多数情况下，主要是外部冲击使然。基于蝴蝶效应与路径依赖耦合的集群演化模式，对于川菜产业的转型升级有着较明显的解释效应。张海梅（2009）指出，传统产业的升级本质是转变产业发展模式，由粗放型向集约型转变，从数量规模型向品牌效益转变，优化产业结构，提升产业层次。虽然其在研究中列出了传统产业转型升级中面临的普遍性问题，但没有针对某个行业提出转型升级的路径支撑。张银银、邓玲（2013）提出了产业转型升级需要创新驱动，促进知识积累、学习、创造及扩散。为推进传统企业技术结构、生产方式、组织结构等变革，他们还特别提出了选择适当的创新形式，培育壮大新兴产品及业务，促进创新链与传统产业链有效融合，集聚创新要素推进传统产业集群向战略性新兴产业集群转变。这些研究为川菜产业的转型升级提供了必要的理论基础。

关于川菜产业的转型升级研究并不多见，主要集中于川菜产业化研究及川菜技术转型研究。陈云川（2001）对川菜产业技术装备现代化、川菜企业标准化建设、更新营销观念、提高产业集中程度、满足产业人才需求等方面进行了川菜产业转型升级的对策研究，较为系统地进行了川菜产业化的研究。除此之外，基于川菜产业的研究方向多集中于川菜本身及其调味品以及川菜国际化方面。本书将对川菜产业及产业的转型升级进行系统的研究，通过数字经济条件下川菜产业转型升级的路径研究，为川菜产业的健康可持续发展提供理论指导。

1.3 研究意义

发展川菜产业，推进川菜产业向现代服务业转型不仅可以满足人民群众不断增长的餐饮消费需求，有效缓解就业压力，还可以促进和带动农业、食品加工业和旅游业等相关产业发展，推动经济转型升级，增强区域综合竞争力。本书的研究意义主要表现在：

第一，有利于拉动内需，支撑四川省经济的增长。从经济学的角度讲，拉动经济发展的三驾马车分别是出口、投资和消费。由于全球性的经济问题和我国经济结构的矛盾，出口对经济增长的贡献已大大降低，通过不断加大投资所获得的经济增长也是不可持续的。因此，消费对经济增长的贡献比例越来越大。推动川菜产业转型升级，可以极大地提高该产业服务于消费者的能力，使消费者需求得到满足，进而使产业附加值增加，最终使川菜产业成为拉动内需的重要产业之一。

第二，从产业层面厘清川菜产业化过程中面临的问题。川菜产业的发展一直以来都处于“头痛医头、脚痛医脚”的状态，没有真正从产业层面对其进行全面系统的分析。从产业层面厘清川菜产业各部门的贡献、相互关系以及发展中存在的问题，将有力推动问题的解决，也将对完善川菜产业理论做出有价值的贡献。

第三，有利于川菜产业健康可持续发展。四川的饮食习俗和文化已经有了数千年的历史，然而在自然经济和计划经济条件下的饮食还不能用产业来形容。市场经济，特别是数字经济时代给川菜产业带来了发展繁荣的机遇，也带来了严峻的挑战。川菜产业只有清晰地了解自身发展的问题、明确发展方向及发展路径，才能保持产业的健康可持续发展。

第四，可将川菜产业的转型升级作为传统服务业转型升级的范式。川菜产业实质上是传统产业的典型代表，将川菜产业的转型升级路径进行系统的研究，将有助于树立转型升级的新范式。这不仅可以带动与川菜产业相关的上下游产业转型升级，也可以对其他传统产业的转型升级形成较强的示范效应。

1.4 研究目标和研究内容

1.4.1 研究目标

在四川省政府大力发展现代服务业的战略背景下，研究川菜产业发展的现状和面临的问题，并利用技术集成、文化集成、高素质劳动者集成的方式和“互联网”“物联网”思维来解决产业发展中面临的现实问题，寻求川菜产业向现代服务业转型升级的路径，最终应用于传统产业的转型升级，推动经济的转型升级，增强区域综合竞争力。

1.4.2 研究内容

1.4.2.1 川菜产业发展现状和面临的主要问题

近年来，川菜产业持续发展，对全省经济社会发展的贡献不断增大。但随着经济、社会和技术环境快速而深刻的变化，特别是消费者需求的不断变化，川菜产业的发展面临着诸多挑战。本章作为路径研究的出发点，梳理川菜产业的发展历史和现状，特别是系统地分析面临的主要问题，为研究川菜产业转型升级路径提供支撑。

1.4.2.2 川菜产业转型升级的战略性路径研究

随着社会经济的发展，特别是数字经济的萌芽和发展，川菜产业亟须制定更高层次和更长时期的战略目标和路线图，为整个产业的发展寻找制高点。同时，川菜企业在明确发展战略中必须发挥主体作用。特别是运用适合产业发展的战略规划方法，明确自身的定位和发展方向，为川菜产业的现代服务业转型奠定基础。因此，本部分以川菜产业面临的环境为切入点，系统地研究川菜企业在个性化、多样化的市场需求下，如何进行战略规划。

1.4.2.3 川菜产业转型升级的治理路径研究

对于川菜企业而言，公司治理问题由来已久。川菜企业从设立到发展的过程中通常都没有按照现代公司治理的要求进行制度及运营管理的科学设置。在快速发展的过程中，川菜企业更多关注的是菜品的生产和服务的运作，公司治理及运营管理工作多采取一事一设的原则，而不是从顶层进行设计和梳理。因此，川菜企业亟需强调公司治理，使其具有更高的适应外部环境的能力和可持续发展的能力。本章主要研究川菜企业治理模式转型需求，以及公司治理模式的选择和优化。

1.4.2.4 川菜产业转型升级的生产经营路径研究

川菜企业的生产经营方式转型是川菜产业向现代服务业转型升级的根本。本章通过对川菜企业生产经营系统的设计、运行、维护、改进和优化，绩效管理系统设计等模块的研究，为川菜企业实现内部管理的现代化转型提供理论指导。

1.4.2.5 川菜产业转型升级的技术集成路径研究

川菜产业向现代服务业转型升级，就是由传统的“粗放型、模糊型、经验型经营”向“精细化、流程化、连锁规模化经营”转型。本章研究首先就是将信息化管理技术融入川菜产业的发展中，进行产业价值链的重构，从而使产业具有高科技与技术密集的特征；利用“互联网”“物联网”战略的实施使川菜企业融入现代物流配送体系等现代服务业中，使川菜产业成为现代服务业的重要组成部分，进而实现产业成本的降低、服务质量的提高、客户关系的上升，最终实现川菜产业价值的实质提升。

1.4.2.6 川菜产业转型升级的文化集成路径研究

高品位的文化集成是现代服务业的重要属性，四川拥有悠久的饮食历史文化，这为川菜产业的文化集成提供了坚实的基础。本章以巴蜀文化中的饮食文化为切入点，将川菜产业与巴蜀饮食文化、酒文化、茶文化、川西少数民族文化等进行有机整合，挖掘川菜文化背后所蕴含的营销内涵，研究文化集成的区域品牌形成路径。合理分工、持续创新，以达到川菜区域品牌识别、搭载、集聚和刺激的效应。

1.4.2.7 川菜产业转型升级的人力资源管理及人才培养路径研究

川菜产业必须集成众多高素质人力资源及丰富知识人才，才能在转型升级中找准方向、明确管理方式，并通过不同类型人才的培养满足产业发展中的多样化需求，进而提升产业的竞争力。本章通过对川菜产业面临的人力资源管理问题的分析，提出川菜产业的人力资源改革思路和人才培养路径。

1.4.2.8 清晰地界定政府及行业协会在产业升级转型中的定位和作用

本章主要为政府及行业协会提出政策建议。首先，界定政府、行业协会、企业三方的关系，探索建立发展共同体；其次，研究政府和行业协会在政、产、学、研、用中的引导作用，研究建立决策咨询机构，搭建合作平台；最后，研究政府和行业协会在转型升级政策资金支持、促进行业自律、技术创新、交流、推广等方面的作用，提出相应的政策建议。

2 问题——川菜产业发展现状和面临的主要问题

2.1 川菜产业发展现状

近年来，随着经济的发展和社会的进步，人民群众对美好生活的追求日益提升。生活水平的提升使川菜产业发展迅速，业态不断丰富，经营管理和服务水平相较计划经济时代已经有了较大的提升。川菜产业的发展主要表现在以下几个方面：

第一，产业规模不断扩大。近年来，川菜产业发展势头迅猛，产业规模不断扩大。据四川省农业农村厅统计，从 2012 年起，全省蔬菜产值超过粮食作物总产值；2014 年产值突破千亿元，超过粮食和油料作物总产值总和；2018 年蔬菜产值 1 697 亿元，占农业产值的 40.8%，助农增收贡献率居第一产业首位。川菜产业也成为拉动全省城乡就业的重要产业。据不完全统计，目前四川省蔬菜行业从事生产的劳动力超过 1 000 万人，从事加工、储运、保鲜和销售等服务的劳动力超过 500 万人，餐饮业从业人员突破 400 万人；2018 年全省餐饮业实现销售额 2 807.4 亿元。同时，四川省拥有“中华名小吃”60 余种、餐饮类“中华老字号”14 个、“四川老字号”31 个、名牌调味品企业近 100 家。

第二，市场集中度提升明显。2018 年末，全省限额以上餐饮企业总数达 1 544 家，比 2007 年末增长了 3.31 倍。四川“海底捞”“香天下”等 3 家企业进入“2018 年度中国餐饮百强企业”行列。餐饮聚集发展平台建设初见成效。近年来，四川全省授牌的餐饮类特色商业街达 13 条，各地餐饮业基础设施进一步完善，业态更加丰富，品牌和档次不断提升，川菜产业链条得到延展，聚集效应充分发挥。

第三，标准化建设取得突破。川菜标准化体系建设积极推进，餐饮行业地方标准的制定实现了零的突破。2011 年，《中国川菜烹饪工艺规范》制定完成并颁布实施，成为第一个川菜地方标准，并已被商务部批准立项为行业标准。《中国川点制作工艺规范》等一系列川菜标准的制定和研究工作陆续展开，涵盖企业标准、地方标准、行业标准等结构较完善的多层次川菜标准体系逐步形成，为川菜产业更好地实现连锁化、产业化和国际化奠定了良好基础。

第四，开拓国际市场初见成效。品牌川菜连锁企业通过多种方式拓展国际市场，取得新进展，已在境外开设一批川菜门店。劳务输出渠道拓宽，通过向境外餐饮企业输出川菜从业人员，鼓励川菜企业到境外进行川菜烹饪表演、比赛等，扩大了川菜劳务输出，提高了川菜的国际知名度。营销网络逐步完善，川菜调味品、制成品的国际市场份额不断扩大。

第五，川菜产业带动作用增强。川菜产业链不断延伸，产业带动作用越来越明显。大型川菜原料、辅料、调料生产加工基地建设步伐不断加快，逐步形成了从食材供应到菜点出品的产业链条，带动了种植、养殖、食品加工、建筑装潢、制造、教育培训等相关产业的发展。以川菜为重要内容的四川餐饮文化特色旅游活动，带动了四川旅游业的发展，“到四川，品川菜”成为众多海内外游客的共识。旅游美食节、餐饮特色街、农家乐成为餐饮与旅游完美结合的典范，极大地带动了旅游消费。

第六，人才培养成果明显。四川餐饮学历教育和职业培训实力雄厚，拥有公立的四川旅游学院、四川省商业服务学校，以及民办的新东方烹饪学校、四川八依军烹校、巴蜀职校等各类川菜经营管理、技术和服务人才的教育及培训机构。其中，四川旅游学院已累计培养毕业生上万名，成为川菜技能和管理人才培养的重要基地。各类学校、教育培训机构、商协会和川菜企业培养了大批优秀的川菜人才。目前，全省有 30 余万从业人员获得烹调师、厨政管理师、营养师等相关岗位职业资格证书，其中获得烹饪“大师”“名师”称号的有上百人。

然而，国家统计局统计公布的数据显示，四川餐饮企业数量巨大，但集中度不高，2018 年四川共有限额以上餐饮业企业法人单位 1 544 个，营业额 229 亿元，仅有连锁餐饮企业 10 个，营业额 65. 37 亿元；同期广东共有限额以上餐饮企业法人单位 3 491 个，营业额 852. 3 亿元，连锁餐饮企业 69 个，营业额 285. 61 亿元；北京共有限额以上餐饮企业法人单位 1 259 个，营业额 722. 8 亿元，连锁餐饮企业 88 个，营业额 455. 14 亿元；上海共有限额以上餐饮企业法人单位 1 626 个，营业额 774. 7 亿元，连锁餐饮企业 56 个，营业额 333. 48 亿元；江苏共有限额以上餐饮企业法人单位 1 848 个，营业额 457. 4 亿元，连锁餐饮企业 20 个，营业额 109. 05 亿元。通过对比可以发现，四川餐饮企业规模普遍偏小，营业总额低，现代化程度低，连锁化程度低，产业集中度虽然有一定程度的发展，较全国先进水平还有较大差距。

2. 2　川菜产业发展面临的主要问题

2. 2. 1　川菜产业发展战略不明确

川菜产业发展战略的主要问题在于总体发展战略尚不明确。四川省商务厅于 2013 年制定了《四川省川菜产业发展规划（2013—2015）》，为川菜产业的发展进行了较完善的顶层设计，对三年来川菜产业的快速发展起了重要的推动作用。但川菜产业向现代服务业转型升级过程中，经济、社会和技术环境正发生着快速而深刻的变革，川菜产业的发展在数字经济时代面临着发展目标和路径不明确的问题。同时，发展战略不应由政府或行业协会单方面制订，否则将导致产业发展战略缺乏广泛的代表性和参与性。产业部门不明确自己在整个产业中的位置和发展方向，将导致战略规划无法落地，目标无法达成。

同时，在激烈的市场竞争下，川菜企业战略经营意识已经有了较大的进步，然而很少有企业进行系统的企业层面战略规划和顶层设计，很容易在快速变化的市场环境中失去适应能力，也很难持续健康发展。川菜企业缺乏战略管理理念主要表现在以下几个方面：没有制定有效的切合企业实际的战略愿景和企业使命，没有清晰地分析企业所处的政治、法律、经济、社会文化、技术水平等宏观环境及所处的行业环境，没有将基本竞争战略、多元化战略、一体化战略进行综合的选择及运用，没有清晰地制定营销、财务、研发、管理信息等方面的业务层战略。由于在以上几个方面观念较为落后，虽然川菜企业的发展在初期较为顺利，但到了中后期就变得艰难，很难进一步发展壮大。

2. 2. 2　川菜企业生产经营理念落后

2. 2. 2. 1　规模化、连锁化程度低

川菜产业规模化、连锁化经营业态不明显。中国烹饪协会 2019 年 4 月发布的最新中国餐饮百强名单显示，2018 年中国餐饮业排名上榜企业总营业收入达到 2 410. 7 亿元，同比增速高达 12. 2%，占到全国餐饮收入的 5. 6%，但百强企业由于市场不断整合资源而开始产生差距，头尾部的营收差距较大。报告显示，2018 年前 30 名大型企业营收就占到了百强企业总营收的 75%，四川

餐饮企业仅占两席。而后 50 名企业营收总和比重持续收窄至 13.4%。“中国餐饮排行榜上榜”企业形成了以直辖市为核心的餐饮聚集圈，广东、浙江、福建、江苏等传统餐饮产业大省也占很大份额，四川企业所占份额极低。由于社会经济发展水平及历史发展的原因，沿海地区的餐饮业无论发展规模还是发展水平都高于中西部地区。西部地区在百强企业中的占比不高，也没有知名龙头企业。四川拥有悠久灿烂的餐饮历史文化，餐饮市场存量和潜力都十分巨大，但是由于竞争程度高、连锁化程度低、规模化程度低、产业集中度低，四川缺乏能够成为领头羊的大型餐饮企业。四川上榜餐饮企业仅 3 个，营业收入仅占百强比重的 2.1%，劣势明显。

2.2.2.2 现代公司治理结构有待完善

在川菜企业经营发展初期，股权集中对相关川菜企业品牌的发展有过较大的推动作用。但随着市场竞争状况加剧以及自身规模的逐步壮大，很多川菜企业的公司治理结构缺陷逐步暴露。第一，股东本位的思想固化，川菜企业大股东对公司的掌控权极大。企业的建立、运营、生存和发展确实离不开物质资本的投入，但随着企业的规模壮大，物质资本将不再是企业提档升级的唯一核心力量，知识资本或者人力资本将更深刻影响企业到底能走多远。因此，川菜企业应该提高雇员在公司中的相关权利，实现多方治理。从诸多实践数据来看，一定程度地限制资本所有者即股东的权力，将有利于实现公司良好治理机制的建立。第二，部分川菜企业没有按照现代企业管理制度，将企业的经营权与所有权分离，股权过度集中，董事会被架空。经营权与所有权的分离是对产权制度的有效激励，股东虽不直接参与管理，但可以通过机制设计选择管理者，这将有利于形成专业的、有效的、独立的管理阶层，长远来说有利于企业决策科学化、合理化，实现企业可持续发展。第三，权力制衡机制缺失。大多数川菜企业将所有者、经营者、生产者集于一身，将公司利益等同于自身利益，目光短浅，公司长远发展得不到保障，甚至出现个别侵吞公司财产等现象，小股东的利益极大被大股东影响。第四，职业经理人相对缺失。职业经理人具备治理公司的专业素质与能力，应当是现代企业层级管理中必不可少的一环。但诸多川菜企业品牌没有设置相应的职业经理人，即便设立了也缺乏董事会、监事会等的监督，难以做出利于企业发展但是可能有悖企业所有者利益的决策。第五，企业决策质量难以保证。由于经营权与所有权没有分离，诸多川菜企业品牌的所有者身兼数职，无法从繁多的事务中充分了解企业的市场发展前景与自身发展状况与问题，难以进行保质保量的科学决策，这使得决策质量大打折扣，风险系数显著提高。

2.2.2.3 运营管理理念有待加强

川菜企业在中国消费大潮中逐渐成长起来，但真正具有现代企业运营管理意识的企业所有者及以现代企业运营管理理念运作的企业还屈指可数。运营管理就是对川菜企业运营过程的计划、组织、实施和控制，是与产品生产和服务创造密切相关的各项管理工作的总称，即将运营战略、新产品开发、产品设计、采购供应、生产制造、产品配送直至售后服务看作一个完整的“价值链”，对其进行集成管理。川菜企业在生产经营系统设计能力、生产经营系统运行能力、生产经营系统维护和优化能力、绩效管理系统设计能力方面都较为欠缺。

2.2.2.4 对人力资源缺乏合理规划、配置及利用

川菜产业面临着严峻的人力资源配置问题，主要表现在三个方面。第一，人员结构配置问题。从人员结构和学历结构来看，川菜产业显然是传统的劳动密集型产业。随着市场经济日新月异的变化与挑战，有必要对这种组织结构进行相应的调整。就目前多数的川菜企业人力资源结构来看，整体人力资本较低，很大一部分员工还是初中及以下学历，更高的学历也多为高中学历。高等院校毕业的高职及本科生寥寥无几。这一方面是由于国内的文化消费观念，大学生对厨师和服务员职业并不看重，川菜产业从业人员的学习氛围不够浓厚，并且大部分从业人员还没有意识到低学历所带来的困难。未来的川菜产业将向科技、信息、健康方向发展，从人力集中向技术和专业服务价值集中，如果要面对未来，需要从制度着手，加强相应制度的激励导向作用，从整体上提升整个川菜产业人力的基本素质。第二，员工流失率过高。从统计数据来看，目前川菜产业员工流失率偏高。适度的人员流动，可优化川菜企业内部人员结构，使企业充满生机和活力。但流动率过高就会带来一系列问题，如菜品和服务质量的不稳定、管理成本过高等。在川菜经营管理人员的访谈中我们得知，目前管理人员疲于应付的有两大问题：一是员工流失，二是菜品和服务不稳定所带来的顾客投诉。第三，薪酬水平普遍偏低和员工发展不足。川菜产业的薪酬水平在整个行业薪酬排名中是靠后的，特别是基层服务人员和基层厨师的薪酬比社会平均薪酬水平还要低，整体薪酬竞争力的缺乏也导致了员工流失率的增高。同时，川菜企业内部培训机制不明确，很少进行员工培训。理论研究、品牌维护、服务特色凝练都没有上升到员工发展的层面。

2.2.2.5 缺乏现代整合营销理念

市场营销的核心是对顾客需求的满足，数字经济环境下成功的企业案例无不是以深度满足顾客需求为战略的，川菜产业过去几年的快速发展也表明满足

顾客需求的重要性。然而，规模化、连锁化等业态不明显的原因也在于川菜企业过于关注产品本身以及附加在产品上的服务。这样的关注固然能使区域内顾客获得满足，但无法使企业做大做强。只有对品牌的关注和对标准的执着才能满足更高层次和更广范围顾客的需求，才有进一步发展的空间。

2.2.3 川菜企业生产服务技术集成程度低

大多数的川菜企业尚处于粗放型的发展进程中，无论是后台的菜品生产还是前台的客户服务，技术集成程度都还较低，没有将智能技术和互联网技术应用于生产服务的过程中。最新的产业发展都是与技术集成和产业融合为基础的，如支付宝、微信支付等支付手段就是以移动互联为基础开发出的无现金支付模式，共享单车和共享汽车是以共享的理念将传统的自行车租赁业和汽车租赁业融合在一起，以移动互联为技术手段开发出的新租赁模式。在技术集成程度越来越高的现代，川菜产业向现代服务业转型升级就必然需要进行大量的技术集成。

2.2.4 川菜企业生产服务文化集成程度低

文化是体现产品和产业价值的最重要标准。川菜拥有深厚的历史底蕴和文化内涵。而很长一段时间中，对川菜的消费仅仅停留在对色、香、味的追求上，忽视了川菜本身特有的文化价值。川菜的产生、发展与川菜的区域特征、人口特征、文化融合都密切相关，在川渝地区涌现出了一大批与区域文化紧密结合的川菜产品和文化典故，可谓家喻户晓，如“苏东坡与东坡肘子”“丁宝桢与宫保鸡丁”等。近年来，随着社会经济文化的发展，人民对美好生活的追求已经不仅仅局限于吃饱、穿暖，而是有了更多、更高层次的精神追求，其中文化是满足人们精神追求的主要手段。川菜企业逐渐认识到了文化的重要性，开始将川菜产品与文化结合在一起，但对川菜产品所蕴含的深层次文化内涵的挖掘还不够深入，对其进行的集成和包装还不够精准。川菜产业向现代服务业转型升级需要进行更为精准的文化集成。

2.2.5 川菜产业人才培养滞后

四川是人口大省，餐饮产业在人口大省的发展向来不会受到劳动力缺乏的影响。然而，随着中国人口红利效应的逐步降低，人力资源短缺时代已经到来。从对餐饮企业的访谈中可以发现，四川餐饮产业发展深受人才不足的制约。在餐饮业向现代服务业转型升级的背景下，餐饮人才已经成为推进四川餐饮业发展的重要动力。然而，四川餐饮人才无论从层次上，还是从类型上都还不足以支撑产业的转型发展。四川省人力资源和社会保障厅发布的《四川省人力资源市场供求分析报告》显示，近年来第一、二产业岗位需求持续下降，第三产业岗位需求呈增长态势，第一、二、三产业岗位需求比重分别为3.65%、35.12%和61.23%，其中住宿和餐饮业占到11.23%。这充分表明以餐饮等产业为代表的第三产业吸纳就业的能力在不断增强，人才缺口不断扩大。

2.2.6 政府、协会、企业、高校在川菜产业发展中定位不清

川菜产业的发展离不开政府、行业协会、高等院校的引导与支持。然而，在长期的川菜产业发展中，政府承担的角色过重，产业的发展主要受到政府决策的影响。同时，行业协会在产业发展进程中的作用不太明显，没有发挥行业自律、技术创新方面的作用。高校与川菜市场发展联系不紧密，没有分层次、分类型进行科学研究和人才培养。因此，亟须建立政府、协会、企业和高校共同参与的沟通协作平台。

3 战略——川菜产业转型升级的战略性路径研究

3.1 川菜产业转型升级战略规划

3.1.1 川菜产业转型升级发展的主要目标

3.1.1.1 川菜产业发展目标

战略目标是川菜产业转型升级必须首先明确的，否则整个产业的发展将没有明确方向。总体来讲，产业的发展目标都是由政府和行业协作牵头制定的。四川省政府和各地市政府一直以来都非常关注川菜产业的发展。四川省政府于1999年发布了《四川省人民政府关于大力发展川菜产业有关问题的通知》（川府发〔1999〕67号），于2013年发布了《四川省川菜产业发展规划（2013—2015）》，成都市政府于2016年发布了《关于进一步加快成都市川菜产业发展的实施意见》（成办发〔2016〕22号）。这些政府文件对产业发展导向和产业链设计、产业空间布局进行了规划，同时对培育壮大市场主体、提升川菜产业现代化水平、加快川菜创新步伐、实施川菜品牌战略、发展节约环保绿色餐饮、开拓国内外餐饮市场、增强产业带动效应、加强川菜文化传承与研究、加强人才队伍建设、优化发展环境、推动川菜大众化发展、推动“互联网+餐饮”式创新发展、建设特色街区、制定川菜标准等主要任务进行了较为明确的规划。

政府制订的川菜产业发展目标除以上各项具体任务之外，还涉及餐饮零售总额及增长率、龙头企业及百强企业数量、川菜原辅料示范基地数量、美食街区数量以及川菜产业的整体走向。如成都市政府规划将成都建设成为全球川菜标准制定和发布中心、全球川菜原辅料生产和集散中心、全球川菜文化交流和创新中心、全球川菜人才培养和输出中心，从宏观层面拟定了未来川菜产业的发展方向。

然而，政府在川菜产业的战略发展中应主要扮演组织领导、支持协调、安全监管等角色。特别是在中国政府简政放权和向服务型政府转型的大背景下，地方政府无法以市场主体的身份参与市场竞争，亦不能以主体的身份参与产业的转型升级。因此，在各级政府的发展战略目标中，都有完善川菜标准体系、夯实川菜产业基础、培育壮大市场主体等核心内容。这些内容和川菜企业的积极参与紧密联系，川菜企业在川菜产业发展中扮演着核心和主体的角色。因此，川菜企业制订适合产业转型升级发展和自身条件的发展目标是产业发展的重要环节。

3.1.1.2 川菜企业发展任务

根据四川省政府、成都市政府等地方政府对川菜发展的整体规划，与川菜产业向现代服务业转型发展紧密相关的总体目标可归纳为以下几方面：

（1）增强川菜企业适应环境变化的能力

进入21世纪的第二个十年以来，中国经济显现出与以往不同的发展态势，"新常态"已经成为中国经济发展的常用名词。个性化、多样化的需求已经成为消费需求的常态，差异化发展已经成为市场竞争的常态。因此川菜企业的生产经营环境已经发生了较大变化，包括政治、法律、经济、社会文化、技术水平等宏观环境，替代品、潜在进入者、已有竞争者、买方、卖方等产业环境，以及主要竞争对手的变化等。因此川菜产业的转型升级需要川菜企业明确自己所处的发展环境和发展阶段，不断增强自己适应环境变化的能力。

（2）提升川菜企业现代管理能力

川菜产业向现代服务业转型升级的核心和主体是川菜企业，川菜企业提升现代管理能力将是转型能否成功的关键因素。川菜企业现代管理能力包括公司治理能力、战略规划能力、生产运作与服务能力、市场营销能力、财务管理能力、人力资源管理能力等多方面。提升川菜企业现代管理能力将有助于川菜企业形成核心竞争力，提升川菜产品与服务的价值。

（3）提升川菜企业生产与服务运作水平

提升生产与服务运作水平是川菜企业向现代服务业转型升级及提升现代管理能力的重中之重，包括川菜产品生产和服务的设计和技术选择、川菜企业的选址与设施布置、川菜企业工作设计与作业组织、川菜企业需求预测、川菜企业生产和服务计划、供应链管理、作业计划、项目计划管理、业务流程重组、设备维修管理、质量管理、精细生产等方面的全面提升。生产与服务运作水平的提升将推动川菜企业管理水平的全面提升，进而使企业更具现代服务业的特征。

（4）提升川菜企业信息技术集成

高度的信息技术集成是现代服务业的显著特征。川菜企业在办公自动化、客户服务自动化、生产自动化方面不懈地努力，但相较现代制造业和高新技术产业还有较大差距，“互联网”“物联网”“移动互联”的到来，使得产业界限越来越模糊，产业融合已经成为多数产业发展的必由之路。如何通过信息技术、人工智能的集成，更大程度、更广范围、更深层次地满足消费者个性化、多样化需求，将是衡量川菜企业是否成功向现代服务业转型的重要标准。

（5）加大川菜产业文化集成和推广力度

提升产品和服务的文化属性是企业打造核心竞争力的关键，而川菜在历史地理文化传承和发展方面有着天然的优势。川菜已经成为四川乃至中国对外交流的一张名片，成为文化交流的使者。深度挖掘川菜背后的历史、地理、文化属性，提升川菜产品和服务的核心价值，打造四川对外交流的王牌将是川菜企业和川菜文化工作者的共同使命。

（6）提升川菜产业链协作水平

川菜产业链主要包括核心产业链、配套产业链和拓展产业链。核心产业链主要指直接从事制作和销售正餐、小吃快餐、火锅为主的川菜企业经济活动的集合。配套产业链主要指从事川菜食材和原材料生产、加工及提供用餐配套消费品的各类企业经济活动的集合。拓展产业链指从事加工制作具有浓厚饮食文化色彩的川菜衍生产品以及川菜人才教育培训的各类企业、机构经济活动的集合。川菜产业向现代服务业转型就是要提升核心、配套和拓展产业链之间的协作力度，共同打造川菜产业转型升级的竞争合力。

3.1.2 川菜产业转型升级发展的外部环境

2007年美国爆发次贷危机以来，西方主要经济体迟迟没有走出金融危机的阴霾，金融杠杆持续畸高，货币及财政政策失效，失业率居高不下，经济复苏乏力。经济学家们纷纷开始研究世界经济发展的新特征。2010年，太平洋投资管理公司（PIMCO）在报告《驾驭工业化国家的新常态》中首次将这种经济发展新特征及新形态定义为经济新常态。中国经济已持续近40年高速增长，发展正在进入换挡期，新的轨道正在形成。2014年，中央经济工作会议明确指出：“我国经济发展进入新常态是我国经济发展阶段性特征的必然反映，是不以人的意志为转移的。认识新常态，适应新常态，引领新常态，是当前和今后一个时期我国经济发展的大逻辑。”在中国经济进入新常态的大背景下，四川经济作为整体经济的重要组成部分，必将在新常态中变换增长节奏、转变增长模式、培育增长新动力。这些都使川菜产业的发展面临新的机遇和挑战。

3.1.2.1　经济结构性减速

李扬（2015）提出了中国经济减速新常态下的新矛盾和新挑战，指出中国经济减速是国际因素和内在结构性因素叠加的结果，而内在结构性因素所占比重更大。导致我国经济出现结构性减速的原因有：

（1）要素供给效率变化

改革开放以来，中国经历了三十余年的高速发展，实现了9%的年均增速，经济规模已经成为全球第二。经济增长来源于要素的投入，从经济学的角度来看，劳动力、资本、技术均是重要的经济增长要素。而中国是人口大国，“人口红利”事实上已经成为推动中国经济快速增长的重要因素。汪小勤、汪红梅（2007）指出，“人口红利”从“高劳动参与率”“高储蓄率”和“较高的劳动力配置效率”三个方面推动中国经济增长。同时，由于中国的人口二元结构，农村剩余劳动力向城镇流动，城镇劳动力充裕，促使大批劳动密集型企业快速发展，中国快速成为制造业大国、服务业大国。

然而，国家统计局公布的数据显示，2018年末，全国16~59周岁人口为89 729万人，占64.3%。与2017年末相比，2018年16~59周岁劳动年龄人口减少470万人，比重下降0.6个百分点。自2012年起，我国劳动年龄人口的数量连续7年下降，7年间减少2 600余万人。根据国务院公布的《“十三五”国家老龄事业发展和养老体系建设规划》，预计到2020年，中国60周岁以上老年人口将增加到2.55亿人左右，占总人口的比重将提升到17.8%左右。按照国际通常看法，中国已经步入老龄化社会，且高龄人口增长迅猛。中国的人口结构正从稳定的正三角结构（1982）过渡到纺锤结构（2019），并有可能最终发展到倒三角结构。从人口经济学的角度和欧美日的发展经验来看，倒三角结构是一种很不稳定的人口结构，很可能导致经济增长减速。

可见，劳动年龄人口数量降低并不是一个周期性或暂时性问题，而是中国现在及未来面临的长期性问题。国家已经通过调整生育政策来提高人口出生率，但政策的效应需要很长时间才能显现，甚至可能因为其他各种因素显现不明显。中国的企业必将面临长期的劳动力短缺问题。

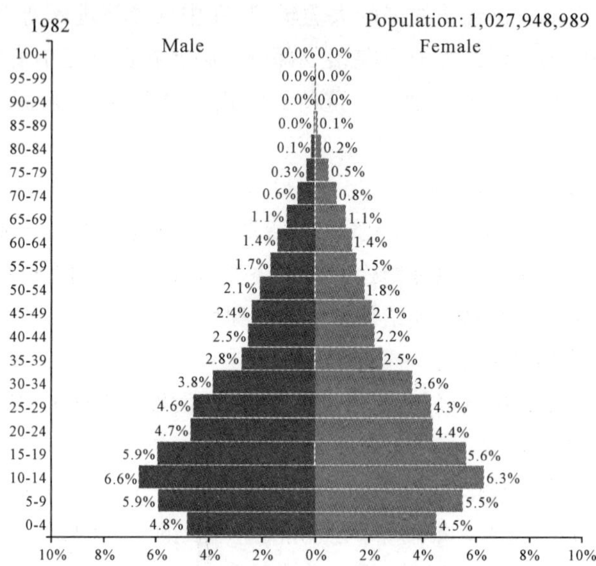

图 3-1　中国人口金字塔图（1982）

图片来源：https://www.populationpyramid.net/china/1982/

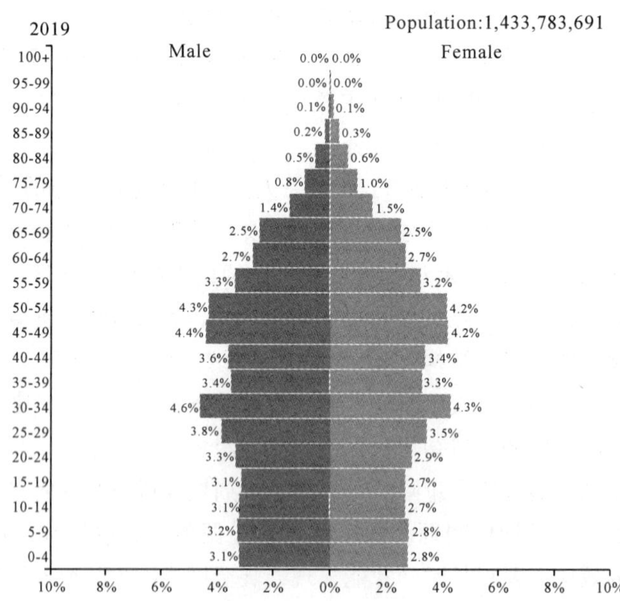

图 3-2　中国人口金字塔图（2019）

图片来源：https://www.populationpyramid.net/china/2019/

此外，近年来社会固定资产投资持续下降，2018 年全社会固定资产投资增速回落到 5.9%。同时，基础设施投资高增速，制造业和房地产开发投资低增速。根据《上海证券报》的分析，当前固定资产投资面临的问题主要有五点。第一，企业自主投资意愿不强。由于传统产业呈现出产能过剩的状态，工业品库存增速不断下降，采购经理指数（PMI）产成品库存低于荣枯线，工业企业整体仍处于去库存阶段，缺乏扩大再生产的投资意愿。第二，实际融资成本较高。由于 2007 年开始的全球金融危机始于信贷问题，加之经济处于下行周期，各个金融机构纷纷采取收缩的态度，融资难和融资贵困扰着企业生产经营。第三，地方政府及融资平台投资能力受限。受公共财政收入低速增长、土地出让收入大幅减少以及偿债高峰期等因素影响，地方政府可用于投资建设的财力明显不足，引导带动社会资本的能力较弱。第四，政府和社会资本合作模式进展缓慢。第五，房地产市场库存依然较高。

（2）资源配置效率变化

劳动生产率的大幅升高会带来经济的高速增长，当劳动生产率的增幅下降后，经济增速就会放缓。中国的经济增长经历了快速工业化时期，资源从生产效率低的第一产业向生产效率高的第二产业转移，使得整体劳动生产率升高，进而促进经济发展。根据 2018 年国民经济和社会发展统计公报，2018 年全年国内生产总值 900 309 亿元，比上年增长 6.6%。其中，第一产业增加值 64 734 亿元，增长 3.5%；第二产业增加值 366 001 亿元，增长 5.8%；第三产业增加值 469 575 亿元，增长 7.6%。第一产业增加值占国内生产总值的比重为 7.2%，第二产业增加值比重为 40.7%，第三产业增加值比重为 52.2%。全年最终消费支出对国内生产总值增长的贡献率为 76.2%，资本形成总额的贡献率为 32.4%，货物和服务净出口的贡献率为-8.6%。人均国内生产总值 64 644 元，比上年增长 6.1%。国民总收入 896 915 亿元，比上年增长 6.5%。全国万元国内生产总值能耗比上年下降 3.1%。全员劳动生产率为 107 327 元/人，比上年提高 6.6%。

图 3-3 显示了 2012—2017 年三次产业增加值占国内生产总值的比重。第一产业规模变化不大，第二产业比重持续下降，第三产业比重持续上升。就全球普遍规律来看，服务业的生产效率显著低于制造业，而中国的现代服务业占服务业的比重并不高，低端服务业的生产效率与制造业的差距尤其明显。因此资源配置效率的变化又是中国经济结构性减速的重要原因。

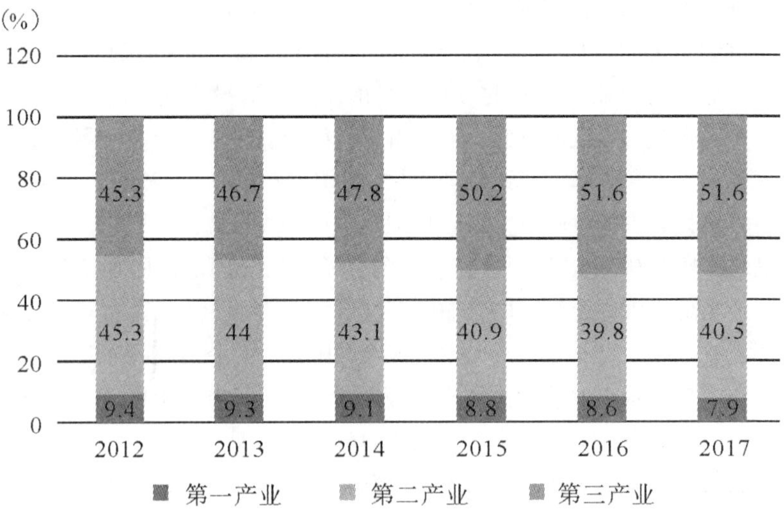

图 3-3 2012—2017 年三次产业增加值占国内生产总值比重（百分比）

（3）创新能力不足

产品创新、技术创新、市场创新、制度创新都会为经济带来活力。美国经济在战后的高速增长，很大程度上源于美国的创新能力。时至今日，美国依然是全球最具创新意识和创新力的国家之一。中国依靠良好的政治经济环境、高素质的劳动力和低廉的劳动力成本，获得了“世界工厂”的称号，跨国公司纷纷将生产工厂设于中国。一时间打着“Made in China”烙印的产品畅销全球。然而中国制造的产品往往处于产业链的末端，产业附加值不高，相关企业获利不足，持续发展受限。由于意识到创新力的提升将是未来经济发展的强劲动力，中国政府制定了大量政策、投入了大量成本支持创新能力的提升。欧洲工商管理学院、康奈尔大学和世界知识产权组织（WIPO）联合发布的《2019 全球创新指数报告》显示，在创新投入和创新产出两个亚指数，7 个一级指标中，中国的创新力排名位列全球第 14 位，较 2016 年的第 25 位提升了 11 位，且近年来持续提升。然而，创新能力的提升还需要长时间的磨砺和沉淀，中国的创新能力与排名世界前列的瑞士、瑞典、美国、荷兰、英国还有较大差距。在《福布斯》杂志发布的“2018 年全球最具创新力企业百强榜单”中，美国有 51 家公司上榜，占榜单的一半，中国和日本分别有 7 家公司上榜，韩国有 4 家公司上榜，泰国和印尼各有 1 家公司上榜。与美国相比，创新还没有真正成为中国经济增长的巨大动力。

（4）资源环境约束增强

长期以来，以经济建设为中心的基本政策，取得了举世瞩目的经济成就。但在一定的领域和区域内忽略了对生态环境的保护，没有处理好经济建设和生态环境保护的关系。能源供应约束、水资源约束、土地资源约束等资源约束趋紧，大气污染、水污染和垃圾污染等环境问题严重，水土流失、土地荒漠化和生物多样性减少等生态系统退化问题严峻。党的十八大以来，以习近平同志为核心的党中央将生态保护和生态文明制度体系建设提升到国家政策层面，高度关注经济发展和生态环境保护的关系。随着经济总量的提升、经济发展模式的转变和人们生活水平的提高，良好的生态环境已经成为社会健康发展的重要方面。因此，资源环境约束已经成为阻滞我国经济快速增长的硬约束，并且这一约束会越来越紧。

3.2.2.2 经济结构转型

党的十八届三中全会开启了全面深化改革的大门，理顺政府在市场中的作用，强化市场在资源配置中的决定性作用，释放市场潜力。党的十九大提出推动经济发展的质量变革、效率变革和动力变革，这三个变革最终要落实在经济结构的转型发展上。经济结构转型主要表现在产业结构、需求结构、供给结构、城乡结构、区域结构、收入分配结构的转型。

（1）产业结构转型

中国面临着巨大的从低端产业结构向高端产业结构转型的压力。改革开放以来，中国逐渐凭借廉价的劳动力等因素成为“世界工厂”，占据了全球价值链的部分位置。然而，“世界工厂”意味着中国所占领的全球价值链处于整个价值链的末尾，并不具有太大的附加值。当中国的劳动力并不那么充裕和廉价的时候，这种价值链的优势地位将会很快消失。因此，产业结构从低端向高端转型的压力随之而来。同时，第二产业的劳动生产率显著高于第一产业，中国经历了长时间第一产业向第二产业转移的过程，第二产业比重逐步提升。而经济发展到一定阶段，或者说工业化到了一定阶段，资源会从第二产业向第三产业转移，仅仅靠第一产业和第二产业支撑的经济并不具有可持续发展潜力。然而，中国虽然拥有巨大的第三产业体量，第三产业占比也已经达到52.5%（2018年），但并不意味中国第三产业拥有强劲的实力，第三产业的附加值依然较低，劳动生产率依然较低，大多还处于传统服务业的范畴。中国经济发展转型就是在今后很长一段时间内，大力发展现代服务业，升级制造业，提升中国在全球产业链中的价值和地位。

（2）需求结构转型

中国正面临着需求结构转型，主要表现在模仿型排浪式消费阶段基本结束，个性化、多样化消费渐成主流。在物质生活还不丰富的阶段，消费需求具有很大的非自主性，因为对于消费者而言，任何产品都是新奇的、有需要的。消费者在这个阶段的消费通常具有模仿性，在20世纪的后20年和21世纪的前10年，中国出现了非常多的集中跟风式消费，市场对产品的需求非常集中，企业很容易预测甚至引领一段时间的消费倾向和消费浪潮。但当经济发展到一定阶段，人们物质生活极大丰富时，共性的消费越来越少，个性的消费越来越多，也就是说消费越来越具有创新性且层次越来越高。这时的消费往往表现出多层次、多方位、个性化的特点，对产品或服务本身质量、特色的需求会发生变化，还会对消费的过程、消费的形式提出更高的要求。因此，保证产品质量安全、通过创新供给激活需求的重要性显著上升。

（3）供给结构转型

中国经济发展还面临着部分产能相对过剩、部分产品库存相对过高、金融杠杆相对过高、企业成本过高、创新型产业和现代服务业发展不足等问题。供给结构转型就是要有效解决以上问题，将过去以投资拉动的经济增长转变为以优化供给结构、优化投资结构、扩大消费需求为方式的经济增长。其核心就是要通过消化过剩产能降低企业成本，提高有效供给，拉动居民消费。对于转型中的中国而言，过剩与短缺并存。过剩的是同质化产品和产业，是低端的产品和产业，是无法被市场接受的产品和产业；短缺的是差异化的产品和产业，是高端的产品和产业，是契合市场和大众需求的产品和产业。供给侧改革就是要淘汰和消化同质的、落后的、不被市场接受的产能，促进产业结构的升级转型，提高短缺的差异化高端产品的有效供给，最大程度地满足人民日益增长的对美好生活的需求。

（4）城乡结构转型

城乡二元结构在特定的历史阶段发挥了重要的作用，但随着经济的发展，城乡二元结构已经成为阻碍经济发展的一个显著因素。2014年，《国家新型城镇化规划（2014—2020）》正式发布，提出了2020年常住人口城镇化率达到60%、户籍人口城镇化率达到45%的目标。2018年城镇常住人口83 137万人，比上年末增加1 790万人；乡村常住人口56 401万人，减少1 260万人；城镇人口占总人口比重（城镇化率）为59.58%，比上年末提高1.06个百分点，已经基本达到2014年制定的目标。城镇化率的持续提升，对区域协调发展、扩大内需及产业升级起到了较大的促进作用。预计到2030年，中国的城镇化率将达到70%左右，这将是我国经济结构持续转型的巨大动力。同时，党的十九大提出要实施乡村振兴战略，实现农业农村现代化，全面振兴乡村。新型城镇化和农村振兴战略将成为有机的整体，相互融合发展，重塑城乡结构。从供给结构来看，新型城镇化和农村振兴战略将伴随着劳动力在不同产业部门之间的重新配置，从而提升要素生产率；从需求结构来看，持续的城镇化和重塑城乡结构，将产生巨大的投资需求，同时城镇化率的提高和农村振兴计划的实施将推动居民消费的提升，进而拉动经济的增长。

（5）区域结构转型

中国是一个拥有广袤国土面积的大国，历史上地区之间的发展并不均衡。改革开放以来，由于自然禀赋、技术条件、人口条件、资本条件的差异，中国的地区间经济发展不均衡依旧持续。同时，由于我国产业结构的调整和升级，发达地区不断进行产业的向外转移，欠发达地区便承接了产业转移以提升自己的经济发展水平。此时，一个地区的产业结构布局问题成为了地区经济发展的重要课题，其自然禀赋、技术条件、人口条件、资本条件成为地区选择产业集群的重要制约因素。在资源环境约束越来越强的现实条件下，并不是所有的产业都可以在国内顺利转移，发达地区向外输出的产业不一定可以由欠发达地区承接，可能只能向境外转移。因此，区域结构转型已经成为新常态下各个区域提升自身竞争力的重要手段。

3.2.2.3　市场在资源配置中的作用转换

市场在资源配置中的作用正在由“基础性”向“决定性”转换。在计划经济时代，政府对一切经济事务都有管理权，由于“有形之手”的过度干预，资源配置效率较低。党的十四大提出“要使市场在社会主义国家宏观调控下对资源配置起基础性作用”，明确了市场在资源配置中的重要作用。市场调节就是通过价格、供求关系、市场竞争等要素的相互作用自发地对经济活动进行调整，即“无形之手”。市场作用的发挥可以有效激发经济主体的活力，适时调整供求关系，提升市场主体的竞争力，促进生产和需求之间的协调互动。然而，“市场在资源配置中起基础性作用”的表述意味着中国的市场经济还处于不完善的阶段，很多活动都需要政府进行相应的干预。当政府的干预过多时，很多资源配置不尽合理，甚至出现较为严重的错配、误配，并且存在资源配置中的权钱交易，进而产生严重的腐败问题，资源的配置效率往往较市场对资源的配置效率低。

党的十八届三中全会明确提出“使市场在资源配置中起决定性作用”。党的十九大全面开启了国家现代化治理体系与能力建设时代，强调要继续发挥市场在资源配置中的决定性作用，全面推进政府职能转变，打破行政性垄断，防止市场垄断，加快要素价格市场化改革。在监管上，构建新时期的政府与市场关系要求政府强化监管效果、创新监管方式。

3.2.2.4 增长动力转变

经济新常态中重要的表现就是经济增长动力发生了巨大的改变。改革开放以来，中国的经济增长动力主要来源于出口快速增长、大规模的固定资产投资、资源投入、政府主导和人口红利。而在经济新常态中，经济增长的动力已经发生了本质性的变化。

（1）需求动力由内外需共同驱动向主要依靠内部需求转变

改革开放以来，驱动中国经济增长的三驾马车——出口、投资和消费一直并驾齐驱。特别是出口连年快速增长，为中国经济快速发展提供了重要的支撑。然而，全球经济在2008年危机后迟迟无法摆脱低迷，经济复苏步伐缓慢，外部政治、经济不确定性增大，全球经济进入“新常态”，即经济“长期停滞”。加之中国劳动力成本上升带来的产品成本上升，传统外贸优势逐步减少，新兴产业优势还未形成，我国出口显示出了疲态。因此，需求已经逐步从外需内需共同驱动转变为主要由内需驱动。

（2）产业增长驱动由产业规模扩张向结构调整转变

长期以来，特别是计划经济时代和不完善的市场经济时代，资源配置长期错位。产业增长主要依靠大量的投入，规模扩张的道路使很多企业快速发展起来。然而，大量的重复建设和低水平投入，得到的是无效的产出和过剩的产能。因此，在供给侧改革的背景下，产业增长的新动力已经转变为结构调整所带来的内生动力，特别是产业向市场贴近的内生动力。

（3）生产要素投入驱动向科技创新驱动转变

生产要素的大量投入是长期以来经济增长的重要动力。由于中国享有的人口红利，廉价的劳动力一直以来是中国经济增长最重要的原动力；土地的国有化使得土地在很长时间内都没有体现出其应有的价值；金融市场的相对封闭和落后也没有实现资金向资本的有效转换。而新常态下，中国的人口红利正在逐渐消失，土地已成为最具价值且很难得到的生产资料，资金的获取难度及资金的使用成本大大提高，这些都使得依靠生产要素投入驱动的发展模式难以为继。科技创新逐渐成为经济发展的重要推动力，“中国制造”正在被“中国智造”和“中国创造”所取代，这样的经济增长质量才是可持续的。

（4）重点区域发展驱动为主向区域协调发展转变

改革开放之初，由于国家战略及各地区资源禀赋的原因，一部分重点城市和重点区域快速发展了起来。这些重点城市和重点区域的发展带动了相邻区域的发展，最终带动了中国经济的快速发展。然而这种重点区域优先发展的模式带来了区域发展的不均衡，进而导致贫富差距进一步拉大。因此，经济新常态就是重点区域发展驱动向区域协调发展转变，只有区域间均衡、协调地发展，才能体现各地区的比较优势，进而更有力地推动经济的发展。

3.2.2.5 餐饮消费个性化、多样化转变

餐饮产业属于传统服务业，其产生和发展已有很长历史，餐饮消费也随着历史的发展不断产生着变化。进入21世纪以来，随着社会经济的快速变迁，个性化、多样化的高层次需求已经成为餐饮消费的变化基础。餐饮消费的个性化、多样化变迁主要表现在就餐理念、就餐方式、就餐环境、就餐质量和就餐价格等方面。

（1）就餐理念

改革开放以来，消费者就餐理念快速变化。随着生活水平的提高，就餐已经不再是对基本生活必需品的消费，而是一种满足个人多方面、多层次需求的物质和精神消费。从需求层次理论来看，当前消费者的生理需求已经得到了满足，开始追求更高层次的需求。就餐饮需求来说，消费者的消费理念已经不仅仅局限于填饱肚子，而是有着更多高层次的追求。第一，安全需求是消费者就餐理念转变的一个重要方面。消费者越来越看重食品、餐饮的安全性，无论是消费者在自家用餐、外卖点餐，还是到餐馆消费，食材及成品的安全性已经成为影响消费者决策的重要因素。第二，随着人们对健康的关注，健康消费已经成为餐饮消费的主题词。人们对健康的关注主要取决于收入水平的提升、个人的社交群体影响。第三，消费者外出就餐时考虑的重要因素是尊重，自尊与尊重已经成为消费者选择就餐场所的重要因素。第四，追求自我实现的消费者既可能在自家用餐，也可能外卖点餐和到餐馆消费，哪些消费方式能够满足消费者自我实现的需求，消费者将愿意花更好的价格选择这些消费方式。

可见，不同的消费者有不同的需求，同一消费者在不同的阶段和不同的时间也会有不同的需求，这些不同的需求最终以个性化、多样化需求显现出来。对餐饮企业提供的餐饮产品和服务的数量、质量、速度都提出了更高的要求。

（2）就餐方式

经济的发展、工作生活节奏的加快、人民生活水平的提升对就餐方式产生了较为深刻的影响。消费者的就餐方式主要发生了如下变化：

一是家庭就餐方式的改变。自家用餐依然是消费者最主要的就餐方式，但家庭用餐的材料采购及制作方式已经发生了巨大的变化。首先，到菜市场采购

生鲜蔬菜，回家进行粗加工、精加工、烹饪的方式已经改变。在发达城市，由于工作节奏的加快和生活方式的多样化，消费者很难挤出连续大块的时间进行家庭烹饪。于是，采购已经进行了粗加工、精加工的原材料回家烹饪已经成为很多白领人群的选择。其次，烹饪本身已经在快节奏的生活中成了调味剂，大多数时候白领人群更愿意选择更加省时省力的外卖点餐方式进餐。最后，个性化、多样化的餐饮需求也体现在消费者定制餐饮的出现上，消费者通过网络进行菜品的定制，厨师备料上门烹饪已经成为新的就餐方式。

二是工作就餐方式的改变。工作节奏的加快，使得上班族在早餐、午餐上的选择余地很小，时间上、价格上、就餐方式上的限制使工作就餐的方式发生了根本的转变。餐饮在标准化、工业化的基础上，保证多样化和个性化，才能满足上班族在早餐、午餐上的需求，这对传统餐饮企业提出了严峻的挑战。

三是外出就餐方式的改变。外出就餐已经成为现代消费者不可缺少的生活要素，外出就餐可以满足消费者对口味、兴趣爱好、休闲娱乐、群体归属、自尊与尊重、自我实现等方面的需求。因此，外出就餐已经不是家庭就餐方式在时间上的替代，已经成为个人生活中不可或缺的部分，进而使得个人生活丰富多彩，最终成为美好生活的一部分。

（3）就餐环境

就餐环境主要基于消费者外出就餐的需求，消费者外出就餐的目的不仅仅是期望满足口味方面的需求，更多的是基于消费者的兴趣爱好、休闲娱乐、群体归属、自尊与尊重、自我实现等方面的需求。因此，以前传统的餐饮企业就餐环境已经不能完全满足消费者对就餐环境的个性化、多样化需求。消费者对就餐环境的高层次追求主要表现在对就餐环境的文化氛围、艺术氛围、技术氛围和服务质量等多个方面的要求。因此，文化集成、艺术集成、技术集成、服务提升已经成为餐饮企业进行就餐环境变革的必选路径。

（4）就餐质量

随着生活水平的提高，消费者对就餐质量产生了更高的要求。就餐质量包含有形产品质量和餐饮服务质量。餐饮产品质量意味着高质量的食材、高质量的烹饪调料、高质量的烹调设备工具、高质量的烹饪技术。餐饮服务质量意味着顾客感受到的服务价值，主要包含伴随餐饮产品产生的价值和作为餐饮服务独立存在的价值。

（5）就餐价格

人民生活水平提高，可以接受更高的就餐价格，但高价格必须是消费者能够体验到并认为有价值的产品或服务。餐饮企业的目标就是努力提高顾客的让渡价值，使消费者认为其所消费的产品和服务具有高价值。因此，个性化、多样化消费将使企业更加关注消费者对产品和服务价值的认知程度，进而在提升产品和服务价格的同时，提升消费者满意度。

3.1.3 川菜产业价值链分析与竞争优势

3.1.3.1 川菜产业价值链分析

川菜产业不仅仅包括针对最终消费者的川菜正餐经营企业，还包含核心、配套、拓展产业链的产业体系，川菜产业的转型升级涉及整个产业体系，而不是仅仅针对某类型的企业。因此，川菜产业的转型升级研究需要首先分析川菜产业的价值链体系，以及这些体系如何创造价值。迈克尔·波特（1985）在《竞争优势》一书中首次提出了价值链的概念，将企业内外部活动分为基本活动和辅助性活动，在创造利润的过程中相互关联的各个环节被称为价值链（如图 3-4 所示）。

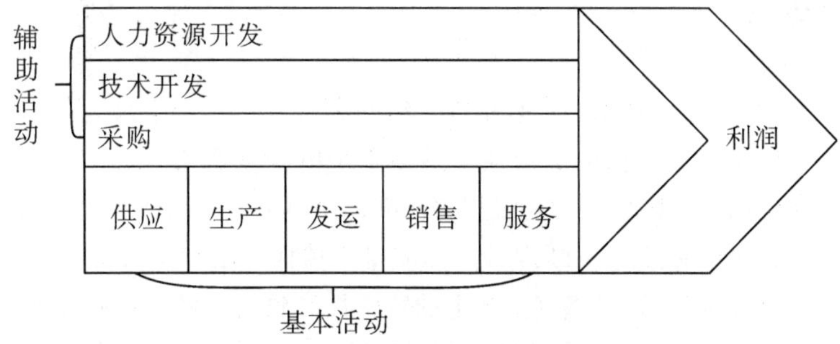

图 3-4 波特的价值链理论

对于川菜产业而言，既存在某一企业的价值链体系，也存在若干不同类型企业共同组成的价值链体系。从产业链的层次，可将川菜产业划分为核心产业链、配套产业链和拓展产业链。从价值链的层次，也可将川菜产业价值链划分为核心价值链体系、配套价值链体系和拓展价值链体系。

（1）川菜产业核心价值链

川菜产业核心价值链依托核心产业链而生，主要包括经营川菜正餐、快餐小吃、火锅的川菜餐饮企业的价值创造和提升活动。

（2）川菜产业配套价值链

川菜产业配套价值链依托配套产业链而生，主要包括从事川菜原材料生产、加工及提供用餐配套消费品的川菜企业的价值创造和提升活动。

（3）川菜产业拓展价值链

川菜产业拓展价值链依托拓展产业链而生，主要包括从事加工制作具有浓厚饮食文化色彩的川菜衍生产品以及川菜人才教育培训的相关企业及机构的价值创造和提升活动。

3.1.3.2　川菜产业竞争力分析

影响川菜产业竞争力的因素主要包括价格、质量、品种、服务、时间、健康与环保六个方面。与其他菜系产业相比，川菜产业有着较强的竞争优势。主要原因在于：

（1）价格

川菜来源于多种区域文化的融合与发展。四川处于内地，川菜因地制宜地采用了能够使用的当地食材、原料，用最普通的原材料，通过川菜匠人灵巧的技艺“化腐朽为神奇”，创造出了众多与众不同的菜品。因此，川菜产业从源头上控制了产品的成本，自始至终都在制作老百姓吃得起的产品，具有非常大的价格优势。

（2）质量

“选料认真、刀工精细、合理搭配、精心烹调”一直是川菜大师们秉承的工作原则，这十六个字保证了川菜产品多年来的质量稳定。近年来，地方政府、相关高校和行业协会大力建设川菜标准，使川菜产业在标准化上领先于其他菜系产业，川菜企业也不断提升产品质量。然而，由于川菜烹饪讲求“一菜一格、百菜百味”，这种烹饪工艺上的特殊性导致川菜的工业化水平始终处于较低层次。无法进行工业化生产，就无法进行产品生产工序的标准化和自动化，这也是妨碍川菜产品生产质量进一步提升的难点。

（3）品种

川菜与其他菜系相比，有着明显的品种优势，川菜正餐、快餐小吃、火锅共同组成了川菜菜系。川菜菜系的品种优势主要体现在食材、调料、味型、菜型及烹调方法的多样性上。以烹调方法为例，川菜具有多达数十种烹调方法，常见的如炒、熘、炸、爆、蒸、烧、煨、煮、焖、煸、炖、淖、卷、煎、炝、烩、腌、卤、熏、拌、糁、蒙、贴、酿等。人生来就有“厌恶重复”的本性，而川菜之所以长盛不衰，发展壮大，与其多样性不无关系。川菜产业在产品品种上的优势是其他菜系产业无法比拟的。

（4）服务

川菜历来重视服务，“前厅、后厨”中“前”“后”两个字自然而然地出现，表现了川菜餐饮企业在重视产品生产和制作的同时，也非常重视对消费者的服务。如很多川菜餐饮企业开始在菜盘上贴上厨师的编号，不管消费者对菜品满意还是不满意，都可以在第一时间找到菜品的制作者。再如一些川菜餐饮企业将川菜知名的附加物如茶、泡菜都作为附属物进行赠送，提升消费者满意度。事实上，服务的本质就是要使顾客多样化、个性化的需求得到满足，最大限度地提升消费者满意度。随着人民生活质量的逐步提升，餐饮消费需求已经从以前的吃饱、吃好向多样化、个性化逐步过渡。川菜产业正在伴随着消费者需求的变化不断更新发展服务观念，形成自己的服务优势。

（5）时间

当价格、质量、品种、服务等竞争优势都已具备时，对消费者需求进行更为及时、精准的响应，将成为竞争成败的关键。众多川菜餐饮企业开始使用智能业务处理系统、智能点菜系统、智能餐饮采购系统、智能物流配送系统进行服务时间上的改进。然而，川菜的烹调方式约束了时间上的竞争力，如果无法协调川菜烹调方式与中餐工业化之间的矛盾，则时间这个影响竞争力的主要因素将无法从根本上得到解决。

（6）健康与环保

健康与环保的餐饮消费已经成为绿色消费的主要发展方向之一。川菜产业等涉及饮食的产业已经成为追求人民健康的重要方面，川菜产业特殊的食材、原料、烹调方法，可以与先进的营养健康理念相结合，开发出更符合消费者需求的菜品和服务。然而，相较其他菜系的健康养生来讲，川菜菜系并不具有明显的优势。同时，由于川菜的烹调方式，能否将菜品快速清洁地生产出来，尽量减少对环境的污染，也是川菜产业发展中遇到的棘手问题。

3.1.4 川菜产业转型升级战略选择

无论是川菜产业的经营主体——川菜企业，还是川菜产业所包含的政府、高校和行业协会，都亟须明确产业及自身在产业转型升级过程中的发展战略，确立组织或企业的使命、宗旨和主要目标，进行充分的战略环境分析，选择适当的战略，进而实施战略规划并进行反馈。

3.1.4.1 确定组织使命、宗旨和目标

无论是川菜企业还是川菜行业协会、川菜产业相关高校，都应首先明确自己的使命、宗旨和目标。

（1）川菜企业

川菜企业是推动川菜产业向现代服务业转型升级的核心和主体。川菜企业如果能正确地进行战略规划，并能正确理解自己的发展道路，川菜产业的转型

升级就更容易成功。因此川菜企业应在三个方面明确自己的使命、宗旨和目标。

首先，川菜企业应明确创造价值这一不变的使命，为股东创造价值，为所有的利益相关者创造价值，包括员工、顾客、商业伙伴（价值链体系成员）、社区等。保护员工权益、创造良好的工作环境、引导员工健康成长与发展，以健康、低成本、高技术附加的方式满足顾客需求，以共同创造价值、推进产业发展的态度与商业伙伴合作，以负责任的态度成为社区的好邻居。

其次，川菜企业应明确自己在推动川菜产业转型升级进程中的责任和作用。保证产品和服务质量的稳定，保持川菜产业多样性，进行生产运作变革、技术改革、文化集成等方面的工作，以获取长期利润并推动产业发展，向客户提供营养健康的产品。

最后，川菜企业应明确自己的社会责任。作为生产经营企业和川菜产业的一分子，应承担保护环境的责任，尽量减少对食材、原材料的浪费，尽量引导消费者进行绿色消费，尽量减少有害物质的排放以降低企业对生态环境的破坏。

川菜企业应在充分理解以上三方面使命的基础上，明确地将自己的使命、宗旨用简明扼要的语句表达出来，使员工理解、股东明确、社会了解，最终以使命指引自己发展的道路。

（2）川菜行业协会

对于川菜行业协会而言，促进产业的快速健康发展，促进川菜标准的制定，促进川菜文化的国内外交流，促进川菜产业技术进步，促进川菜企业现代化转型，促进川菜产业人才素质提升，促进川菜产业链协调发展，促进川菜产业与其他产业融合发展，是其使命和宗旨。作为行业协会，由于不是市场经营主体，无需将使命与客户、员工、股东紧密联系。但行业协会的存在必须与产业的发展和社会的进步保持一致，尽到自己应尽的责任。

（3）川菜产业相关高校

人才培养、科学研究、社会服务和文化传承是高等学校应尽的四大社会责任。与川菜产业相关的高校并不多，而这为数不多的与川菜产业对接的高校必须明确地承担起推动川菜产业转型升级的社会责任，在川菜产业人才培养、川菜烹调工艺与技术研究、川菜工业化研究和川菜文化传承交流中起到必要的作用。同时，由于此类高校有着鲜明的对接产业特征，其学科建设、专业设置、人才培养、科学研究、师资队伍建设、实验实训基地建设、社会服务工作都需要与川菜向现代服务业转型升级紧密联系，将推动川菜产业成功转型、健康持续发展作为学校的使命、宗旨和目标。

3.1.4.2 战略环境分析

战略环境分析包含宏观环境分析、行业环境分析和主要竞争对手分析三个方面的外部环境分析，以及内部资源能力分析。川菜企业、川菜产业行业协会和相关高校都需要在明确使命的前提下，进行认真、详细的战略环境分析和自身资源能力分析，在此基础上开展后续战略规划工作。

（1）宏观环境分析

宏观环境分析主要涉及与川菜产业发展相关的政治环境、法律环境、经济环境、社会文化环境和技术环境等方面的分析。政治和法律环境主要包括与川菜产业转型发展有关的国际形势、国家大政方针、法律法规、政府预算、就业情况和国家经济政策等方面。经济环境主要包括与川菜产业转型发展有关的经济转型情况、收入情况、消费情况、家庭数量和结构情况、储蓄率、利率和经济发展预测等方面。社会文化环境主要包括与川菜产业转型发展有关的人口数量变化、年龄结构变化、生活方式变化、生活习惯变化、消费倾向变化、消费行为变化等方面。技术环境主要包括与川菜产业转型发展有关的新产品、新工艺、新技术、新材料、新能源、新设备应用情况等方面。

（2）行业环境分析

行业环境分析主要涉及与川菜产业存在竞争的替代品、潜在进入者、现有竞争者以及买方和卖方对行业内竞争环境的影响等方面的分析。

（3）主要竞争对手分析

主要竞争对手分析主要涉及川菜企业，其内容包括主要竞争对手的长远目标、现行战略和能力等方面的分析。

（4）内部资源与能力分析

川菜企业的内部资源是指被投入企业生产过程的生产要素，如资本、设备、员工的技能、专利、财务状况以及经理人的才能。长期以来，川菜企业被认为是劳动密集型企业，人员是川菜企业的主要资源。川菜产业向现代服务业转型升级，要求川菜企业不再仅仅依靠人员的堆积，还需要人员素质的全面提升，更需要对财务资源、组织资源、实物资源和技术资源进行全面的升级和再造，保证企业转型升级所需要的资金支持，计划、组织、控制、协调支持，厂房、设备以及特殊原材料支持，特别是川菜企业所拥有的专有技术、专利技术等技术支持。同时，打造独特的品牌资源、商誉资源以及员工的创新思想、管理能力等无形资源。

川菜企业的能力打造是通过对川菜企业内部资源的不断协调、有效整合建立起持久性的竞争优势。川菜企业需要在长期的业务领域发展中，关注与能力打造有关的价值链，抓住价值链增值过程中的某个或某几个环节，着力设计和理顺与川菜产业密切相关、与企业资源紧密结合、与资源整合有效联系的价值链增值过程。

川菜企业核心竞争力的凝练尤为重要。核心竞争力是指那些能为企业带来竞争优势的资源和能力。判断核心竞争力的标准主要有四个方面，即有价值的、稀有的、难以模仿并不可替代的。川菜企业只有着力凝练核心竞争力，才可能获得持久性的竞争优势，进而获得高于行业平均利润水平的超额利润。长期以来，川菜企业认为川菜产品的口味是唯一的核心竞争力，但近年来其他菜系大型企业的发展及国外大型快餐企业的成功，表明菜品的口味仅仅是核心竞争力的基础，对外部环境的快速适应和对内部资源的有效整合才是企业获取持久竞争优势的源泉。

（5）内外部环境的整合对策分析

战略环境分析的目的是寻找川菜产业/企业所面临的机会和威胁，在明确企业自身条件的基础上进行战略对策研究。

表 3-1　川菜产业/企业 SWOT 分析矩阵

	优势（Strength） 列出川菜产业/企业所具有的优势因素： 1. …… 2. …… 3. …… ……	劣势（Weakness） 列出川菜产业/企业所具有的劣势因素： 1. …… 2. …… 3. …… ……
机会（Opportunity） 列出川菜产业/企业面临的机会因素： 1. …… 2. …… 3. …… ……	S-O 战略 列出发挥优势、利用机会的战略对策： 1. …… 2. …… 3. …… ……	W-O 战略 列出利用机会、规避劣势的战略对策： 1. …… 2. …… 3. …… ……
威胁（Threat） 列出川菜产业/企业面临的威胁因素： 1. …… 2. …… 3. …… ……	S-T 战略 列出利用优势、规避威胁的战略对策： 1. …… 2. …… 3. …… ……	W-T 战略 列出减少威胁、规避劣势的战略对策： 1. …… 2. …… 3. …… ……

3.1.4.3 战略选择

战略选择是川菜企业在充分的内外部环境分析的基础上，进行的关系到企业未来发展的总体性、全局性、长远性规划。战略选择是川菜企业转型升级的首要工作，主要包含三个层次：公司层战略、经营层战略和职能层战略。

（1）公司层战略

公司层战略主要涉及川菜企业如何确定经营范围和领域。多元化和专业化是川菜企业在制定公司层战略时需要考虑的内容。对于资金、实物、组织、技术资源还不充分，刚刚起步的川菜企业来讲，选择将业务集中于自己所擅长的领域及市场需求较大的领域，进行专业化生产较为合适；对于在行业中已经拥有一定的知名度，有形资源较充分的企业，为了避免市场波动及市场萎缩带来的风险，获取更大的销售收入，同时更有效地配置资源，应该选择进入更多的市场领域进行经营。对于川菜企业而言，并不存在多元化好还是专业化好的问题，而在于哪种战略更适合企业的发展阶段和外部环境。

（2）经营层战略

经营层战略也称为一般竞争战略或基本竞争战略。迈克尔·波特在《竞争战略》《竞争优势》中指出，企业获取相对竞争优势，可以选择采取三种不同的经营战略，包括总成本领先战略、差异化战略和目标集聚战略。总成本领先战略更适用于产品差异程度不高、客户对价格更敏感、客户对产品差异价值不认可、市场竞争激烈等情况，在生产制造业中较为常见。就川菜产业这样的服务业而言，差异化战略和目标集聚战略则更为适合。

对于川菜企业，就是要向顾客提供独具特色的产品和服务。所谓“一招鲜，吃遍天”在川菜产业中屡见不鲜，很多企业凭借着某种与众不同的产品或技能，形成了持久的竞争优势。川菜企业主要在产品、质量、品种、服务、时间、健康与环保等方面形成自己的差异化优势。新常态下，模仿排浪式消费已经被个性化、多样化消费需求所代替，川菜企业应更多地利用自己的技术、组织优势，向消费者提供有价值并受到其认可的产品和服务，进而形成消费者对品牌的忠诚，为企业带来较高的溢价。

同时，由于川菜企业在资金因素、实物因素、地域因素、消费者认可程度因素等多方面的特殊性。川菜企业为了便于集中整合企业的资源和能力，更好地服务于特定的目标市场，更好地调研市场需求和开发与产品有关的技术，并将战略目标更为集中，即将自己的经营活动集中于某一特定的消费群或某一特定的地域，如大学校园周边、高档写字楼周边、商业街区周边等，在特定的范围和特定的地域实施差异化战略，即差异化目标集聚。

（3）职能层战略

职能层战略是指在职能部门，如生产与服务运作、市场营销、财会、研究与开发、人力资源等部门中，由职能管理人员制定的短期目标和战术规划，其目的是有效利用企业的资源、流程和人员来实现企业的目标。由于川菜企业的现代化管理水平不高，往往缺乏必需的职能层战略规划。职能层战略主要包括生产及服务运作战略规划、市场营销战略规划、财务战略规划、研究与开发战略规划、人力资源战略规划等方面。川菜企业需要通过职能层战略规划及其实施，实现高效率、高质量、创新、生产过程的准时性、良好的顾客效应以及差异化，进而赢得竞争优势。

3.1.4.4　战略实施及反馈

川菜企业一旦选择了适合本企业的战略，就进入了战略实施阶段。所谓战略实施，就是执行达到战略目标的战略计划或战略方案，将规划付诸行动的过程。博诺玛（T. V. Bonoma）提出了战略规划过程和战略实施过程的关系（见图3-5）。从图3-5可以看出，优异的战略实施能够保证一个适宜的战略规划成功，为企业带来好的收益，而一个优异的战略实施也可能够挽救一个不适宜的战略规划。然而，战略实施很多时候无法保证企业能够发现战略规划的错误并及时加以纠正，越好的战略执行将导致企业更快地迈向失败，使得战略规划的重要性更为突出。

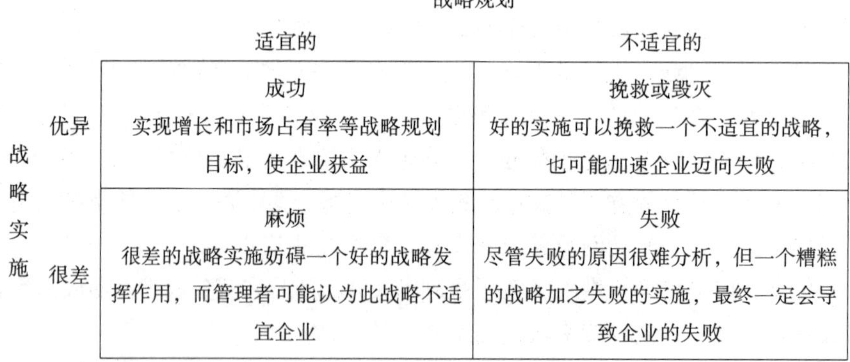

战略实施 \ 战略规划	适宜的	不适宜的
优异	成功 实现增长和市场占有率等战略规划目标，使企业获益	挽救或毁灭 好的实施可以挽救一个不适宜的战略，也可能加速企业迈向失败
很差	麻烦 很差的战略实施妨碍一个好的战略发挥作用，而管理者可能认为此战略不适宜企业	失败 尽管失败的原因很难分析，但一个糟糕的战略加之失败的实施，最终一定会导致企业的失败

图3-5　战略规划与战略实施关系图

通常来讲，企业更为重视战略的规划，而忽视战略实施的重要性，形成虎头蛇尾的效应。而将战略规划落地，形成执行力，最终达成战略目标才是整个战略管理的成功。战略实施主要分为四个阶段：

（1）战略实施启动阶段

战略实施启动阶段主要是向员工传递新思想、灌输新知识、提出新观念的过程，主要目的是使员工认识到企业发展的现状及未来的发展目标，充分理解和认识新的战略目标对企业未来发展的关系，真切体会到自身与企业战略目标的关联，尽量减少战略实施阶段的阻力，充分发动员工积极参与到战略实施的行动中。只有让大多数员工认识到战略的重要性、合理性以及战略的实施路径，才能得到大多数员工的支持，战略实施才有可能顺利推进。

（2）战略实施计划阶段

战略实施计划就是将较为全局的战略规划方案具体化，分解为具有可操作性的阶段性目标和行动计划。在企业总体战略的指引下，采用科学的方法进行计划的编制是战略实施的核心。编制计划需要遵循5W1H的标准，即明确的目标与内容（what）、计划的原因（why）、计划的执行人员（who）、计划执行的地点（where）、计划执行的时间（when）和执行计划的手段与方法（how）。

战略实施计划的步骤主要包括：依据战略目标制定阶段性目标，分析环境、明确达成目标的路径，预测达成目标所需的前提条件，拟定和选择可行性行动方案，制定主要计划，制定时间表、路线图及相关预算等。

（3）战略实施执行阶段

战略的实施执行阶段主要是根据川菜企业的战略规划，调整组织结构，进行与之相适应的组织设计，有效利用及整合企业资源，构建良好的企业文化，建立科学的绩效考评体系和绩效管理制度，运用科学的薪酬手段进行正确的激励。

（4）战略实施控制与反馈评估阶段

在战略实施执行阶段，川菜企业需要根据企业内部条件和外部环境的变化进行战略控制，纠正产生的偏差或调整战略规划，以适应市场环境的快速变化，提升企业应变能力，最终保证战略的成功实施。

3.2 个性化、多样化餐饮需求对市场竞争的影响分析

数字经济时代的到来，使得消费者对餐饮的需求趋于个性化、多样化，餐饮价格、品质、服务更加透明化，同时也使餐饮企业面对更为广阔、更加激烈的竞争市场。川菜企业要想在市场中取得立足之地，就应当结合自身情况、市场特点等内外部环境调整竞争策略。川菜企业的市场竞争是各个川菜企业基于

自身利益的考虑，为取得更好的产销条件、获得更多的市场资源而开展的竞争。市场竞争策略的形式多种多样，比如产品质量竞争、广告营销竞争、价格竞争、产品式样竞争、花色品种竞争、服务竞争、声誉竞争等。

3.2.1 竞争形式

市场竞争的主要形式有价格竞争和非价格竞争。良性价格竞争的前提条件要求企业有较低的成本，比如达到规模效应，这样企业可以提供同行业竞争对手难以承受的低价，并保障自身收益，从而迅速提高市场占有率。非价格竞争手段以消费者满意为落脚点，利用价格之外的营销手段，提供与众不同的产品及服务。对于现实条件下的川菜企业而言，一是消费者可以通过各种平台全方位地了解到餐饮的价格、品质、服务、特点等信息，而且获取信息的途径方便、成本低廉，消费者可以非常方便地“货比三家”；二是随着居民收入水平的提高，居民消费能力升级，对于餐饮的需求更加注重品质和附加在餐饮上的文化和精神享受；三是消费者的餐饮需求趋向于个性化、多样化，川菜企业需要对消费者进行细分，在此基础上确定自己的竞争策略。

基于以上三方面，基于消费者个性化、多样化餐饮需求，川菜企业应根据自身战略定位和市场竞争环境确定竞争形式。因此，价格竞争和非价格竞争在川菜企业中均会存在。采用价格竞争的川菜企业，需要在成本上相对竞争对手而言更有优势，具体的成本优势体现在原材料的采购、生产加工、人工服务等供应流程的成本控制，可以借鉴肯德基、真功夫等连锁快捷餐饮的经验。但总体来说，满足个性化、多样化餐饮需求还是需要采用非价格竞争的方式。由于消费者需求的个性化、多样化，一家川菜企业要满足所有餐饮偏好的消费者不仅成本消耗大，而且难以达到消费者预期的服务水平。也就是说采用非价格竞争的川菜企业，需要根据自身服务的消费者特性，进行精准的细分市场定位，进而采取与之相对应的营销策略组合，满足消费者需求，提升其满意度。

3.2.2 竞争战略

市场竞争战略主要分为：高质量竞争战略、低成本竞争战略、差异优势竞争战略、集中优势竞争战略。个性化、多样化的餐饮需求要求川菜企业在竞争市场中要有合理的市场竞争战略定位。

3.2.2.1 高质量竞争战略

个性化、多样化的餐饮需求条件下，高质量竞争已经不再是一项简单的市场竞争战略，而是一切竞争手段的前提和基础，对于川菜企业而言就是食材、食品的品质和安全以及服务的品质。这是川菜企业能否塑造良好形象的基础。高质量要反映在川菜企业的各项活动和创造价值的过程中。总之，高质量是个性化、多样化餐饮需求条件下川菜企业市场竞争的前提和基础。

3.2.2.2 低成本竞争战略

收益和成本是企业关注的永久话题。低成本竞争战略是川菜企业通过业务流程的再造和优化，充分发挥流程的规模效应，比如建立中央厨房、统一采购和加工等手段，实现以较低的价格获得原材料和食材，充分提高人工和机器设备的利用率，从而加强成本控制，在行业中达到成本领先，形成低成本竞争优势。一旦形成成本优势，川菜企业就可以在保证市场正常利润的前提下以低于竞争者的价格销售产品，这样既可以提高市场占有率又可以保障高收益。因此，在个性化、多样化的餐饮需求条件下，低成本是川菜企业实施其他竞争战略的重要支撑。

3.2.2.3 差异优势竞争战略

在川菜产业内，消费者对具有特色的川菜产品往往不会过分计较价格，或者说消费者由于没有比较对象而无法进行价格比较。主打特色川菜的企业可以以高价格销售菜品和服务，从而取得更多利润。同时，差异化竞争还能有效阻碍潜在的竞争对手进入细分市场。面对消费者个性化、多样化的餐饮需求趋势，川菜企业要想摆脱同质化的餐饮竞争，就需要充分运用川菜企业在加工技术、创新能力、原材料和经营经验等资源和能力方面的优势，转化为餐饮菜品、服务、营销宣传、门店布置等方面独具特色的差异优势，从而减少与行业内竞争对手的正面竞争，并在客户需求的某一细分领域中取得竞争的优势地位。

3.2.2.4 集中优势竞争战略

消费者的个性化、多样化餐饮需求对川菜企业意味着，一方面川菜企业要能够精确捕获消费者的需求；另一方面川菜企业需要对即将面对的消费市场进行定位，将企业有限的精力集中在某一个或者少数几个消费群体上，争取在局部市场中获取相对竞争优势。集中优势竞争战略结合了差异战略和低成本战略的优势，即集中精力于局部市场，满足某个特定消费群的个性化需求，又能够减少投资，在较窄的市场领域里以较低的成本进行经营。因此，在个性化、多样化的餐饮需求条件下，集中优势竞争战略将逐步体现出其在市场竞争中的优势。

3.2.3 竞争策略

消费者个性化、多样化的餐饮需求要求川菜企业根据特定的消费需求针对性地提供服务，并塑造符合相应客户需求的企业形象。现实情况下，消费者在消费餐饮时，除了消费产品本身，还消费附加在商品上的商誉、形象等，以满足其内在情感需求、身份地位需求，或者给自己带来别具一番风味的体验。

川菜企业的市场竞争策略多种多样，比如价格竞争、餐饮产品样式和花色品种竞争、服务竞争、广告营销竞争等。面对消费者个性化、多样化的餐饮需求，川菜企业在经营过程中选择竞争策略，不能采用传统的方法，而是要充分地利用互联网、现代信息技术及大数据分析方法精确定位所在市场的客户需求情况，从而采取相应的竞争策略。例如针对质量品牌型、享受养生型、节俭便捷型等顾客类型，分别采取对应的策略及宣传方式。

3.3 川菜企业生产及运作战略规划

川菜企业的生产及运作战略规划是向现代服务业转型的关键职能战略，不仅关系到川菜企业的长远发展，还关系到企业能否以现代服务业的标准运行。因此，本部分将研究川菜企业生产运作战略规划，帮助川菜企业了解现代化的生产及运作原理，运用科学的战略规划手段进行现代服务业的生产及运作规划。

3.3.1 川菜企业自制与外包模式

现代服务业的重要标志是社会化大生产下的社会分工，企业不再是供应链的全部，而是供应链的一个环节。川菜企业在当今社会分工的条件下，需要首先决策的问题是生产问题，即生产及服务都由本企业进行，还是自己生产、外包服务，还是外包生产、自己服务，还是生产及服务都由外包企业来完成。确定自制和外包的模式，涉及资金的筹措、生产设施设备的采购运行、组织设计、人员安排等方面的工作，属于川菜企业的战略决策范畴。

对于川菜企业而言，需要进行决策的不仅仅是生产和服务的自制或外包问题，还需要决策从产品和服务开发到生产服务的全过程，哪一个或哪几个阶段需要自制或外包，或者全部阶段都自制或外包。

3.3.1.1 川菜市场需求预测和调研工作的自制或外包决策

对个性化、多样化需求的预测和调研是川菜企业开发川菜产品和服务的重要前提，有众多市场调研公司在提供相关需求预测和调研服务。在此阶段，川菜企业可以选择将顾客需求调研工作外包于专业化的咨询公司。其优点是具有专业化调研能力和经验，能够通过对环境和数据的准确挖掘和分析得出较为科学可行的结论。而专业的调研公司也有一定的缺陷，即对企业的战略、资源、能力没有充分的了解，也不一定对企业所面对的川菜餐饮市场和目标消费群有充分的认识。川菜企业可以根据外包的利弊进行选择，可以为完全外包给咨询公司，与咨询公司深度合作、分享决策信息得出调研结论，也可以雇佣具有专业素养的市场调研及分析人员进行企业的内部运作。川菜企业想要形成核心竞争力，需要充分了解顾客需求以及长期的市场预测和调研积累。因此，如果川菜企业的目标是快速了解市场变化及需求变化，以提供快速的决策支持，可以选择专业咨询公司；如果川菜企业将了解顾客作为打造核心竞争力的开始，则应选择自己完成该项工作。

3.2.1.2　川菜产品的设计和制作工作的自制和外包决策

菜品的设计、调味工作属于川菜企业的核心流程，甚至对某些企业来讲属于高度机密，需要绝对保密，该工作应由川菜企业独立完成。在菜品的设计、调味工作等核心流程完成之后，凡不需要特殊的烹饪工艺和技术的普通菜品制作工作可以选择自己完成，也可以选择外包。外包可以提高效率、降低成本，川菜企业可以尽量将技术含量不高、可替代性强、劳动密集型的工作外包，以突出自己在核心技术上的优势。

3.2.1.3　川菜餐饮服务阶段的自制和外包决策

服务阶段是顾客享受餐饮服务的关键。在个性化、多样化需求发生变化的背景下，顾客根据就餐情景的不同可能选择餐馆就餐，也可能选择配送服务。餐厅服务是提升顾客满意度和顾客忠诚度的核心阶段，川菜企业可以在餐厅服务的阶段用自己的组织优势、员工优势、技术优势、文化优势打造与众不同的服务情景，形成服务阶段的核心竞争力。因此，餐厅服务阶段，川菜餐饮企业应自己完成。当顾客选择配送服务时，对服务的预期将发生变化，时间将成为产品和质量之外最重要的预期。市场上有大量提供餐饮配送服务的专业公司，川菜企业可以选择与专业配送公司合作，以满足消费者快速、安全就餐的需求。但是，专业配送公司是否能满足消费者更多的需求，则需要更进一步的分析。本书将在物流配送体系的构建部分进一步分析物流配送的自制及外包问题。

总之，在进行自制或外包决策时，川菜企业应自己完成所有涉及核心技术和机密的业务流程，将主要精力放在形成自己核心竞争力的业务模块中，而将技术含量不高、可替代性强、劳动密集型，并且自己完成将耗费巨大成本的工作交由专业公司完成。

3.3.2 川菜企业产品结构和产业结构

当川菜企业决定将产品和服务的设计开发自己承担后，就需要决策产品的结构，明确所处的产业结构及自身在产业链中的地位。

首先，川菜企业需要确认自己向顾客提供的是单一的川菜产品（模块化结构），还是川菜餐饮一条龙服务（一体化结构），此时可借鉴双螺旋模型进行分析（如图3-6所示）。如果川菜企业仅向顾客提供单一的川菜产品，就需要考虑川菜产品的标准化问题。因为单一的川菜产品需要与产业链中的其他企业合作，这种合作需要明确最终顾客的产品标准。一条龙服务是向顾客提供全程的餐饮服务体验，川菜企业需要将一条龙服务作为一个系统来设计和开发，其业务流程不能通过购买或外包获得，只能自制。川菜企业需要根据自己的战略规划，确定自己的产品结构。无论是选择模块化结构还是一体化结构，川菜企业都需要根据自己的战略预期和资源条件确定川菜产品和服务的宽度和深度，即经营多少川菜产品线，每条产品线上产品数量有多少。

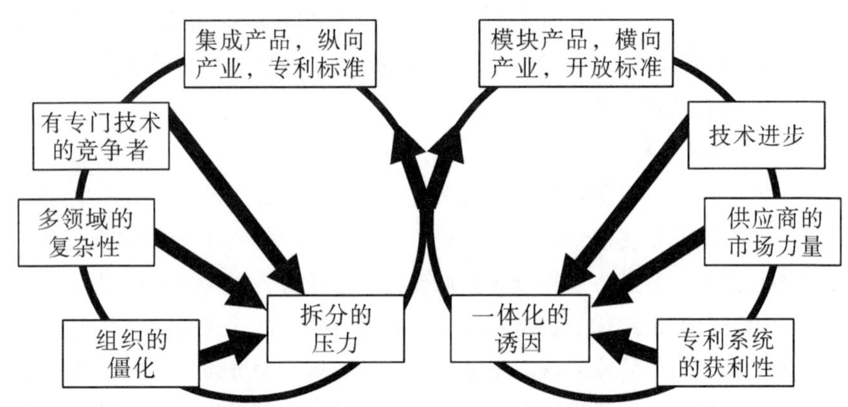

图3-6 产品/产业结构演变的双螺旋模型

资料来源：Charles Fine. Strategic Value Design and Roadmapping [OL].

其次，川菜企业属于产业链中的一个环节。在企业确定了向顾客提供单一的川菜产品还是提供一条龙服务之后，川菜企业需要选择自己所处的产业结构，设计打造一个产业生态系统，以寻求更高的差异化水平和利润水平。产业结构中包含纵向一体化和横向一体化，与川菜企业模块化产品结构相适应的是横向一体化的产业结构，与川菜企业一体化产品结构相适应的是纵向一体化的产业结构。川菜企业在纵向一体化的产业环境下，可以经营一体化的多种产品及服务，为顾客提供“一条龙”的川菜餐饮服务，可以很好地协调产业链中的各个部分，容易形成核心竞争优势。如火锅企业可以将原材料的培育种植、原材料的采购、原材料的粗加工、调料的炒制等上游产业，火锅底料的销售等下游产业都纳入自己的内部产业链条中，进而在新技术、新材料、新工艺、新产品的开发中形成核心竞争力。但经营多种业务可能使企业的精力分散于多个行业，导致管理上复杂性，造成组织机构庞大、僵化，可能反而有害于企业竞争力的提升。总的来说，川菜企业涉足上下游产业链的业务经营，有利于核心竞争力的形成，川菜产业的转型升级需要川菜企业的纵向一体化发展。同时，选择横向一体化的川菜企业需要考虑自己生产的川菜产品模块处于产业中的哪一环节，需要与产业中的哪些部门相融合，做好标准化工作，使自己的川菜产品更好地成为产业链中不可替代的环节。

3.3.3 川菜企业生产组织模式

传统的餐饮企业生产组织模式来源于企业的资源和能力，也就是企业能提供什么样的产品和服务。而在个性化、多样化需求凸显的时代，川菜企业面临转型升级，企业无法像过去那样根据自己的状态调整生产，必须要迎合消费者的需求。因此，川菜企业的生产组织方式也需要进行适当的调整。

3.3.3.1 川菜企业生产组织方式变化趋势

（1）柔性化

个性化、多样化餐饮需求对川菜企业来说，就是要按照顾客的需求，在合适的时间节点以必要的数量，生产出必要的餐饮产品和服务，其核心就是要以尽可能低的成本和尽可能高的质量对顾客做出尽可能快的反应。这就促使川菜企业在生产过程中融入柔性生产的理念。柔性生产的实质是企业围绕市场需求的变化，快速进行产品结构、产品设计和产品数量的调整。柔性生产就是在小批量、多品种基础上实现的范围经济，要求川菜企业根据市场需求的变化快速组织生产，并将库存大幅度的减少为零。过去大量排浪式消费意味着川菜企业需要储备大量的原料及物资，个性化、多样化的餐饮需求促使川菜企业考虑改变库存状态，在每一个环节实现精准控制，在依靠一体化供应链的基础上，在生产环节实施高水平的质量监控，最终实现在顾客需要的时候生产相应的川菜产品。因此，对顾客需求进行精准预测，减少或避免相关原材料的采购和储备，保证企业库存的最低化是川菜企业未来的发展趋势。

对用户需求进行及时、准确的预测是个性化、多样化餐饮需求下实现川菜企业“低库存”的基础和关键。再辅助以高质量、高速度且高稳定性的采购订货系统和供应链生态，川菜企业将可以实现真正意义上的“零库存”和精益生产。

（2）信息化

川菜企业实现餐饮需求的精准预测及生产的柔性管理，需要采用高技术集成的方式。传统餐饮产业由于知识和技术集成度都不高，始终处于较低层次的发展。数字经济时代的到来已经促使各类企业全面“技术化”“信息化”和“互联化”，川菜企业在这场技术变革中并没有落后，信息化采购系统、信息化点餐系统、自动化生产设备、信息化配送系统都已在餐饮产业中广泛应用。信息化已经在川菜企业外部资源配置和内部资源配置中起到了重要的推动作用。

然而，个性化、多样化需求对川菜企业的信息化提出了更高的要求，要求川菜企业能够利用信息化技术、互联网技术，配合大数据挖掘和分析，对客户信息进行精确预测，实现数据分析、市场营销、客户服务的全流程管理，进而精准地满足消费者需求，提升客户价值和满意度。同时，由于川菜产品制作逐渐演进到自动化生产领域，自动化与信息化的融合也是川菜企业需要重点聚焦的。

（3）标准化

川菜产业向现代服务业转型升级，必须经过原材料、生产过程到产成品及餐饮服务的全程标准化。同时，标准化也是产业分工、专业化生产和模块化生产的基础。生产组织方式标准化才能实现餐饮产品品种的合理规划，组织专业化生产，提高产品质量和保证食品安全，才可能实现对消费者需求的精准满足。而标准化这一重要环节，在川菜产业领域是总体缺失的。大型川菜企业多执行自己的企业标准，中小型川菜企业更是没有标准可循，从餐饮产品的色、香、味、形、意，到生产过程、服务过程都没有实现标准化。

个性化、多样化需求对川菜企业的适应能力提出了巨大的挑战。必须对传统的原材料（食材）采选、操作规程、制作工艺、机器设备、专业人才进行标准化设计，进而实现模块化生产，才能适应川菜产业即将面临的小批量、多品种生产模式。

（4）模块化

模块化是伴随着劳动分工和专业化生产而出现的具有革命性意义的生产组织方式，在信息产业、汽车产业等领域的生产过程、设计过程优化和创新中发挥了积极的作用（鲍德温、克拉克，1997）。产业结构模块化是信息技术革命对产业演进的重要贡献（陆国庆，2003）。在模块化生产组织方式深入制造业的背景下，通过对业务流程进行分析、拆分、重组和优化，川菜企业也建立起了自己的模块化体系。模块化生产组织方式在川菜连锁餐饮企业中运用广泛，采购、运输、烹饪、营销、服务等工作均通过流程再造的方式被模块化，同时在企业内部和企业外部进行。

业务模块化在川菜企业满足餐饮个性化、多样化需求中将发挥更为重要的作用。川菜企业可以通过模块化进行业务领域的分工和扩展，达到专业化生产的目标，以降低产品成本、提高产品质量，并通过子模块的拆分和重组面对迅速变化的餐饮需求，更迅速地调整产业链条，实现消费快速响应。同时，模块化将促使川菜产业结构发生本质变化，以往独立经营的模式将发生改变，企业将逐步变为模块化生产链条中的一员，这些模块企业将在一定区域内竞争和聚集，最终形成产业集群。

（5）动态化

随着餐饮需求的不断变化，无论是主动参与，还是被动接受，川菜企业都将更频繁地调整自己的产品设计理念、产品设计流程、产品生产流程。川菜产品和服务的设计创新和生产组织方式的创新将成为常态。由于柔性化、信息化、标准化和模块化生产组织方式的深入影响，川菜企业将更多地通过业务流程的重组和再造来进行商业模式的创新，以满足消费者个性化、多样化需求，而不仅仅通过餐饮产品的口味创新或单一的广告推销来吸引顾客。因此，川菜企业的管理、运营创新将越来越动态化，最终演进为现代服务业的典型形态。

3.3.3.2 川菜企业生产组织方式的优化与创新

（1）生产流程的持续优化和改善

川菜企业的竞争力体现在能够提供稳定的、安全卫生的高品质餐饮产品。同时，个性化、多样化的餐饮需求要求川菜企业必须在稳定提供产品的同时进行产品和服务的持续优化和创新。川菜企业必须从流程上梳理稳定、均衡、优化生产的各项关键因素，将柔性化、信息化、模块化生产理念融入生产和服务过程中，降低生产成本，提升产品质量，获取产品差异，进而从生产流程的持续优化和改善上为顾客提供个性化、多样化的产品。

（2）运营模式的不断改进和创新

个性化、多样化餐饮需求实质上对川菜产品鲜度、批量、加工时间都有严格的要求。川菜企业的运营模式需要持续进行改进和创新，才能适应最新的消费趋势。连锁运营模式和中央厨房运营模式是川菜企业进行运营模式改进和创新的主要方式，其特征主要包括：①执行严格的生产标准和卫生标准，为消费者提供安全、卫生、标准化的产品，保证产品的品质；②通过集中采购、标准化生产、模块化生产、统一配送等方法降低产品成本，提高产品附加值，提升企业利润；③统一配送餐饮半成品和产成品，实现川菜经营门店标准化并有效控制损耗，提升门店在服务方面的经营特色；④通过网络快速订单，实现多品种、小批量生产，配套高效的配送服务，提高产品附加值、服务特色和服务质量。

（3）采购模式的不断变革和创新

采购模式是由川菜企业需要原材料的数量、时间、频次所决定的，川菜采购大概占餐饮成本的三分之一，对采购流程的优化和创新可以为川菜企业节约成本。传统的川菜企业采购主要采用定时进货、临时进货、集中采购等方式。在个性化、多样化的餐饮需求下，采购成本的控制是川菜企业亟待解决的问题。企业在需要通过不断的标准化，在规范产品所需原材料和食材的同时兼顾产品特色的打造，将规模化、专业化、模块化融入采购领域，有效控制原材料采购成本、减少不必要的消耗和浪费。川菜企业（特别是连锁川菜餐饮企业）必须建立起企业自己的中央厨房，将原料统一采购、统一加工，半成品或产成品统一配送。同时通过信息系统的集成应用，了解不同川菜餐饮门店的需求，通过智能系统和冷链物流配送到门店，最终降低餐饮成本、提升餐饮质量。

（4）物流配送模式的发展和创新

生产流程、运营模式、采购模式的变化都促使川菜企业研发更先进的物流配送系统。川菜产品的物流配送范围、配送温度区间以及配送产品品类都与物流配送系统的信息化和智能化程度高度相关。只有高度智能的餐饮物流配送系统，才能使川菜企业满足消费者需求的同时达到安全、准时等标准。川菜企业的物流配送主要涉及原材料和食材的配送，中央厨房至各店铺加工半成品的配送以及川菜成品至消费者的配送。同时，川菜企业的配送由于配送范围、产品品类、消费者需求的不同涉及冷冻、冷藏、常温、高温等不同温度的配送，川菜企业需要在配送品质和成本控制之间寻找一个平衡点。随着消费者餐饮需求的个性化、多样化，很难实现消费端单一产品单一温度的一次性配送。在此背景下既要满足各方需求，又要节省成本，就对配送设备工具、产品储存流程、产品装箱流程、产品配送流程和配送路线规划等有更高的要求。川菜企业应利用标准化、模块化的理念将业务进行有效分割，集中内部资源或利用外部第三方物流资源进行配送模式改革，通过信息平台的建设或合作，实现川菜餐饮物流配送现代化。

（5）质量保证体系的构建和完善

传统的川菜企业生产运作体系对餐饮卫生安全的重视程度并不是太高，但顾客对就餐品质的要求逐渐增高，必然会对川菜企业整个生产质量体系提出更为严格的要求。人民生活水平的提升和个性化、多样化需求的产生都要求川菜企业生产质量“零缺陷”，一旦发生餐饮产品的卫生安全问题将给川菜企业带来灭顶之灾。因此，采购、生产及物流配送工序上的质量保证体系将对川菜企业的生产运作带来巨大的影响。

（6）人力资源的优化配置

消费的转变促使川菜企业用现代化工业生产的方法进行人力资源的优化配置。川菜企业需要根据外部环境和内部条件，准确预测所需的人才类型和数量，并充分利用现有人员，对现有人员进行有针对性的培训和指导，以适应个性化、多样化餐饮消费背景下川菜企业人力资源需求，减少企业在人才培养和储备上的不确定性。同时，个性化、多样化的餐饮需求将促使川菜企业采取更为优化的弹性体系，根据用餐高峰的变动及排队状况的变化，弹性地调节生产及服务的人员数量，最大限度地节约人力成本。

3.3.4 川菜企业供应链模式

供应链是围绕核心企业，通过对工作流、信息流、物料流、资金流的协调和控制，从采购原材料开始，制成半成品及最终成品，最后由销售网络把产品送到用户手中，将供应商、制造商、分销商、零售商直至最终用户连成一个整体的功能网链结构（马士华，2017）。对于川菜企业来讲，供应链就是川菜企业在产业内与生产和服务过程有关的各类企业联系的过程，其中包括与战略性供应商和顾客的关系、供应链产品需求预测和需求管理、企业内部物料需求和供应管理、基于供应链的客户服务和物流管理、供应链资金流管理、逆向物流管理、供应链信息管理等。川菜企业需要明确自己在供应链体系中所处的位置，以及供应链体系中的各关键节点功能及其网链结构。同时，川菜企业需要根据自己战略规划选择适合自身条件的供应链模式，并考虑如下供应链模式特征。

第一，供应链的稳定性。川菜企业面对的是迅速变化的消费体系和相对稳定的供应商体系。由于市场需求的动态性和多样性，特别是新常态下消费者个性化、多样化餐饮需求的背景下，川菜企业无可避免地要随着市场的变化调整供应链体系，而不是根据供应商来确定自己的供应链体系。

第二，供应链的平衡性。通常来讲，通过对需求较准确的预测，川菜企业能够合理确定自己的生产和服务规模，拥有较为稳定的生产和服务能力，其中包括供应商生产和服务能力、制造商生产和服务能力、配送商生产和服务能力。需求处于不断的变化过程中，当川菜企业的生产和服务能力能够满足顾客的需求时，供应链处于平衡状态。当需求的变化程度高于川菜企业的应对能力时，供应链成本增加、库存增加、浪费和损耗增加，供应链将处于失衡的状态。川菜企业应尽量通过需求的精准预测和生产柔性化等方式优化采购流程、生产流程、运输流程、资金流程、服务流程，最终使供应链体系达到相对平衡。

第三，供应链的效率性。效率型供应链又称有效性供应链，是企业以最低的成本将原材料转化为零部件、半成品、产品，并以尽可能低的价格有效地实现以供应为根本目标的供应链系统。对于效率型供应链来讲，实现效率提升的根本是市场需求的确定性和可预测性。而川菜产业的需求具有较大的不确定性和不可预测性（中餐工业化所涉及的快餐食品市场需求确定性和可预测性较强），因此川菜企业很难将生产聚焦于成本的降低和大规模生产模式。川菜企业所面对的市场是个性化和多样化的，其根本目标就生产合适的产品，适时满足消费者需求，在进行一定市场预测的基础上，同时利用供应链体系的灵活性对无法预期的需求做出尽可能快的反应，即响应型供应链。

3.3.5 川菜企业配送网络体系

川菜企业物流配送系统主要包含两种类型：川菜企业自有型物流配送系统和第三方物流配送系统。这两种物流配送系统从构成、设计、运营等方面都有较大不同，本部分将对这两种配送系统进行分类研究。

3.3.5.1 川菜企业自有型物流配送系统

自有型物流配送系统是企业单靠自己的资金、物资、人力和渠道建立起来的物流配送体系。电商类企业的代表之一京东从创设之初就掌握了供应链和物流系统，虽然多年来一直饱受争议，但其快速且高质量的物流配送服务的确成为其成功的关键因素之一。作为传统零售商典型代表的沃尔玛也曾因优秀的自有型物流配送系统而成为全球最大的零售企业。在现今很多学者讨论第三方物流，以及众多企业开始将作为非核心业务的物流业务纷纷外包的背景下，仍然有很多企业秉承着自有型物流配送企业，主要原因有如下几点：

（1）企业规模

物流配送系统的规模是川菜企业是否需要拥有自己的物流配送系统所需考虑的主要因素之一。当物流配送系统的规模还不足以影响川菜企业成本时，物流体系还不会成为川菜企业关注的重点。而当物流配送的成本已经成为川菜企业的重要成本支出时，川菜企业会开始考虑是自己建立物流配送系统还是使用第三方物流配送系统的问题，进行比较权衡后再进行决策。

（2）产品特性

产品的特性将会成为川菜企业是否考虑自己建立物流配送系统的决定性因

素之一。冷鲜类产品、川菜餐饮类产品都与物流配送系统的时间、温度、湿度有着紧密的联系，稍不注意就有可能影响产品的口感和品质，甚至出现食品安全方面的风险。对于这类产品，川菜企业通常采取自己建立物流配送系统的方式来保证产品质量及控制相关风险。

（3）消费需求

消费需求始终是现代营销关注的焦点，而消费需求的多样化也使企业想尽各种方法来实施各种差异化。消费者可能对物流配送的时间、地点、方式提出要求，而在现今物流配送系统已经成为消费者与厂商之间重要沟通渠道的前提下，以物流配送系统来实现差异化并获得消费者溢价已经成为很多厂商成功的关键（如京东）。因此，川菜企业为了寻求更高的差异化及更高的溢价，通常可以将物流配送系统作为企业营销活动的一个环节来设计，此时选择自有型物流配送系统将成为必然。

（4）核心竞争力

川菜企业核心竞争力是建立在川菜企业核心资源基础上的烹饪技术、川菜菜品、管理体系、企业文化等综合优势在市场上的反映，是川菜企业在经营过程中形成的不易被竞争对手仿效、并能带来超额利润的独特能力。有效的物流配送已经成为部分餐饮企业核心竞争力的来源，此时自有型物流配送系统为企业和消费者带来了更高的价值，对自有物流系统的熟练运用也已成为这些成功餐饮企业区别于其他餐饮企业的关键，同时自有物流系统具有非常强的不可替代性和难以模仿性。在社会经济变化频繁、竞争加剧、产品生命周期缩短的背景下，为了打造核心竞争力，川菜企业应倾向于建立自己的物流配送系统。

可见，川菜企业对自有型物流配送系统有着天然的需求。首先，物流配送系统的成本通常不会成为川菜企业的主要成本支出，川菜企业可以进行自有物流配送和第三方物流配送的自然选择。其次，川菜企业的产品有着特殊的属性，其色、香、味、形、意都与物流配送的时间及环境有着密切的联系，为了保证产品的口感和品质，川菜企业通常不考虑外卖。而当现今快捷的生活节奏使外卖不得不成为川菜企业的选项之一时，为了保证品质不发生重大改变，川菜企业会选择自有物流配送系统。最后，消费方式和订货方式的网络化使川菜企业不得不考虑信息技术的应用，而伴随着信息技术而来的就是产品消费时间上和空间上的分离。川菜企业只有选择自有型物流配送体系才能更好地满足消费者的需求，使自己的核心竞争力（菜品口味或相关品质）不至于被其他企业的快捷和方便所击败。

3.3.5.2 第三方餐饮物流配送系统

第三方物流配送系统是指由物流劳务的供方、需方之外的第三方去完成物流服务的运作方式。第三方就是指为物流交易双方提供部分或全部物流功能的外部服务提供者，是物流专业化的一种形式。如果借助第三方物流系统，餐饮企业可以不拥有自己的任何物流实体，将食材或原材料采购、储存，以及半成品和菜品成品的配送都交由第三方完成。随着物流业务范围的不断扩大，餐饮企业可以将更多的注意力聚焦于自己的核心竞争力，使第三方物流在餐饮产业内发展起来。第三方物流配送系统以其运行效率高、顾客整合好、纵横整合容易等特点越来越受到餐饮企业的青睐，如百盛餐饮就有相当大一部分的物流配送交给第三方物流机构运作。川菜企业选择第三方物流配送系统的主要原因有：

（1）物流配送范围

当物流配送范围超出了川菜企业的承受能力时，川菜企业如果自己进行物流配送，将会极大地提升物流配送成本，此时川菜企业通常采用第三方物流配送。

（2）产品性质

产品品质与物流配送系统关系不大的产品，企业通常会选择第三方物流配送系统。企业在物流配送过程中无法更多地与物流配送企业沟通，无法做到实时监督，只有不受物流影响的实物性产品才可以使用第三方物流。因此，川菜企业在选择第三方物流时，一般是那种不涉及色香味形等特征的食品。

（3）客户需求

客户在选择物流配送系统的时候都有自己的需求，客户要求迅速、准确，同时客户离企业的距离遥远，此时企业会选择第三方物流配送系统。

根据以上特征，川菜企业应根据顾客个性化、多样化需求合理选择自有物流配送系统或第三方物流配送系统。但总的来说，川菜菜品和服务的特性决定采用自有物流系统才能更加保证消费者需求得到高品质的满足。同时，即便是选择第三方物流，川菜企业也必须与专业的第三方餐饮物流配送系统建立紧密的协作关系，以改善餐饮企业的成本状况和服务质量。

4 治理——川菜产业转型升级的治理路径研究

4.1 川菜企业治理模式转型需求

公司是通过法律形式定义的一种集中机制，它将不同的利益相关方集合在一起，通过资本、技术技能、劳动力等方式的贡献，实现对各方满意的收益。因此，资本所有方、经营管理方、雇员等主要利益相关方将在公司这一实体构架中沟通协作，最终共同完成公司的使命及目标。公司治理就是研究如何处理企业中董事、股东、管理者、雇员、债权人、供应商及其他利益相关方的关系。

对于川菜企业而言，公司治理问题由来已久。由于川菜企业通常是从个人及家庭作坊式经营开始的，经历了业主制企业（个体户、个人独资企业）、合伙制企业和公司制企业的发展阶段，大多数公司还停留在第一、二阶段或公司制的初级阶段。川菜企业从设立到发展的过程中，通常都没有按照现代公司治理的要求进行制度及运营管理的科学设置。同时，在快速发展的过程中，川菜企业更多关注的是菜品的生产和服务运作，公司治理及运营管理工作多采取一事一设的原则，而不是从顶层进行设计和梳理，川菜企业的发展规模和发展水平多取决于创业者的能力，可持续发展能力较弱。因此，川菜企业亟需强调公司治理方面的建设，使其具有更高的适应外部环境的能力和可持续发展的能力。

4.1.1 公司治理问题的产生

在人类发展的进程中，所有权的变化及其权利利用一直是社会发展的重要标准，也是推动社会进步的重要动力。亚当·斯密提出，“即使一个商人只关心他自己的收益……在追求个人利益的过程中，他能够经常地促进社会利益的实现，这样的效果要比他刻意去做还要有效。”斯密在《国富论》中所指出的劳动分工将提高劳动生产率，随后劳动和管理更为分离，管理工作也被分为若干种类型。

从管理的角度来讲，高层管理者需要具有更强的概念能力、一定的人际能力和更少的技术能力。新企业创立之初所需的管理者技能刚好与高层管理者所必需的技能相反，企业的起步阶段需要管理者拥有更多的技术技能指导员工进行实际操作，不需要拥有更多的概念技能去审视企业的发展。企业的创立和发展过程中对管理者所需能力的不同要求，预示着带领着企业从无到有、从小到大的那个企业家可能并不适合企业的长远可持续发展。如果创立者没有更强的学习能力和转换能力，他对企业拥有的绝对控制权恰恰可能成为企业持续发展的阻碍。此时，很多企业逐渐引进了职业经理人进行管理。然而，职业经理人制度的有效性取决于该企业实施公司制度的力度，即所有权和经营控制权的分离程度。

随着社会经济的不断发展，公司逐渐成为社会发展的主要组成部分。公司也是现今川菜企业采用的普遍形式。有限责任公司是公司的主要表现形式，我国的《公司法》规定，有限责任公司股东以其出资额为限对公司承担责任，股份有限公司股东以其所持股份为限对公司承担责任。有限责任在减小和分散投资风险、有效募集社会资本、鼓励投资、促使所有权和经营控制权相分离等方面起到了积极的作用。股份公司的出现增强了公司在筹资、分散风险、灵活投资及专门化和长期化经营的能力。

公司的出现，使组织对产权的拥有合法化，也使公司权力拥有了个人权力所不具备的一些特性，如永续经营权。由于公司本身的特性，可以给予股东选择公司的机会，也可以给予公司选择资本和治理结构的灵活性。与之相对应，股东的权力可以被区分为对股票的处置权和对公司发展的决策权。首先，由于资本的所有方对资本有着绝对的处置权，他们可以在市场中寻找最合适的公司进行投资，也就是说股东对股票拥有绝对的处置权，即利益转让权。事实上在证券市场中，该权利被赋予了高度的优先级。其次，股东一旦投入资金，其影响公司的能力就大为下降，只拥有一些有限的权力去影响公司的发展方向，主要包括选举董事会的董事、提交提案并付诸表决、对没有履行相应义务的公司或董事提起诉讼等三方面。最后，由于股东的有限责任，以及股东不具有专业技能和时间，他们往往将公司的实际控制权授予公司的实际管理层，进而使所有权和经营控制权相分离。至此，对所有权和经营控制权的研究逐渐成为公司治理的主要研究方向。

4.1.2 公司治理涉及的法律法规

由于涉及权利的再分配，公司治理的成败关系到企业的生存、发展、壮大。因此，向良好公司治理的过渡是现代企业发展过程中不可或缺的重要环节。而良好公司治理的首要工作就是要符合法律法规的要求，公司的存在来源于法律的设定，法律为公司的设置和运行制定了完善的规范，这些规范被视为公司运作的“红线”，不可触碰和逾越。与公司治理相关的法律法规主要包括《公司法》《公司登记管理条例》《证券法》《上市公司治理准则》《上市公司章程指引》《上市公司股东大会规则》等。随着公司规模的不断扩大，公司的治理及管理都需要日益规范，满足法律法规的要求。

4.1.2.1 公司法

《中华人民共和国公司法》（简称《公司法》）是经全国人大常委会通过的法律，是公司治理的最高原则和规范。公司法规定，在中国境内设立的公司包括有限责任公司和股份有限公司。公司是企业法人，有独立的法人财产，享有法人财产权。法律对公司的设立、组织、活动、解散及其对内对外关系进行了限定和约束。目的是规范公司的组织和行为，保护公司、股东和债权人的合法权益，维护社会经济秩序，促进社会主义市场经济的发展。相关内容来自《中华人民共和国公司法（2018 年修正）》。

4.1.2.2 公司登记管理条例

《中华人民共和国公司登记管理条例》（简称《公司登记管理条例》）是国务院为了规范公司登记行为、确认公司的企业法人资格颁布的法规。条例对公司的设立、变更、终止程序进行了规定。相关内容来自《中华人民共和国公司登记管理条例（2016 年修正）》。

4.1.2.3 证券法

《中华人民共和国证券法法》（简称《证券法》）是经全国人大常委会通过的法律，目的是规范证券发行和交易行为，保护投资者的合法权益，维护社会经济秩序和社会公共利益，促进社会主义市场经济的发展。证券法对证券发行、证券交易、证券上市、持续信息公开、上市公司收购、各类证券相关机构进行了规定。证券法意味着股份有限公司中股东利益的转让的权利得到了保障。相关内容来自《中华人民共和国证券法（2019 年修订）》。

4.1.2.4 上市公司章程指引

《上市公司章程指引》是中国证券监督管理委员会依据《公司法》和《证

券法》等法律法规制定的部门规章，目的是维护公司、股东和债权人的合法权益，规范公司的组织和行为。要求首次公开发行股票的公司，应按照章程指引的要求起草或修订公司章程。准则对上市公司经营宗旨和范围、股份、股东和大会、董事会、经理、监事会、财务、会计和审计、通知与公告、合并或分立、修改章程等内容进行了明确的规定。相关内容来自《上市公司章程指引（2019 年修订）》。

4.1.2.5 上市公司股东大会规则

《上市公司股东大会规则》是中国证券监督管理委员会依据《公司法》和《证券法》等法律法规制定的部门规章，要求上市公司应当严格按照法律、行政法规、本规则及公司章程的相关规定召开股东大会，保证股东能够依法行使权利。公司董事会应当切实履行职责，认真、按时组织股东大会。公司全体董事应当勤勉尽责，确保股东大会正常召开和依法行使职权。对股东大会的召集、股东大会的提案与通知、股东大会的召开、监管措施等进行了具体的规定。相关内容来自《上市公司股东大会规则（2016 年修订）》。

4.1.2.6 上市公司治理准则

《上市公司治理准则》是中国证券监督管理委员会依据《公司法》和《证券法》等法律法规制定的部门规章，目的是推动上市公司建立和完善现代企业制度，规范上市公司运作，促进我国证券市场健康发展。准则对股东权利与股东大会规范进行了明确的规定，并对控股股东与上市公司、董事与董事会、监事与监事会、绩效评价与激励约束机制、利益相关者、信息披露与透明度等规范进行了明确的规定，贯穿了上市公司治理基本理念和原则。准则对上市公司确立良好的公司治理奠定了基础。相关内容来自《上市公司治理准则（2018 年修订）》。

4.1.2.7 上市公司信息披露管理办法

《上市公司信息披露管理办法》是中国证券监督管理委员会依据《公司法》和《证券法》等法律法规制定的部门规章，目的是规范上市公司的信息披露行为，保护投资者合法权益。办法要求信息披露人真实、准确、完整、及时地披露信息，不得有虚假记载、误导性陈述或者重大遗漏。相关内容来自《上市公司信息披露管理办法（2007）》。

4.1.2.8 企业内部控制基本规范

《企业内部控制基本规范》是财政部会同证监会、审计署、银监会、保监会根据《公司法》《证券法》《会计法》等法律法规制定的部门规章，目的是加强和规范企业内部控制，提高企业经营管理水平和风险防范能力，促进企业可持续发展，维护社会主义市场经济秩序和社会公众利益。规范从内部环境、风险评估、控制活动、信息与沟通、内部监督等方面进行了规定。相关内容来自《企业内部控制基本规范（2008）》。

4.1.2.9　小企业内部控制规范

《小企业内部控制规范（试行）》是财政部根据《公司法》、《会计法》等法律法规和《企业内部控制基本规范》制定的部门规章，目的是引导和推动小企业加强内部控制建设，提升经营管理水平和风险防范能力，促进小企业健康可持续发展。提出了小企业在资金管理、重要资产管理、债务与担保业务管理、税费管理、成本费用管理、合同管理、重要客户和供应商管理、关键岗位人员管理、信息技术管理等内部控制重点工作。相关内容来自《小企业内部控制规范（试行）（2017）》。

4.1.3　良好的公司治理具有的特征及对川菜企业的启示

公司法及相关法律、法规、规章为公司进行良好的公司治理奠定了坚实的基础，公司根据法律法规的要求，基本可以保障股东权利和利益相关者的合法权利，做到信息透明公开。良好的公司治理具有以下特征，这些对于川菜企业的公司治理构建来讲，具有普遍的借鉴意义。

一是确保股东权利。股东权利是现代公司制度成功的基石，无论是有限责任公司还是股份有限公司，无论是上市公司还是非上市公司，都必须确保股东的权利。特别是公司所有权和经营控制权相分离的情况下，股东权利的保护更是公司治理应考虑的首要问题。良好的公司治理，首要特征是确保股东权利，主要包括股权的自由转让权、获取公司信息权、参加股东大会权、参与重大决策权、选举和罢免董事权、获取资产收益权等。对于川菜企业来讲，无论企业采取何种公司治理结构，都应该确保股东权力，这是川菜企业进行现代治理体系构建的基石。

二是保护利益相关方合法权利。公司在设置、运行期间将与众多的利益相关方产生紧密或非紧密的联系，除股东外，还包括员工、顾客、债权人、供应商、社区、政策制定者、媒体等。良好的公司治理需要符合法律法规的要求，尊重和保护利益相关方的合法权利。公司在进行决策时不应只考虑股东及管理方的权利，还应保证员工、顾客等利益相关方的权利，给予利益相关方合理合法的途径表达诉求、参与管理，激励利益相关方与公司一同创造价值、分享利益。同时，鼓励利益相关方通过合法途径取得公司相关信息。因此，川菜企业应在设置治理结构和进行经营管理时，充分考虑利益相关方的合法权利，不能做出损及股东的行为，也不能做出损及利益相关方的行为。

三是信息透明公开。信息的透明公开已经成为现代企业制度的重要组成部分，因为公司创造价值的过程涉及员工、供应商、政府、社区等多方面的权力与利益。特别是对于上市公司而言，公司必须对投资者甚至是社会大众负责。因此，信息的透明公开在经济社会高度发展的今天非常重要。良好的公司治理应该确保信息的披露及时、完整、真实、准确，信息披露是上市公司必须遵循的规则，信息披露的内容主要包括公司概况、公司财务状况、主营业务状况、关联交易、股东及股权结构等。公司应保证相关方通过常态、及时的渠道低成本地获取信息。现代公司治理结构要求川菜企业有透明的信息披露机制，无论是否上市，都应对投资者、利益相关方和社会公众负责，只有负责任的公司才能被社会认可，只有信息公开透明的公司才会被认为是负责任的公司。

四是董事会高效尽责。董事会的责任是召集股东大会，向股东汇报公司运行状况及相关工作，执行股东大会决议，对股东和公司负责。董事会还需要决定公司的经营计划和投资方案，对公司实施有效的战略指导，并对管理层和内部管理机构进行有效的管控。董事会决策的科学性和工作效率直接关系到股东权利的保障和经营管理的科学高效。良好公司治理的重要特征之一就是有高效尽责的董事会，川菜企业的管理不规范往往起因于不规范的董事会运行机制。只有建立起高效尽责的董事会，才能对川菜企业构建现代治理结构起到促进作用。

五是具备重大风险监管框架。对重大风险进行管控是公司应对风险、实现公司战略和绩效的重要手段。风险事项的发生可能影响战略和业务目标的实现，对风险的管控也是一个识别问题和机会，并解决问题、利用机会的过程。良好的公司治理需要实现董事会对风险的监督，建立治理和运作模式等一系列风险监管框架。川菜企业一般不具备重大风险管控能力，一方面是因为对风险没有清醒的认识，没有引起所有者和管理层的重视；另一方面是由于没有形成规范的监督机构和监督机制。

4.1.4 现代公司治理的基本构架及对川菜企业的启示

4.1.4.1 股权及股权结构

无论是有限责任公司还是股份有限公司，都是以股东出资及股权结构为基础的。任何公司都需要对股权结构进行合理设计。

（1）股东

股东是指向公司出资或者持有公司股份并对公司享有权利和承担义务的

人，是公司资本或股份的所有者。公司法规定，股东依法享有获得资产收益、参与重大决策和选择管理者的权利。

按照不同的标准可以对股东进行分类，根据是否在公司章程、股东名册及公司登记材料中出现可将股东区分为显名股东和隐名股东；根据出资主体的属性可将股东区分为个人股东和机构股东；根据是否为公司的创始者可将股东区分为创始股东和一般股东；根据持股数量和影响力可将股东区分为控股股东和非控股股东。

根据上市公司章程指引，公司股东享有如下权利：依照所持有的股份份额获得股利和其他形式的利益分配；依照请求、召集、主持、参加或者委派代理人参加股东大会，并行使相应表决权；对公司的经营进行监督，提出建议或者质询；依照相关规定转让、赠予或质押所持有的股份；查阅相关信息及报告；对股东大会做出的公司合并、分立决议持异议的股东，要求公司收购其股份等。

（2）股份

股份是法律规定投资者在股份有限公司拥有的资本，代表投资者对公司的部分所有权。股东通过其所持有的股份种类和数量享受相应的权利，承担相应的责任和义务。在股份有限公司中，股份通过股票的形式表现价值，并且允许转让。

可以按照不同的标准对股份进行分类，根据股东享受的权利以及承担的责任和义务的不同可将股份区分为普通股和优先股。普通股是股份有限公司股份的基础，股东以持有的普通股享受权利、承担义务，持有普通股的股东拥有投票权，可以根据自己拥有的股份比例参与公司重大决策，普通股享有利润分配和剩余资产分配的权利，但没有优先权。公司在支付了债券利息及优先股股息后再对利润进行分配，公司经营状况的良好与否直接关系到普通股的获利能力。持有优先股的股东可以以固定的股息率优先享有红利的分配权，不受公司盈利状况的影响，同时在公司解散时优先分配剩余资产，优先股取得这些优先权的代价就是损失参与公司经营的权利，且不能退股。根据是否拥有表决权可将股份区别为表决权股份和无表决权股份，公司法规定股东按照出资比例行使表决权，但公司章程另有规定的除外。为了公司的民主决策，并保护中小股东利益，公司可以通过法律规定或章程规定确定具有普通表决权股份、多数表决权股份、限制表决权股份及无表决权股份。

（3）股权比例

股权比例是投资者投入的股份在公司总股份中所占的比例。通常情况下，股东在持有 2/3 股份时具有绝对控股权，持有 51%股份时具有相对控股权，持有 1/3 股份时具有否决权。股权比例设置的原则是基于股东相互信任基础上的资源整合，股东在资金、技术、运营、政策等方面的资源互补有利于公司的成长发展。同时股权比例设置需要考虑核心股东的控制权和话语权。股份集中度（CR）是大股东是否具有足够控制权的重要指标：

$$CR = \frac{\text{第一大股东持有的股份}}{\text{后 } n \text{ 个股东所持股份之和}}$$

CR>1 时，说明股份相对集中，大股东具有足够的控制权，此时大股东拥有足够控制公司的能力和欲望，可以确保公司以股东利益最大化为目标进行运营。但大股东可能做出损及中小股东的权益的决策。

CR<1 时，说明股份相对分散，股权的分散意味着大量的投资者持有公司的股票，进而可以形成一个活跃的股票市场，使股东能够较容易将股票变现。但过于分散的股权结构不利于股东对公司进行有效的监管，因为单一的股东可能无法执行监督的权利，可能带来管理层的懈怠或做出有损股东权利的决策。

在股权高度分散和资本市场高度发达的今天，股权比例及股权投票权呈多样化趋势，有时持有大型集团企业 10%的股份就已是最大股东，具有决定董事会的权利。同时，由于股票的投票权差异，不同类型股票即便在派息和出售所得分配权上能够享受相同的权利，但在投票权上仍然具有较大差异，如京东集团 2017 年递交给美国 SEC 的文件显示，京东集团 CEO 刘强东持有 452 044 989 股，拥有 15. 8%的股权，但拥有 80. 2%的投票权。因此，公司的一项重要工作是对不同类型的股份进行设计，以达到既可以有效筹集资金，又可以有效进行公司经营管理的目标。

（4）股权结构

股权结构是股份有限公司对不同类型、不同性质的股份进行的比例划分。因此，需要对股权根据不同的性质和属性进行分类。

一是股权控制权和股东表决权。股权控制权是指通过持有股份对资源拥有的支配权，投资者通常可以通过增持股权的方式增加对企业的控制权。股东表决权是指出资人通过持有股份而享有的对公司事务进行表决的权利。法律法规规定“一股一权”，是股权控制权和股东表决权的一致性体现。但为了防止恶意收购或其他方面的投票陷阱，出现了超级表决权，是对“一股一权”的例外规定，体现出股权控制权和股东表决权可以相互分离。

二是固有权和非固有权。固有权即法律规定股东所拥有的权利，这种权利不能被公司章程或股东大会决议的方式限制或剥夺。与之相对应，非固有权是可以通过公司章程或股东大会决议的方式进行限制或剥夺的权利。公司可以通过对非固有权的配置来重新分配股东权利，以达到最适合公司发展的目标。

三是自益权和共益权。自益权是指股东为维护自己的个体利益而行使的权利，主要包括投资者证明自己对某资产拥有所有权的一种权利，即财产权，与个人财产利益相关。共益权是指股东同时为自己和公司的整体利益而行使的权利，主要包括参与公司决策的权利，与公司治理利益相关。

四是单独股东权和少数股东权。单独股东权是无论股东持有多大数量的股票，单个股东都可以行使的权利，通常与股东的财产权利相关，如自益权。与之相对应，少数股东权是当股东持有一定数量股票后才能行使的权利，如共益权。公司法规定在股份有限公司中，持有股份10%以上的股东有权请求召集临时股东大会，可以提名独立董事；持有股份50%以上的股东出席才可以召集创立股东大会。

五是一般股东权和特别股东权。一般股东权是指股份有限公司的普通股东行使的权利。与之相对应，特别股东权是指公司的特别股东，如优先股股东、发起人股东所享有的权利，特别股东权在享有特别权利的同时需要损失对等的普通股权。

在清晰地划分了如上股权后，根据所有权和经营控制权的不同比例，可将股份有限公司的股权结构划分为以下四种模式，如图4-1所示。

所有权 \ 控制权		弱	强
所有权	分散	模式1：分散的所有权和弱控制权	模式2：分散的所有权和强控制权
	集中	模式3：集中的所有权和弱控制权	模式4：集中的所有权和强控制权

图4-1　股权结构四种模式

模式1：分散的所有权和弱控制权

分散的所有权和弱控制权可能导致股东对公司的控制能力大幅下降，进而出现股东的股东权和管理层的经营控制权方面的矛盾。如何处理股东与管理层之间的关系，是该模式的首要问题。同时，由于公司股票持有者的分散，公司股票的流动性大为加强。这既增加了股东持有股票的变现能力，也增加了公司被收购的几率。

模式 2：分散的所有权和强控制权

在现代资本模式下，分散的所有权是一种发展趋势。很多跨国公司的股权相对分散，这就涉及谁来控制公司的问题。由于股权控制权和股东表决权可以不一致，在现代公司治理中，为了平衡所有权和控制权之间的关系，很多股东采取持有少量股票、但拥有大比例表决权的方式来控制公司。主要的方式有所有权金字塔、交叉持股控制、代理投票控制、一致行动人联合投票控制和表决权分设控制等。为了在资本市场上获取更大的资金投入，保持公司的自由度并不损及创始股东的经营控制权，很多公司选择了这种股权结构模式。

模式 3：集中的所有权和弱控制权

在这种股权结构模式下，公司股东持股较为集中。为了保持决策的效果和效率，限制单一股东在股东大会上的投票比例，或仅允许股东在涉及其核心利益的特定事项投票中使用否决权。

模式 4：集中的所有权和强控制权

这种股权结构模式下，所有权和控制权高度统一，控股股东具有掌控公司的能力，控股股东可以很容易地对公司形成监督控制，公司管理层基本上按照控股股东的意志进行企业战略制定和运营控制。但由于控股股东的强势地位，容易通过关联交易损及小股东利益。同时，由于少数股东拥有大部分股票，使得股票的变现能力较弱，资本运作能力也相应较弱。

（5）股东会或股东大会

股东会或股东大会是由全体股东组成，对公司重大事项进行讨论决策，选举和决定公司经营管理层的机制。股东会或股东大会属于公司的最高权力机关，可以对公司运营管理的各种事务产生影响。有限责任公司和股份有限公司分别称为股东会和股东大会。股东会或股东大会可定期召开，也可以按《公司法》的要求，在特定情况下临时召开。股东会或股东大会的表决制度主要包括举手表决制度和投票表决制度。

对于川菜企业而言，可以通过合理的股权结构设置，平衡所有权和控制权的关系，协调大股东和中小股东的关系，激发股东及管理层高效尽责地工作，并避免股东权利受到侵害。川菜企业创建历史较短，大多数企业还属于有限责任公司。在川菜企业不断发展壮大的过程中，股东数量和注册资本不断发生变化，股份制运营已经成为大型川菜企业发展的现实需要。

同时，从股权结构的模式上讲，川菜企业通常还属于模式 4 的阶段，即所有权和控制权高度集中，大多数川菜企业的创始股东拥有公司的绝对控股权，并处于公司的最高运营层，但视野、素养、能力可能已经无法跟上快速变化的社会文化环境。因此需要进行公司治理方面的转型，企业才能向现代服务业发展转型，跟上时代发展的潮流，不被时代所淘汰。因此，进行科学的股权结构设计，选择合理的股权结构，培养高素养的管理团队，进而谋求规模和效益的不断提升，是川菜企业向现代服务业转型升级的首要工作。

4.1.4.2 董事及董事会

(1) 董事

董事是公司股东会或股东大会或职工民主选举产生的进行公司实际运营管理的人员。《公司法》规定了任公司董事的限制条件，股东大会违反法律选举的董事无效，公司股东会或股东大会在法律允许的条件下，根据公司章程的要求选举和决定公司董事。董事一般具有出席董事会会议、行使表决权、提议召集董事会临时会议等权利，并承担勤勉履职和诚信善意等义务。董事的任期由公司章程规定，一般每届任期不超过三年，届满可连选连任。

(2) 董事会

董事会是根据法律法规和公司章程的规定，由全体董事组成的行使公司经营管理职能的机构。《公司法》规定，董事会对股东会或股东大会负责，与股东会或股东大会存在着委托—代理的关系。有限责任公司董事会规模一般为 3 至 13 人，股份有限公司董事会规模一般为 5 至 19 人，董事会的职权有明确规定。董事会决定聘任或者解聘公司经理，可以决定由董事会成员兼任经理。董事会的构成及运行与公司的成败有着密切的联系。董事会一般由以下几类董事构成：

一是董事长，一般设置于规模较大的公司或股份有限公司，可担任公司的法定代表人。《公司法》规定，设董事会的公司设董事长 1 名，并可以设置副董事长，具体产生办法由公司章程规定。董事长负责召集和主持董事会会议，并主持股东大会会议，负责公司重大事项的决策。董事长在董事会闭会期间代行董事会职权，是公司的最高领导者，一般不管理公司的具体事务。

二是执行董事，一般可担任公司的法定代表人或兼任经理，召集公司董事会股东会会议，其职权由公司章程规定。执行董事由本公司管理人员担任，主要负责公司的战略规划及实施，日常运营及管理。

三是非执行董事，不在本公司担任经营管理职务，不负责管理公司具体事务。可以由股东担任，能够从公司内部管理之外的角度审视公司，给予更透明的决策判断和建议。

四是独立董事，不在本公司担任经营管理职务，不负责管理公司具体事务，且独立于公司股东，与所属公司或公司股东不存在任何重要的业务联系或专业联系，并能在公司事务中做出独立判断。证监会在《关于在上市公司建立独立董事制度的指导意见》（2001）中指出：“上市公司独立董事是指不在上市公司担任除董事外的其他职务，并与其所受聘的上市公司及其主要股东不存在可能妨碍其进行独立客观判断关系的董事。”《指导意见》规定，上市公司董事会成员中应包括至少三分之一的独立董事，并规定了独立董事的任职条件、独立性、提名选举及更换程序。

五是董事会秘书，负责公司股东大会和董事会的筹备、文件保管、公司股东资料的管理以及办理信息的披露事务。《上市公司章程指引》中明确规定，董事会设董事会秘书，是公司的高级管理人员，对董事会负责。在上市公司中董事会秘书扮演着重要的角色，可由公司董事或其他高级管理人员兼任，董事会秘书由董事长提名，经董事会聘任或解聘。

对于川菜企业的转型升级而言，董事及董事会的构架是否清晰直接关系到川菜企业未来的发展。对于部分川菜企业而言，控股股东既是董事长，又是执行董事，也是总经理，体现了其对公司生存和发展的集中控制。然而这种集于一身的权力并不适合川菜企业的持续发展。随着川菜企业的发展壮大，必然会逐步过渡到设立董事会和非执行董事，进而发展到上市公司的高级阶段。这样才有利于适当分权，便于从各个层级和各个方位审视公司的发展，做出透明和理性的决策，最终得以在现代企业制度和现代公司治理的框架下科学运行。

4.1.4.3 监事及监事会

（1）监事

监事是法律法规规定在公司设置的，专门负责监察公司财务会计事项、业务事项及公司高级管理人员履职情况的人员。《公司法》规定，由于监事的特定工作要求，监事不得由董事、高级管理人员兼任。监事的任期与董事相同，每届三年，届满可连选连任。

（2）监事会

监事会是法律法规规定的，由公司全体监事组成的，监察公司财务会计事项、业务事项及公司高级管理人员履职情况的机构。《公司法》规定，有限责任公司和股份有限公司设监事会，成员不得少于 3 人，且职工代表比例不得低于 1/3。只有少数股东人数较少或公司规模较小的有限责任公司可不设监事会，由 1 到 2 名监事承担相应职责。《公司法》明确规定了监事的任职资格、监事和监事会的权力和职责、监事和监事会的产生和任免程序。

在很多有限责任公司中，监事一职及监事会也是名存实亡的。川菜企业在设置监事职位和监事机构时，一定要预先确定其目标、工作机制和规则，明确其监督和把控风险的职责。监事作用的发挥还要看川菜企业所有者和高管层的态度，必须使其在心理上接受并乐于接受监督，在规则上不得不接受监督。

4.1.4.4 管理层

在公司发展的初级阶段，虽然所有权和经营控制权出现了分离的趋势，但公司的所有者掌握着大量的股票而得以确保他们的经营管理地位，他们对公司具有绝对的控制权。然而随着公司规模的不断扩大，资本来源的不断多样化，公司环境的不断复杂化，公司股东的构成也逐渐分散和多样。即便是企业的创立者，为了企业的持续快速发展也会将所有权与经营控制权相分离。因此，川菜企业选择一个适合自身条件和外部环境的公司治理模式是其健康成长的基础和保障。管理层在公司治理模式选择中发挥着重要的作用。

此处的管理层主要指公司的高管层，对董事会负责，由董事会决定聘任或解聘，执行董事会决议，承担公司的实际经营管理责任，努力确保公司资产的保值增值。管理者以公司经营管理工作为职业，通过科学的管理促进公司发展壮大，并获得相应报酬。《公司法》明确规定了公司经理的职权，主要包括主持公司的生产经营管理工作，实施经营计划和投资方案，进行机构设施方案拟定，进行公司管理制度和具体规章的拟定，提请聘任或解聘副经理、财务负责人，决定聘任或解聘其他管理人员等。

职业经理人制度是现代企业较为常用的一种治理结构和管理方式。经营管理人才的极大丰富和人才的市场化为职业经理人制度的实行奠定了基础。已经有相当数量的经营管理人才开始以自己的精力、才能为资本，以公司经营管理为职业，投入精力和相应的人脉资源谋求公司的发展与壮大。此类经营管理人才有高度的行为界限，高度的专业知识和专业精神，同时充分了解自己的长处和不足，了解经营管理工作的流程。职业经理人制度的发展为川菜企业经营管理开辟了一条新的途径，为川菜企业解放创始股东、逐步过渡到现代企业管理制度提供了可行的解决方案。但是，由于职业经理人高度的专业性，可能会带来股权与经营管理权的矛盾与争夺，甚至不乏职业经理人侵害股东权益的案例发生。因此，对职业经理人职权、激励机制、约束机制的设计和良好执行在川菜企业治理模式构建中需要特别注意。

4.1.5 公司治理的主要模式

川菜企业在进行公司治理模式设计或改革时，往往需要借鉴成熟的公司治理模式，并且要根据法律法规的规定以及自己的条件和所处的环境对治理模式进行相应的调整。公司治理的主要模式根据法律体系、发展阶段、产生背景、运行环境的不同可分为股东至上的英美模式、利益相关方至上的日德模式和家族式治理模式。

4.1.5.1　英美模式——股东至上的公司治理

英美股东至上治理模式以英美法系为基础，是英美两国企业普遍采用的治理模式，又称为市场主导型公司治理模式，如图 4-2。其主要特征是：

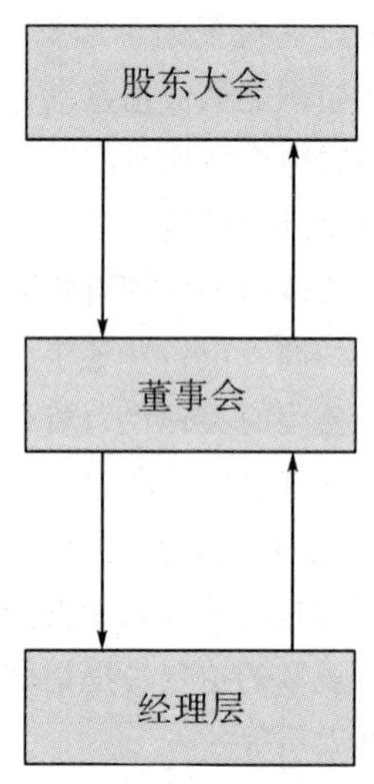

图 4-2　英美公司常见的治理模式

（1）股权高度分散

由于美国公众参与证券市场的积极性非常高，证券市场相对成熟，为股权交易提供了非常便利的条件。同时公众对垄断非常反感，美国有很多限制持股比例的法案。因而美国公司呈现出股权高度分散的特征。由于股权的分散，股东大会的权力就受到了一定程度的削弱，股东大会通常将日常的决策权力交给董事会，董事会在英美公司治理结构中占绝对的主导地位。

（2）单层的治理结构

英美的公司一般在股东大会下只设立董事会，不设立监事会。股东大会是公司的最高权力机关，下设董事会负责进行公司的管理运营。董事会聘任公司经理层进行公司的日常运作决策，对经理层进行指挥和监督，并设置若干专委会进行专业事务的决策和处理。

（3）健全的董事会制度

英美公司治理结构中没有监事会，为了对公司经营形成有效的监督和决策，英美公司非常重视独立董事的作用。因此独立董事在英美公司董事会中占比非常高，有的公司甚至高达80%以上。独立董事的地位通常是法律赋予的，在公司中拥有充分的话语权，能够客观公正地进行判断和科学地进行决策。健全的董事会制度为公司正确决策，进而确保股东利益奠定了制度基础。

（4）职业经理人（首席执行官）制度

英美公司董事会通过选聘职业经理人来进行公司的日常运营管理。由于职业经理人具备职业化特征，并拥有处理公司事务的专业化能力，适合进行复杂环境下的管理决策。根据管理的等级机制，公司需要一个明确的权力线条，保证贯彻执行统一的命令和信息传递机制。英美公司设置了首席执行官—总裁—高层管理者的治理机制。首席执行官执行董事会的决策，是公司决策的最高执行者。总裁对首席执行官负责，处理公司行政运营的具体事务。首席执行官的具体职权由董事会授予。由于英美治理体系下股权的分散性，同时董事会中大部分董事均为独立董事，董事会赋予首席执行官的权力就非常大。在英美体系下，首席执行官的决策有可能损及股东的利益，因此处理首席执行官与董事会及股东的关系是英美治理模式的重要工作。

（5）公司控制权市场化程度高

由于股票的高度分散和高度流动性，并购永远是英美公司治理模式下的达摩克利斯之剑。如果公司业绩不佳，直接后果可能就是产生并购，导致控制权丧失和转移。因此，公司管理层必须尽心竭力地维持公司的有效运转，努力提升公司业绩，提升股价，促使股东利益最大化。

（6）高层管理者激励机制完善

由于职业经理人的首要目标是获取与其付出相对等的报酬，为了避免其为了自己的利益损及股东的利益，同时激励其与公司共同发展，英美公司治理模式设置了完善的高层管理者激励机制，主要表现在对高层管理者的股权激励上，即长期激励。通过持有公司的股权，高层管理者可以通过股权收益来获取丰厚的报酬。而二级市场股票升值取决于公司业绩，因此，高层管理者通过自身的能力努力使公司的业绩得以提升，进而带来公司股价的提升，最终不仅使自己获得更为丰厚的报酬，还使股东的权益得到保障。

英美公司治理模式以股东的利益最大化为目标，通过股权结构、股东大会、董事会、独立董事、经理层的合理设置，以及高级经理人的长期激励机制，保证了公司经营和股东利益的最大化，同时保证了资本的流动性和配置效率。英美公司治理模式对数十年来英美上市公司的快速发展起到了积极的推动作用。其缺陷是由于股权的高度分散，每个股东持有股票比例很小，参与管理的成本与收益不成比例，股东参与公司管理的热情降低，导致股东大会作用下降。管理层时常将精力放在维护自身的利益上，而忽视对股东利益的保护，进而损及股东利益。同时，由于股东参与管理成本高，使得股东经常寄希望于其他股东参与管理，囚犯悖论的理论适用于此时的股东决策，最终股东大多不参与公司管理，使得股东对管理层的监督变得非常薄弱。

4.1.5.2 日德模式——利益相关方至上的公司治理

日德利益相关方至上治理模式以大陆法系为基础，是日德两国企业普遍采用的治理模式，又称为内部监控型公司治理模式。其主要特征是：

（1）股权相对集中

日德公司的股权相对集中，主要原因是负债在日德公司的资金筹措中占据重要的位置。银行、其他公司等法人机构在日德公司中的持股比例大，银行在日德公司的股权结构中有重要地位。由于股权的集中，大股东有足够的动力参与到公司的决策及监督中。同时，由于股东持股相对集中，恶意收购在日德公司中很少见，公司管理层努力工作的动力主要来自大股东的参与及监管。

（2）双层的治理结构

大陆法系的基础是三权分立，即立法权、行政权和司法权的分立。日德公司受到大陆法系和相关法律法规的影响，在治理模式上也仿效三权分立原则，将公司的决策权、执行权和监督权进行了分离，代表这三种权力的分别是股东大会、董事会和监事会。因此，在日德公司中是存在监事会机构的，其秉承三个机构相互制衡的原则，从而保证公司决策、执行、监督过程的科学、合理。日德公司在股东大会下设董事会和监事会，分别行使执行和监督的职能。

日本公司的监事有一定数量属于公司外监事，既不属于股东，也不属于公司内部职员，监事具有独立性。主要职责在于监督执行董事及经理层的履职情况，可以随时要求执行董事及经理层提供与公司经营相关的信息及报告，并向股东大会提交对执行董事及经理层就某些专项事项的调研报告，制止执行董事及经理做出损及公司及股东的行为。日本公司的治理模式如图 4-3 所示。

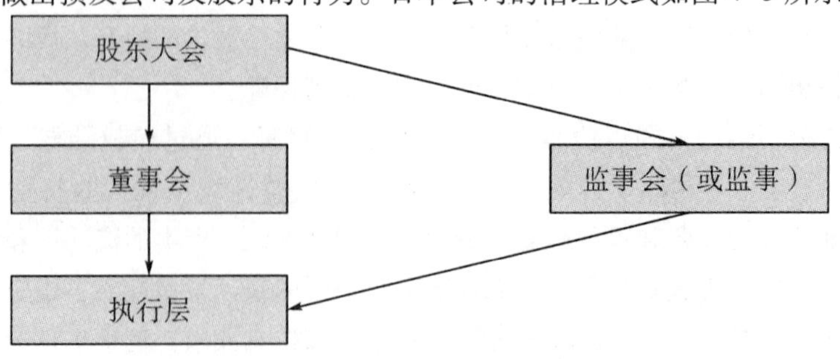

图 4-3　日本公司的常见治理模式

德国公司的董事会和监事会都属于股东大会的下设机构，但监事会的职权高于董事会，可以对公司的财务状况及董事会的履职状况进行全面的督察。并且德国监事会的组成成员也较其他国家的监事会有所不同，股东和职工均有权经过股东大会或职工及工会选举推荐产生，依法介入公司的决策和经营，甚至要求公司在执行某类业务时必须经过监事会的认可。因此，德国公司较明显地体现出了对监事会职权的保护。德国公司的常见治理模式如图 4-4 所示。

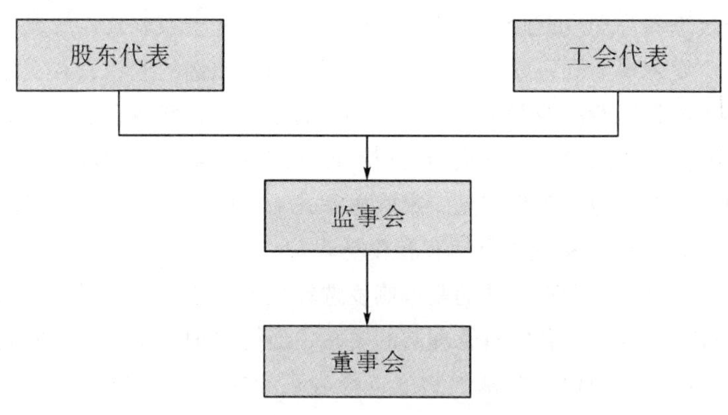

图 4-4　德国公司的常见治理模式

（3）内部监督控制

从日德公司治理模式的双层治理结构可以看出，公司内部监控在日德治理模式中具有重要地位。公司的决策权、执行权、监督权被明确划分到不同的机构来完成，监督权的崇高地位在日德公司中得到了保证，股东、职工等利益相关者对公司的经营管理和监督有着很强的话语权。特别是德国的法律规定了职工在参与决策时的特殊权利，使得公司的决策、执行都秉承科学、公开、透明的原则，有利于公司的稳定和发展。由于职工的参与，日本和德国的公司很少被其他机构恶意收购，为经理层的长期稳定工作提供了保证。

日德公司治理模式以利益相关方的利益最大化为目标，通过决策、执行、监督三种权力的相互制衡，特别是通过监督机制的设置和完善，保证了决策的科学、透明，也保证了管理层有一个较为宽松、稳定的执行环境，有利于管理层长期稳定地为公司工作。日德公司治理模式的股权结构相对集中，少数股东持有公司较大比例的股权，使得股东有较强的动力参与公司的决策和经营，有效防止了董事会和经理层做出损及股东利益的决策和行为。同时，由于吸收了职工和相关利益方进入监管层，能够切实有效地维护职工和相关利益方的权益，激励职工和利益相关方全身心地投入工作和关注公司发展。其缺陷是股权的相对集中将导致资本的流动性下降，也不容易通过市场达到资源配置的最大效益。大股东的持股和参与决策有可能促使公司做出有损于中小股东的行为，中小股东的利益难以得到保障。

4.1.5.3 血缘模式——家族式的公司治理

英美和日德公司治理模式都是以所有权和经营控制权的分离为基础的，西方国家通常采用这两种模式。很多东方国家由于社会文化、市场体系、法律法规、政府政策和公司发展阶段的不同，公司治理多处于家族式血缘模式。这一治理模式主要表现为同一家族成员持有公司相当大比例的股权，并实际控制着该公司的决策和运营。控股家族多源于公司的创始人家族或在公司关键事件中发挥过重要作用的家族。家族式的公司治理在东亚和东南亚国家，以及中国的香港、澳门、台湾地区较为多见。家族血缘式治理模式的主要特征表现为：

（1）公司股权由家族成员持有和控制

英美、日德公司治理模式的基本制度选择是公司所有权和经营控制权的分离，协调股东、董事会和经营管理层的关系，最终保护股东、利益相关方的权益。家族血缘式治理模式的基本制度选择表现在家族就是公司、公司就是家族，家族与公司合二为一。家族通过控制公司的股权和经营控制权实现家族利益的最大化。因此，在家族血缘式公司治理模式中，股权结构就是家族成员间的持股比例。家族血缘式公司的主要矛盾不是所有权与经营控制权之间的矛盾，而是各家族成员针对股权持有及控制能力的争夺矛盾。

（2）公司决策权由家族控制者行使

家族血缘式治理模式中，公司的决策并不是由股东大会或董事会做出。而是由家族的最高权威做出。这个最高权威可以是公司的创始人，也可以是代表或继承了公司创始人权威的接班人。公司的重大决策均需通过这个最高权威发出或认可。这个权威的传递吸取了中国的传统继承思想，与中国历朝历代的继承模式类似。然而，最高权威在代际相传时，影响力往往会不断削弱。由于家族血缘式公司的主要矛盾在于家族成员的股权及控制能力矛盾，当最高权威的影响力受到挑战时，往往会使公司的决策过程发生矛盾甚至冲突。

（3）经理层市场化程度较低

家族血缘式治理模式中，公司的经理层通常由家族内部成员担任，特别是高层管理者通常都不是职业经理人。保证个人资产的持续扩张，保证家族财产的保值增值，保证祖业的发扬光大是经理层的激励来源。同时，在家族血缘式治理模式中，职业经理人很难在公司中找到自己的位置，也很难对公司形成认同感。家族血缘式公司的发展壮大主要靠家族成员的管理能力、适应环境的能力以及持续学习的能力。由于该种治理模式通常由血缘的自发性约束代替客观的监督控制体系，公司较少出现因利己主义和道德滑坡所造成的损及股东利益的情况。

家族血缘式治理模式最大的特征在于所有权和经营控制权的统一，所有者不用设计复杂的治理模式来平衡所有者和经营者之间的关系。其优点主要表现在三个方面。首先，由于所有权清晰，公司的所有成员都清晰地了解为谁管理的问题，明确地知晓对谁负责的问题，等级链和管理层次清晰明确。公司的决策和行政管理指令能够得到很好的贯彻和执行，并能够快速地对市场变化做出必要的反应。其次，在公司内部资源的配置上，由于清晰的权属和利益分配机制，家族血缘式治理模式可以很好地平衡内部融资和外部融资的关系，使公司的投入能达到较好的平衡。最后，高管层由家族成员担任可以增强公司内部的凝聚力和认同感，公司利益和血缘管理的双重激励和双重约束可以强化公司内部的沟通和协调，降低内部交易成本，提升内部管理效率。

从以上三类公司治理模式的研究可以看出，川菜企业的治理模式与第三类，也就是家族血缘式治理模式高度类似。虽然在某种程度上，特别是在企业的高速成长期，这有利于企业的发展，在长期来看还是具有不可持续性。因此，川菜企业还是应该吸收英美和日德治理模式的优点，结合自身面临的环境和条件，选择适合自己的治理模式，最终目标是建立科学规范的现代治理结构。

4.2 川菜企业公司治理模式选择及优化

川菜企业从手工作坊式生产和个体经营开始，随着社会经济的快速发展，正在进入规范发展的道路。由于发展阶段及企业所在地区社会文化环境不同，有的川菜企业已经成为上市公司，治理结构日益完善；有的川菜企业开始公司化运营，经营管理日趋规范；有的川菜企业仍然处于较粗放的管理模式中。选择合适的公司治理模式或对现行治理模式进行适当的优化是川菜企业向现代服务业转型升级的必要条件。

4.2.1 川菜企业公司治理模式的选择

川菜企业进行公司治理模式选择时，应明确影响公司治理模式选择的各项因素，主要包括外部因素和内部因素两方面。

4.2.1.1　外部因素

（1）法律法规

影响川菜企业选择公司治理模式的首要因素是法律法规。经过几十年的修订和完善，与公司有关的法律法规已经相对规范。川菜企业在进行公司治理模式选择时，可以按照法律法规的规定进行相关模式和制度的设置和运行，但不能触及法律规定的底线。川菜企业所有者和经营者都需要熟知和遵守各项与公司治理相关的法律法规，利用法律法规维护自己的权利。如最高人民法院2017年12期“江苏舜天船舶股份有限公司破产重整案”、2017年11期“上海德力西集团有限公司诉江苏博恩世通高科有限公司、冯军等买卖合同纠纷案”、2017年3期“邵萍与云南通海昆通工贸有限公司、通海兴通达工贸有限公司民间借贷纠纷案”、2017年2期“李建国与孟凡生、长春圣祥建筑工程有限公司等案外人执行异议之诉案”等典型案例都涉及《公司法》及司法解释，如果川菜企业不能知法、守法，将给自己的经营带来巨大的麻烦，可能给未来发展埋下股权纠纷、管理纠纷等隐患。

（2）社会文化背景

英美公司治理模式、日德公司治理模式以及家族血缘式公司治理模式的不同与所在地区的法律体系不同有直接的关系，也更多地根植于各自所在地区的社会文化背景。美国的社会文化倾向于对个人价值和个人能力的关注，强调自由、平等和契约精神。因此美国的公司治理模式更偏向于重视个人能力的发挥和对个人绩效的肯定，同时根据契约精神设计独立有效的监督机制。而日德较为强调集体的作用，强调长期而稳定的隐含契约，如日裔美国人威廉·大内1981年提出的Z理论中指出，日系企业快速发展的部分原因是：对职工采取长期的雇佣政策，鼓励职工参与决策和管理，由此而建立起长期稳定的人际关系，进而实现管理者和职工目标上和利益上的一致。因此日德公司更注重通过信任关系等隐性契约进行监督和协调，并保持持股方、经营管理方的相对稳定。而家族血缘式公司治理模式多源于东方文化，特别是中国儒家文化的熏陶。“君为臣纲，父为子纲，夫为妻纲”以及“仁、义、礼、智、信”深刻地蕴含于亚洲地区很多企业的管理理念和管理制度中，如强调等级序列、明确政治及经济关系、重视情感承诺等均有体现，“三纲五常”的思想也经常体现在公司治理模式中。中国的公司治理模式多根植于中国数千年来的文化积淀，既有维护秩序、规范关系等积极面，也有禁锢思想、阻碍创新的消极面。川菜企业在选择和优化公司治理模式时，应考虑所处的社会文化环境，不能一味照搬英美或日德模式。

（3）资本市场

成熟的资本市场是进行公司治理变革的基础。对于股东而言，成熟的资本市场可以对经理层进行有效的管控，特别是遏制经理层做出有损股东利益的机会主义行为，促使经理层做出有利于公司股价的管理行为。如果股价下跌或明显低于竞争对手，股东就可以很快发现经理层的无能或做出了某些对公司不利的决策或行为，此时股东可以要求经理层改善管理或选择抛售公司的股票。反之，如果没有成熟的资本市场，或者资本市场不能正常反映公司的经营状况，股东就不能放心地将公司交给经理层管理，也无法保证经理层能尽职尽责地促进公司及股东利益最大化。因此，如果有成熟的资本市场，公司治理模式可以根据其他因素进行多样化选择，如果资本市场的成熟度达不到要求，公司治理模式就应倾向于加强监督。

资本市场交易的对象一般是股票、债券、基金和中长期信贷。国内的资本市场对于川菜企业而言，还不具有成熟资本市场的特征。首先，川菜企业规模及管理模式普遍无法达到上市企业的标准，很难通过股票市场进行所有权的转移。其次，银行等金融机构在发放贷款时，往往会慎重地对企业的规模、经营历史进行审查以保证企业有足够的偿债能力。川菜企业的规模普遍较小，经营时间不长，如果没有国家的支持性信贷政策，很难在金融机构进行贷款。最后，《企业债券管理条例》规定，企业发行债券的条件是企业规模达到国家规定的要求；企业财务会计制度符合国家规定；具有偿债能力；企业经济效益良好，发行前三年盈利。《证券法》规定，公司发行债券的条件是股份有限公司净资产不低于人民币三千万元，有限责任公司净资产不低于人民币六千万元；累计债券余额不超过公司净资产的百分之四十；最近三年平均余额利润足以支付公司债券一年的利息；筹集的资金投向符合国家产业政策；债券的利率不超过国务院限定的利率水平等。川菜企业在发行债券前必须满足所有权与经营权分离、有限责任制度和产权明晰等基础条件，同时满足《企业债券管理条例》和《证券法》的规定。对于规模普遍较小，管理不甚规范的川菜企业来讲，也较为困难。总的来说川菜企业很难在资本市场进行所有权的交易，使得川菜企业的所有者很难从资本市场的角度对经理层进行有效的管控，达到促进经理层努力工作增加绩效的目的。因此，川菜企业即便选择进行所有权和经营权的分离，也需要选择较强有力的监督手段，以防止经理层的机会主义行为，并促使其尽职尽责。

（4）经理人市场

公司治理就意味着所有权和经营管理权的分离，公司创始人或所有者选择将公司交给职业经理人进行管理，此时就需要考察经理人的品德、责任心、能力、经验，这是一项非常复杂且不能保证效果的工作。同时，由于被考察人的大部分信息都无法在一次或几次面试及讨论中得到验证。如果没有活跃的经理人市场，这种考察基本上无法实现对职业经理人的有效选择。在成熟的经理人市场中，很多职业经理人长期以来的品德、责任心、能力都可以被市场记录，可以很容易地看到职业经理人的供职历史和供职经验。职业经理人本身的价值可以在成熟的经理人市场中得以体现，大大减少了企业所有者选择职业经理人的风险和成本。因此，经理人市场的成熟与活跃程度将会影响公司治理模式的选择。

随着中国经济的增长和教育水平的提升，大量的经理人才正在被高等院校和跨国公司培养，本土管理人才正逐年增多，猎头公司数量大幅增加，这些因素都为经理人市场的逐步成熟和活跃奠定了基础。相对于川菜企业在资本市场中的劣势，经理人市场的存在可以为川菜企业所有权与经营管理权分离提供条件。然而，对于川菜产业而言，经理人市场尚不成熟也是川菜产业经理人才有效流动的制约因素。首先，虽然高等院校和跨国公司培养了大量的经理人才，但这些人才是否适合川菜产业，以及川菜产业发展能否为这些人才提供施展才能的平台还有一定疑问。其次，猎头公司的数量众多，但质量参差不齐，还没有标志性的“巨头”形成，更没有专门针对川菜产业的高水平猎头公司存在，制约了川菜产业经理人的有效流动。最后，诚信档案记录、经营绩效记录、管理能力记录在川菜产业经理人市场中还没有建立起来，对于川菜产业经理人的评价还没有相对成熟的标准。因此，虽然经理人市场已经建立起来并逐步完善，但川菜企业依然不能完全依靠经理人市场找到适合自己的经理人才，仍旧需要对经理人的品德、经历、资历、能力、业绩进行较为慎重的考评。经理人才的缺乏及难以评价在一定程度上制约了川菜企业向现代企业治理模式转型。

4.2.1.2 内部因素

（1）企业发展阶段

职能部门化是公司组织结构最自然、最方便、最符合逻辑的组织结构形式。也就是说职能部门化是随着企业的创立、成长、发展、成熟而自然形成的组织结构形式。同理，公司治理模式也和企业的发展阶段有着密不可分的联系，特别是企业创立初期和快速发展时期，都往往伴随着不规范或不成熟的治理模式，创始者独裁式领导占主导位置。随着企业的发展壮大和管理的日益规范，企业所有者一般会选择对治理模式进行改革，选择适合企业未来发展的治理模式。企业会首先完善公司制的相关治理制度，配置相关的治理机构，以符合法律法规的要求；当企业规模发展到一定阶段后会考虑进行股份制改革，持续改善公司治理，进而为上市做相关准备。

川菜发源于古代巴蜀地区，在春秋至两晋时期即已出现川菜的雏形，后经长期的发展，终于成为一大菜系。川菜企业大量出现和快速发展始现于改革开放之后。改革开放之前虽然存在川菜企业，但多为国营体制或个体体制，基本没有公司化运营的川菜企业，因而川菜企业多不具有很长的经营历史，大多数川菜企业仍然处于企业发展进程中的导入期和发展期。很多企业开始向现代管理模式转型发展，因此正处于管理日益规范以及对公司治理模式进行变革的时期。此时，川菜企业应首先明确产权的归属并明确地进行产权划分，而后进行所有权和经营管理权的分离。但由于发展阶段限制，企业还不能实现真正意义上的职业经理人自主经营管理，多属于创始人操控下的经理人部分管理。

（2）大股东及创始人意愿

大股东及创始人意愿是公司治理模式选择的重要影响因素。大股东及创始人在公司中的话语权和控制权是毋庸置疑的，公司的治理模式、发展战略、人员安排等重大事务均取决于大股东及创始人的意愿。在不同的社会文化背景下，大股东及创始人的行为可能存在一定的差异，但总的来说，大股东及创始人意愿是决定公司治理模式的重要内部因素。

由于川菜企业所处的发展阶段，创始人往往在企业中还占有举足轻重的地位，一手创立起来的企业，一手带出来的创业团队，一手构建的管理体系，都带有明显的个人色彩。此时，无论是企业遭遇什么样的艰难环境，企业员工都不会有太大的不满。即便是因为创始人本人对企业发展和外部环境的适应能力缺失所造成的经营困难，也常会被忽略。在川菜企业的发展进程中，有无数的平台期，在这些平台期中，要么是改进产品，要么是改进工作方式，要么是创新制度，要么是更换各类人员，总是能找到一个突破点使企业继续向上发展。然而，当该更换的那个人恰恰是创始人自己的时候，很多创始人都不愿承认这个现实。留则无法让企业进一步发展，走则心有不甘，特别是在中国文化背景下，不愿放弃一手创建起来的企业。同时，将企业留给自己儿女的继承文化也为所有权与经营管理权的分离增加了阻碍。此时创始人的意愿将决定川菜企业未来的发展方向及采取何种公司治理模式。

（3）利益相关方关注点

公司治理的核心原则是保护股东权益，平衡利益相关方，即股东外的员工、顾客、债权人、供应商、社区、政策制定者和媒体的利益。川菜企业需要进行公开透明的信息透露，保证所有的股东及利益相关方的知情权。同时，股东和利益相关方的信息知情权，也可以防止经理层做出有损股东和利益相关方的行为。因此，川菜企业治理模式的选择需要明确利益相关方的关注点，尊重股东权益，促使经理层努力提升企业业绩。

综上，川菜企业正处在传统管理方式向现代公司治理结构转型的阶段，虽然很多川菜企业的公司治理模式还属于血缘模式——家族式，不过部分川菜企业已经开始尝试将所有权与经营管理权进行分离。从外部和内部因素进行综合权衡，川菜企业尚不适宜利用美英公司治理模式，但可以借鉴日德公司的双层治理结构，根据公司法的要求，构建川菜企业双层治理模式，如图 4-5 所示：

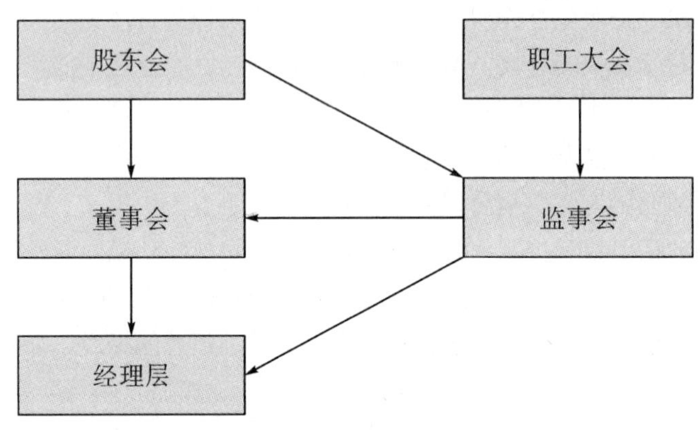

图 4-5　川菜企业双层治理模式

第一，川菜企业通过设立股东会、监事会和董事会，将决策权、监督权和执行权进行明确和科学的划分，构建企业内部的相互制衡机制，以保障公司决策的科学、公开、透明，监督的科学、有利，执行的公开、透明、有利。

第二，在决策权、监督权和执行权中，特别强调监督机制的设置和完善，防止经理层做出有损股东的机会主义行为。

第三，由于川菜企业公司治理模式的股权结构相对集中，少数股东持有公司较大比例的股权，大股东有强烈的意愿参与公司的决策和管理。因此，需要明确股东权力和执行权力的界限，否则就无法给管理层一个相对宽松和稳定的执行环境，不利于管理层长期稳定地工作。

第四，兼顾利益相关方诉求，赋予职工一定的参与决策、监督和管理的权力，切实有效地维护职工和利益相关方的权益。吸收职工和其他利益相关方进入管理层，激励他们全身心地投入工作和关注公司发展，也促使管理层更加重视公司的整体绩效和利益相关方诉求。

第五，强化川菜企业内部控制机制建设，有效利用资源。川菜企业的发展长期受限于管理水平的制约，加强内部控制机制建设，就是要系统地强化内部管理和制度机制的构建，实现从人治到法治的转型，规范组织运行，克服川菜企业长期以来任人唯亲的不利局面，实现川菜企业规范化管理。

第六，构建科学合理的激励机制。规范经理人的选任，构建科学合理的高层管理者评价体系，构建适合于川菜企业的高层管理者激励机制和高层管理者内外部约束机制。

通过以上六个方面，使川菜企业的公司治理模式能够有效保护股东权益，有效保护利益相关方权益，信息公开透明，董事会、监事会独立有效运作，最终实现川菜企业从传统管理向现代管理体制转型升级，实现川菜企业未来价值最大化，实现川菜企业良好形象和声誉的树立。

4.2.2 川菜企业股权结构及股东权利模式选择

很多餐饮企业都是从街边小店慢慢发展而来的，由个人独资或三五好友共同投资经营而生，在企业设立之初都有着共同的梦想，也有共同战胜困难的斗志。创始人往往都没有考虑股权结构和股东权利模式的问题，这就为之后企业扩张发展中引发纠纷埋下了隐患。从“真功夫”和“海底捞”两个案例就可以看出股权结构对企业经营发展的重大影响。

案例 4-1 “真功夫”内斗背后：世上最差的股权结构

“真功夫”前总裁蔡达标被广州市天河区法院认定职务侵占和挪用资金两项罪名成立，判处有期徒刑 14 年、没收个人财产 100 万元。随后，“真功夫”由蔡达标前小舅子、真功夫副董事长潘宇海代理董事长执掌运营。

“真功夫”事件发生后，很多人认为是家族矛盾导致的，特别是蔡达标和潘敏峰的离婚是关键。但笔者认为，“真功夫”的问题不在于家族矛盾，而在于其世上最差股权结构，家族矛盾只是进一步加剧了股权结构不理想所导致的问题。

世上最差股权结构是两个股东各占 50%，即使引入私募股权投资基金后，蔡达标和潘宇海的股权比例仍然是 47%对 47%。这样的股权结构不出问题是偶然的，出问题是必然的。“真功夫”的命运，表明了股权结构对企业发展的重要性。

“真功夫”的前身是小舅子潘宇海在东莞长安镇 107 国道旁边开的一家 168 甜品店。1994 年，姐姐潘敏峰和姐夫蔡达标加入，投资了 4 万元，潘宇海自己也出资 4 万元，把 168 甜品店改为 168 快餐店。股份结构是潘宇海占

50%，姐姐和姐夫各占25%。初期，企业经营以小舅子为主，姐姐管收银，姐夫做店面扩张。其时，潘宇海掌握着企业完全的主导权。

1997年，“真功夫”凭借其“电脑程控蒸汽设备”，攻克了中式快餐业的“速度”和“标准化”两大难题，开始在全国各地开设连锁店，企业快速发展起来。在这个阶段，负责店面扩张的蔡达标对企业的贡献越来越大。2003年，企业主导权从潘宇海手中转到了蔡达标手中。2006年9月，蔡达标、潘敏峰夫妇离婚，潘敏峰所持有的25%股权归蔡达标所有。

真功夫出色的商业模式和发展业绩，以及中式快餐市场的广阔发展前景，吸引了众多股权投资基金的青睐。2007年10月，“今日资本”和“中山联动”两家私募股权投资基金投资真功夫，估值高达50亿元，各投1.5亿元，各占3%的股权，蔡达标和潘宇海的股权比例都由50%摊薄到47%。

同时，蔡达标与潘宇海的发展思路也出现严重分歧。蔡达标追求企业快速发展，而潘宇海重视企业稳健经营。从投资之初，两家私募股权投资基金就一直为改变这种股权结构而努力，并且似乎在2010年看到了曙光。私募股权投资基金和两大股东蔡达标、潘宇海达成协议，由私募股权投资基金逐渐受让潘宇海的股份，从而降低潘宇海股权比例，使得蔡达标成为核心股东。但股权变更尚未完成，蔡达标却已入监狱。

资料来源：黄嵩. 真功夫内斗背后：世上最差股权结构［N］. 南方都市报，2013-12-17.

案例4-2 “海底捞”：成功避免股权结构陷阱

1994年，四个要好的年轻人在四川简阳开设了一家只有4张桌子的小火锅店，就是“海底捞”的第一家店。现在的“海底捞”董事长兼总经理张勇没有出一分钱，其他3个人凑了8 000元钱，4个人各占25%的股份。后来，这四个年轻人结成了两对夫妻，两家人各占50%股份。

随着企业的发展，没出一分钱的张勇认为另外3个股东跟不上企业的发展，毫不留情面地让他们先后离开企业，只做股东。张勇最早先让自己的太太离开企业，2004年让施永宏的太太也离开了企业。

2007年，在海底捞步入快速发展的时候，张勇让无论从股权投入还是时间和精力付出上都与之平分秋色的20多年的朋友施永宏也离开了企业。张勇在让施永宏下岗的同时，以原始出资额的价格，从施永宏夫妇的手中购买了18%的股权，张勇夫妇成了“海底捞”的绝对控股股东（持股68%，超过2/3）。

2007年，在“海底捞”成立13年并且快速发展的时候，一方股东却将

18%的股权，以 13 年前原始出资额的价格，转让给了另一方股东，这简直就是匪夷所思。不料，施永宏却如此回答：“不同意能怎么办，一直是他（张勇）说了算……后来我想通了，股份虽然少了，赚钱却多了，同时也清闲了。还有他是大股东，对公司就会更操心，公司会发展得更好。”

“海底捞”以匪夷所思的方式解决了世上最差股权结构问题。一方面得益于“海底捞”从一开始就是以张勇为主、施永宏为辅，形成了张勇是核心股东的事实，另一方面也得益于施永宏的大度、豁达与忍让。

资料来源：黄嵩. 真功夫内斗背后：世上最差股权结构［N］. 南方都市报，2013-12-17.

因此，川菜企业不管是在设置之初还是在发展壮大的过程中，除了考虑自己所采用的公司治理模式，还应考虑公司股权结构及股东权力模式。

4.2.2.1 股份比例

川菜企业在创始或进行转型发展时，首先应设置合适的股份比例。如真功夫案例所述，股份比例最好不要均等划分。因为公司运作中，持有股份是行使表决权的基础。表决权通常以股东持有的比例进行划分，持有的股份比例越大，表决权就越大。如果设置了均等的股份比例，一旦发生股东间意见不一致的情况，将可能危及企业未来的发展。因此，川菜企业在设计股权结构时，股东应有明显的持股比例差异，持股比例应有一定的梯度，要确保核心股东具有掌握控制权和话语权。股东间为企业投入的资源或做出的贡献应有类型上的差异，如有的股东提供资金，有的股东提供技术，有的股东提供管理，而不能所有的股东均投入一种资源，做同一类贡献；同时股东间应相互信任，风险共担、利益共享。

4.2.2.2 股份集中度

川菜企业所所面临的外部环境和内部条件，都说明川菜企业应在进行股权设计时，设置一个具有足够控制权的大股东。无论川菜企业以后如何发展，都需要有一个具有足够控制权的大股东进行方向上的把控。这样既可以控制企业的运营方向，也可以激励大股东去主动监督企业的经营管理，确保企业以股东利益最大化为原则进行运营，较好地阻止经理层做出有损股东利益的行为。

4.2.2.3 股权结构模式

根据所处的环境和内部条件，以及股份比例和股份集中度的设置情况，川菜企业可以根据发展阶段的不同选择适合的股权结构模式：

（1）集中的所有权和强控制权

在此类股权结构模式下，川菜企业的大股东即核心股东，对公司具有所有权和绝对的控制权，有欲望和能力对公司形成监督控制。此时，川菜企业经理层事实上并不独立，基本上按照控股股东的意志进行企业各类事务的处理。此类股权结构模式适宜于创业之初或正在经历内外部环境急剧变化的川菜企业，控股股东可以带领全体员工向着一致的目标努力奋进。然而，这类股权模式的缺陷也是显而易见的。主要表现在控股股东容易通过关联交易损及小股东利益；控股股东的能力实质上就是企业的运营能力，控股股东和企业捆绑在一起，一荣俱荣、一损俱损；川菜企业经理层基本上无法独立施展才能，既不利于为企业找到合适的外部高级经理人，也无法使内部经理人迅速成长。

（2）集中的所有权和弱控制权

为了保证决策效果和执行效率，避免产生集中所有权带来的强控制权问题，川菜企业可以采用集中的所有权和弱控制权模式，即限制单一股东在股东大会上的投票比例，或仅允许股东在涉及其核心利益的特定事项的投票中使用否决权。在此类股权结构模式中，控股股东不再涉入川菜企业的具体管理工作，而仅仅关注涉及其核心利益的特定事项，给予经理层更大的经营控制权。此类模式适用于发展到一定规模的川菜企业，此时创始股东（控股股东）需要借助职业经理人的能力把企业推向更高的发展阶段。

（3）分散的所有权下的强控制模式

川菜企业在发展到一定阶段后，有两种发展模式可供选择，即上市和非上市。上市就意味着所有权的分散化，这也是世界排名靠前的企业普遍采取的股权结构模式。在此类模式下，由于股权高度分散导致股东疏于监管的问题普遍存在，如何处理股东与经理层之间的委托—代理问题是此类股权结构模式的关键。当所有权分散时，也可以通过所有权金字塔控制、交叉持股控制、代理股票控制、一致行动人联合投票控制、表决权分设控制等方式增强股东对企业的控制权，即分散的所有权和强控制权模式。在中国的文化背景和市场条件下，这是很多中国企业选择的一种股权结构模式。川菜企业也可以根据自己上市（或股权分散）后所面临的内外部环境，合理选择自己的股权结构模式。

综上，川菜企业需要遵守股权结构设计的基本原理，同时综合考虑自身所处的发展阶段、未来发展方向、内外部环境，合理确定股权结构模式。最终使股权结构成为促进企业发展的动力，而不是成为企业持续发展的隐患。

4.2.3 川菜企业董事会与监督模式选择

川菜企业的董事会与监事会运行模式可以借鉴日德公司治理模式，将股东大会、董事会、监事会、经理层的运行模式设置图 4-6 所示：

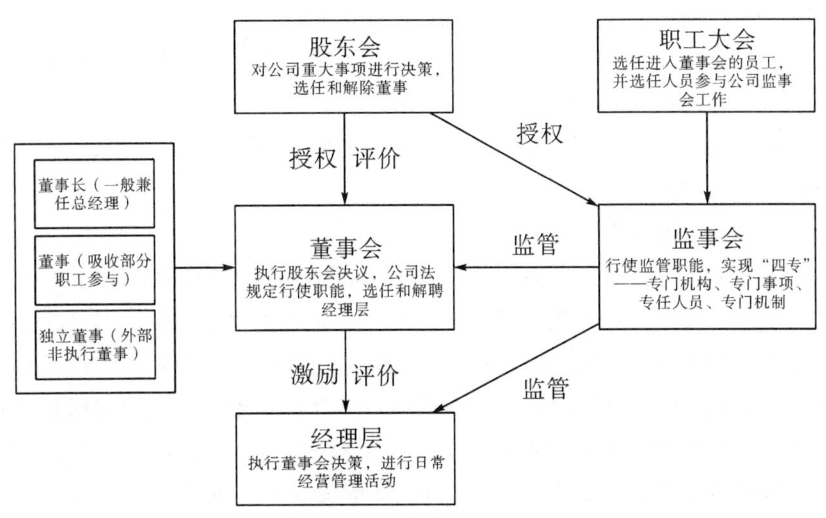

图 4-6　川菜企业董事会、监事会运行模式

4.2.3.1　川菜企业董事会结构

董事会是根据法律法规和公司章程设立，并由全体董事组成的业务执行机构。川菜企业的董事会结构主要由董事会规模、董事的专业及个人信息、董事的独立性、委员会数量决定。川菜企业向现代服务业转型升级的过程中，公司治理结构转型的重要方面就是设立董事会，明确董事会的运行机制。我们将从三个方面讨论川菜企业的董事会结构和运行模式。

（1）董事长

川菜企业往往根据《公司法》等法律法规设立了董事会和经理，但往往又没有对董事、经理、监事等职务的职责进行明确的界定。在日常运行中，川菜企业的董事长和总经理往往是同一人兼任（通常是创始人或大股东），这样的任职结构不利于董事会和管理层之间责任的明确划分，也不利于对总经理、高管和独立董事的绩效进行明确的衡量。因此，在必要的时候，川菜企业应设置独立工作的董事长。董事长代表董事会与股东、管理层和利益相关方沟通，主要负责川菜企业的长期战略规划、风险管理、管理绩效评估、高管和董事薪酬管理、继任计划、董事招聘等工作，使得总经理可以完全专注于企业的战略实施、日常运营和文化构建。

同时，川菜企业在设立独立工作的董事长时应避免一些问题的产生。如当企业董事长和总经理由一人兼任时，企业的绩效和发展没有受到阻碍，这种合二为一是有效率的，此时并没有必要设立独立工作的董事长。又如，设立独立工作的董事可能导致企业内部领导职能的重复甚至混乱，董事长和总经理的双重决策制度可能降低企业的决策效率。以上问题主要来源于没有清晰地拟定董事长和总经理的责任划分。因此在设立独立工作的董事长时，一定要有制度并进行清晰的界定。如果无法避免以上问题的产生，川菜企业对董事长和总经理的分离就一定要慎重。

（2）董事的独立性

川菜企业设立的独立董事，通常情况下是外部非执行董事。他们的存在主要是为了不受管理层的影响，对企业事务进行独立而专业的判断，进而为企业提出建设性的建议。然而，由于信息的不对称，相对于内部董事而言，独立董事很难真实地了解企业经营状况，也很难做出有利于企业发展的建议和决策。也就是说在这种情况下，独立董事往往是无效的。川菜企业在设立独立董事时，不应将其作为决策和执行的一部分，而应使其尽量地发挥咨询和监督的职能，从而降低代理成本，提高企业业绩。

（3）职工参与

根据目标管理原则，职工参与决策的制定将提高目标的完成效率。因此川菜企业的董事会应吸收职工参与，由职工担任企业董事。由于职工具有了解日常业务流程、顾客信息、供应商信息等优势，职工参与董事会可以降低信息的传递成本，增强董事会的决策效率；还可以使董事会在进行诸如工作规划与设计、人员评估与招聘、绩效评估、薪酬与福利设计等决策时更科学合理。同时，职工代表可以明显改善川菜企业的内部关系，增强对管理层的监督，从而降低代理成本，提高企业业绩。

4.2.3.2 董事及董事会评价

川菜企业应对董事及董事会的履职情况进行客观的评价，以提升董事及董事会对其角色和责任的重视，促使其更好地理解自身的权力与责任，进而提升其履职效果。同时，对董事及董事会履职情况的评价有利于提升董事会的运行效率和决策效率。董事及董事会评价主要包括董事及董事会自评、监事会评价和股东大会评价三个方面。

案例 4-3　某公司董事履职情况自评表

考核年度：　　　　　　　　　考评日期：

评价内容	分数		
一、履职基本要求	单项分数	单项得分	整体得分
1. 是否具备履职所必需的专业知识、工作经验和基本素质，具有良好的职业道德。	20		
2. 是否在履职过程中接受不正当利益，利用董事职位谋私，损害本公司利益。	20		
3. 是否如实告知本公司本职、兼职情况，且所任职务与在本公司的任职不存在利益冲突。	20		
4. 是否如实向董事会、监事会报告关联关系情况，并按相关要求及时报告上述事项变动情况。	20		
5. 个人直接或间接与本公司业务有关联关系时，是否及时告知关联关系的性质和程度，并按相关规定履行规避义务。	20		
二、个人履职行为	单项分数	单项得分	整体得分
1. 是否出席 2/3 以上的董事会及董事会专业委员会会议。	30		
2. 是否持续了解和分析本公司的运行情况，定期阅读本公司各项经营报告、财务报告以及风险管理的相关报告	35		
3. 是否全面把握监管机构、外部审计和社会公众对本公司的评价，对本公司事务做出独立、专业、客观的判断，并通过合法渠道提出自己的意见和建议。	35		
三、重大问题的决策能力	单项分数	单项得分	整体得分
1. 是否按照公司董事、监事评价办法，将应当重点关注的事项应用于重大决策中。	30		
2. 是否按照公司董事、监事评价办法，将董事会专业委员会、主任委员和委员应尽的事项应用于重大决策中。	30		
3. 是否按照公司董事、监事评价办法，将执行董事、非执行董事、独立董事的职责事项应用于重大决策中。	40		
总分			

注：总分＝履职基本情况×30%＋个人履职行为×40%＋重大问题的决策能力×30%。

案例 4-4　某公司董事履职情况互评表

考核年度：　　　　　　　　　　　考评日期：

评价内容	满分	董事A	董事B	董事C	董事D	董事E	董事F	董事G
1. 恪守诚信原则，公平对待所有股东，维护本公司整体利益，严格执行本公司回避制度和保密规定，能独立、客观地对审议事项做出判断或决策。	15							
2. 熟悉和掌握有关经济、金融、公司治理等法律法规和经营管理的专业知识，拥有金融、财务、市场、技术等方面的丰富经验，并应用于本公司重大决策中。	15							
3. 具有较高的道德标准，成熟并有责任感，董事会参与程度高，开会前对所审议事项做了充分准备，会中积极发言，坦诚地发表自己的真实想法。独立董事能够对本公司重大事项（包括提名、任免董事，聘任或解聘高级管理人员，本公司董事高级管理人员的薪酬，本公司重大关联交易和特别重大关联交易，利润分配方案，独立董事认为可能对本公司造成重大损失的事项或损害中小股东权益的事项，公司章程或有关法律法规规定的其他事项）向董事会或股东大会发表独立意见。	15							
4. 具有团队精神，能够认真阅读本公司经营和财务报告，及时了解本公司经营管理情况，发现并提供有决策参考价值的信息，提供对本公司有价值的工作意见和建议。	15							
5. 参加董事会次数	40							
总分	100							

资料来源：马连福，等. 公司治理［M］. 北京：中国人民大学出版社，2017：92-93.

4.2.3.3　川菜企业监督模式

由于所处的独特发展阶段，以及面临的内外部环境，大部分川菜企业不可能施行完全市场化的公司治理结构。此时，股东无法通过市场机制对川菜企业管理层施加监督和压力，所有权与经营管理权分离背景下的委托代理问题是川菜企业进行治理模式变革需解决的关键问题。加强对企业决策和运行的监督，建立专门的监督机构或委任专任的监督人员，是降低代理成本的重要手段之一。

然而，在成立初期和成长过程中，由于公司治理体制的不完善，大多数川菜企业在监事体制上存在着缺失和不足。如主要股东担任监事，监事中没有职工代表，担任监事的人员缺乏法律、财务方面的专业知识和经验，监事会无法独立行使职权等。因此，川菜企业向现代服务业转型的过程中，特别是在所有权和管理权日益分离的背景下，为避免管理层做出有损股东利益的决策，更需要对企业决策和运行进行较为全面的监督。此时就需要完善监事及监事会制度，发挥监事独立行使制权的作用，使监事真正起到监督公司重大决策是否科学合规、公司日常经营是否正常运行、监督公司财务和会计体系是否透明高效的作用，避免错误决策、错误运营、错误实施给川菜企业带来不良影响或导致股东利益受到损失。

我国《公司法》规定了股份有限公司和有限责任公司的监事会成员人数，同时也确认了规模较小的有限责任公司可以不设监事会，只设 1 到 2 名监事。对于川菜企业而言，无论形式上是设立监事会还是仅设置监事职务，都是为了对企业的业务活动及财务会计活动，以及董事会、管理层行为进行有效监督，不能将监事会或监事的职能流于形式。川菜企业监事会有效履职的途径可以有以下几个方面：

一是监督体制的完善。在川菜企业发展过程中，首先须建立监事或监事会体系制度，明确监事会的议事规则，同时必须保证监事或监事会的职权履行得到保证。川菜企业在运营管理制度的构建中必须强调监事机构的存在和作用。在不牺牲效率的前提下，监事会作为川菜企业的常设机构，虽不参与企业事务的决策和执行，但要完全掌握决策和执行的过程，做到全程监督。一旦发现企业董事会、管理层有违反法律法规及公司章程，做出有损股东利益的行为时，监事会必须及时予以制止和纠正。

二是监督机构的组成。川菜企业在进行公司治理转型时，需要考虑监事会的成员结构。监事会的组成必须科学、合理，需要保证监事会成员来源和专业背景的多元性。首先，监事会成员除包括股东代表之外，需要一定数量具有监督企业决策和执行的各项专业知识和经验的专业人士。其次，监事会成员还可以聘请内部职工参与，我国的《公司法》和《上市公司章程指引》等法律法规都提出了职工担任监事的要求，但在实际操作中，职工在监事会中的比例和实际履职能力都无法得到保证。事实上这并不利于在现代公司治理结构下协调所有权和经营管理权之间的矛盾。因此，川菜企业在设置监事会时应重点关注各方面监事代表的结构平衡，以保证监督机构作用的有效发挥。

三是监督事项的明确。《公司法》对监事的职权给予了明确的界定。就川菜企业治理结构转型的要求以及所有权和经营管理权的协调来看，川菜企业的监事活动事项主要包括三个方面。首先，对企业财务事项的监督。由于川菜企业的财务会计制度在成立之初和发展过程中都存在一定的问题，财务规范化一直没有实现。但在川菜企业转型发展以及国家法律法规越来越健全的背景下，股东和监事会公开财务及经营状况的义务必须履行。因此，监事会对企业财务资料及财产状况的监督将成为常态，只有这样股东的权益才能够得到保证。其次，对企业业务执行情况的监督。川菜企业发展到一定阶段后，业务流程基本完成了模块化，无论是常态化的业务流程还是创新型的业务流程，都需要向监事会提供相关信息，以便监事会监督业务流程的执行情况，保证目标计划与实施结果的一致性。第三，对企业董事会和管理层的监督。监事需要列席董事会会议，全程掌握董事会决策流程，制止和纠正董事会做出违反法律法规和公司章程的行为，保证董事会做出有利于企业发展壮大的决策。监事需要全程掌握管理层的执行状况，监督管理层的履职情况，保证决策的执行效率。

四是监督运行机制的完善。要实现川菜企业监督机制的有效性，需要加强监事会监督的独立性和过程性。首先，一直以来川菜企业要么没有设立监事，要么监事依附于董事会或某些股东名存实亡，监事制度没有真正发挥应有的作用。要发挥监事会的功能，首先需要保证监事会的独立性，明确股东会、董事会、监事会、管理层的职责和工作界限，保证监事会不受董事会的操控。其次，监事会的监督职能贯穿于川菜企业日常决策和执行的全过程，从财务事项监督、业务事项监督到董事会、管理层监督，监事会要主动发现企业决策、执行过程中存在的问题，及时向股东大会汇报相关情况；并保证在行使职权的过程中不参与、仅监督，以免干扰企业的正常生产经营活动。第三，日常事项监督与关键事项监督相结合，一般事项监督与重大事项监督相结合，预先监督、事中监督与事后监督相结合，最终保证决策和执行的科学合理，维护股东和利益相关方的权益。

4.2.4 川菜企业职业经理人制度选择

职业经理人制度的建立和职业经理人的选聘是川菜企业推进现代治理结构转型的关键。职业经理人是治理结构中所有权与经营管理权相分离的重要组成部分，即行使公司经营管理权的高级管理者，主要承担董事会决策的执行、公司日常运营管理、公司资产保值增值等责任。川菜企业职业经理人制度的构建主要从四个方面来考虑。

4.2.4.1 川菜企业职业经理人的选聘

职业经理人具有市场化、职业化、专业化、契约化等特征，职业经理人的好坏直接关系到川菜企业的经营业绩，川菜企业应尤其重视职业经理人的寻找、识别、引进、培养和任用。第一是“寻”。职业经理人制度是以市场化配置为基础的，但由于我国职业经理人市场起步较晚、涉及产业较少、市场化程度不高等原因，川菜产业经理人市场一直以来发展较为缓慢，还处于人找人的阶段，尚没有统一的市场规则和个人从业记录。川菜企业对职业经理人的选聘首先应集中于寻找合适的经理人上，可以通过猎头顾问、业内人士推荐、同业搜寻、业外沟通等方式进行。在寻找经理人之前，需要明确自己企业的现实状况、未来发展目标、市场竞争地位、内部资源条件、外部宏观环境等约束条件，进行多维度、多渠道的沟通，尽可能地搜罗人才信息，以匹配企业需求。第二是“识”。以市场信息为基础，川菜企业需要对目标人才的品德、能力、业绩、经验进行综合评价，同时与目标人才进行充分的沟通，了解目标人才对川菜产业现状、企业竞争状态的了解程度，对企业未来发展目标的认可程度，以及对未来工作的基本思路，进而与川菜企业现实状态和发展需求进行精准匹配，最终选聘到德才兼备的人才。第三是“引”。对企业钦慕的目标人才，要一人一议，为目标人才提供相应的物质激励和工作平台，进一步争取与目标人才在企业宗旨、企业价值观、企业愿景、企业目标上的一致认同，进而最大限度地争取目标人才为我所用。第四是“培”。培养包括两个方面，一个方面是对拟从外部引进的人才的培养，给目标人才一定的成长时间，在这个时间段内熟悉企业面临的内外部环境，尽快进入角色；另一方面是加强内部员工的培养和物色，通过各种手段培养能作为高级管理者的人才，为治理结构的完善和未来的发展培养后备力量和生力军。第五是“用”。尽可能为职业经理人配备开展工作需要的机制、平台和条件。如前所述，明确股东会、董事会、监事会、管理层的职责界限，为职业经理人发挥才能创造环境和条件。

4.2.4.2 川菜企业职业经理人的绩效评价

职业经理人的绩效是行动和结果的统一体，对其进行评价既要评估企业过去的绩效水平即通常所说的成果指标（滞后指标），更要关注的是企业绩效水平的提高，即关键驱动因素（领先指标）。因此，对川菜企业职业经理人的绩效评价是成果指标和关键驱动因素的适当组合。川菜企业设置关键绩效指标（KPI）时可以参考平衡计分卡（The Balanced Scorecard）方法。平衡计分卡本质上是一个衡量组织绩效的工具，以战略为导向，可以成为川菜企业评价职业经理人绩效的重要工具。平衡计分卡方法的核心是：以财务、客户、业务流程和学习成长这四个领域的企业战略和目标为基础，开发出企业层面的包含有关键绩效指标的平衡计分卡，再把这些目标逐层分解、落实到各个部门和每个员工。因此，平衡积分卡可以很好地评价川菜企业职业经理人是否很好地执行了公司的战略、董事会的决策，其关键绩效指标也可以很好地衡量职业经理人的业绩，本书将在之后的部分详细描述基于平衡计分卡的川菜企业的绩效评价指标体系。

4.2.4.3 川菜企业职业经理人的激励机制。

川菜企业需要设计一套适合企业现状及可持续发展的职业经理人激励体系，保证治理结构转型的实现和企业的可持续发展。根据赫茨伯格的双因素理论，对于高层管理者的激励不能仅仅依靠一种方式，而应是一整套激励机制的综合运用。在这一激励体系中，激励因素和保健因素在企业激励中起到的作用同等重要。保健因素包括公司政策、管理措施、监督、人际关系、物质工作条件、工资、福利等，激励因素主要包括成就、赏识、挑战性的工作、增加的工作责任以及成长和发展的机会。因此，川菜企业进行职业经理人激励机制设计时，应在对经理人科学绩效评价的基础上，进行全方位的考虑：

（1）薪酬激励

对于职业经理人来讲，其工作的目的是借助自己所具有的职业素质和职业能力，帮助目标企业实现经营业绩的提升，以此获得报酬和剩余索取权。因此，薪酬激励是职业经理人工作的根本目标之一。对于川菜企业而言，职业经理人的报酬是对企业的规模发展情况、竞争目标完成情况、业绩完成情况、创新达成情况、发展目标完成情况、市场薪酬情况等因素进行综合考量而设置的综合体系，既考虑职业经理人因提供经营管理工作而获得基本的收入，又将经营管理风险和长期发展业绩纳入考虑的范畴。

①短期薪酬激励——年薪制

川菜企业对职业经理人的薪酬激励首先可以考虑年薪制。年薪制是职业经理人制度普遍采用的一种薪酬激励方式，是企业以年度为单位，根据职业经理人所承担的责任和风险及做出的经营业绩所确定的一种薪酬分配制度。

川菜企业实行高级经理人年薪制，主要由基本年薪、年度奖金和风险收入构成，报酬总额与普通员工差距较大。年薪制主要体现了高级经理人工作的业绩性和风险性特征，较高的年薪可以在一定程度上减少高级经理人的机会主义行为。

但年薪制一般很难调动高级经理人的长期工作热情，其工作目标通常聚焦于年度任务的完成而不是企业长期战略的达成。在缺乏激励的情况下，高级经理人还可能通过其他方式获得权力寻租。因此，在年薪制实施的同时，还可以附加实施其他的长期薪酬激励方式。

川菜企业实施年薪制需要考虑的因素有如下几个方面（表 4-1）：

表 4-1　川菜企业实施年薪制需要考虑的因素

因素分类	需达到的条件
所有权明确	川菜企业首先需要有明确、清晰的所有权划分，这是实施年薪制的基础条件，即明确职业经理人是为了所有者的利益而工作。
企业运营及管理制度	川菜企业在实施年薪制之前，需要明确是否有规范的企业运营即管理制度，是否按照现代企业的运作方式实现了职业经理人独立的经营管理权，是否建立了完善的用人机制，是否建立了完善的内部管理控制机制，是否建立了完善的内部监控体系等。
外部评估机制	川菜企业需要确认是否具备科学的外部评估机构和外部评估体系，是否能够对企业资产和经营状况进行科学合理的评估。

川菜企业在选择年薪制薪酬方案时，有如下几种模式可以应用（表 4-2）：

一是单一固定型年薪，主要采取简单大数额年薪结构，应用于需要进行某项重点突破的川菜企业，如重点突破规模、销售收入、利润收入、减亏等。单一固定型年薪由于数额较大，可以吸引大量具有相应能力的职业经理人。但由于目标简单，容易引发经理人的短期机会行为，不适合川菜企业长期战略的实施。

二是非持股多元型年薪，主要采取多元化薪资结构，以基薪、津贴和养老金计划为基础，外加风险收入。该风险收入主要以川菜企业的中短期经营目标为考核指标，收入类型主要为现金。该年薪模式激励力较大，但仍以短期收入为主要激励，结构较单一固定型更优化，主要针对非上市企业。

三是持股多元型年薪，主要采取多元化薪资结构，以基薪、津贴和养老金计划为基础，外加风险收入。该风险收入主要以川菜企业的中长期经营目标为考核指标，收入类型主要为股票期权等。多种报酬组合形式有助于引导高层管理者的长期行为，该年薪结构主要针对上市企业。

四是分配权型年薪，主要采取多元化薪资结构，以基薪、津贴和养老金计划为基础，外加风险收入。该风险收入主要以川菜企业的中长期经营目标为考核指标，收入类型主要为企业未来一定时期业绩的分配权。多种报酬组合形式有助于引导高层管理者的长期行为，该年薪结构可应用于非上市企业。

表 4-2 川菜企业年薪制模式

年薪类型	年薪结构	激励方式	企业类型	考核方式
单一固定型年薪	简单大数额薪酬结构，如 50 万	短期激励力度大，容易引发短期经营行为	非上市企业	设定简单、严格的考核指标，如实现利润、销售收入、减亏等，考核指标短期
非持股多元型年薪	基薪+津贴+风险收入（业绩收入及奖金等）+养老金计划	激励力度较大，仍以短期收入为主要激励，结构较单一固定型更优化	非上市企业、上市企业	根据川菜企业规模、销售收入、市场薪酬确定基薪，根据实现利润、销售收入、减亏目标确定风险收入，考核指标偏中短期
持股多元型年薪	基薪+津贴+风险收入（股票期权等）+养老金计划	多种报酬组合形式有助于引导高层管理者的长期行为	上市企业	根据川菜企业规模、销售收入、市场薪酬确定基薪，根据实现利润、销售收入、减亏、资本市场相应指标等目标确定风险收入，考核指标偏中长期
分配权型年薪	基薪+津贴+风险收入（分配权）+养老金计划	多种报酬组合形式有助于引导高层管理者的长期行为	非上市企业	根据川菜企业规模、销售收入、市场薪酬确定基薪，根据实现利润、销售收入、减亏、资本市场相应指标等目标确定风险收入（资本市场相应指标参照上市企业折合计算），考核指标偏中长期

②长期薪酬激励——高管持股计划

高管持股计划是给予高层管理者一定比例的股权，使其参与川菜企业部分剩余价值分配，以完善其收入结构，达到促使其关注川菜企业长期发展的目标。主要包括股票期权、限制性股票和管理层收购等方式。

案例 4-5 美的集团核心团队持股计划

美的集团自 2013 年上市以来，公司以“产品领先、效率驱动、全球经营”三大战略主轴为指引，深化转型，聚焦产品力与效率提升，企业盈利能力与经营质量持续增强。公司的核心管理团队是保障公司战略执行、业绩提升的决定性力量，本期持股计划对象不超过以下范围：

1. 公司的总裁、副总裁；

2. 公司下属事业部及经营单位的总经理；

3. 对公司经营与业绩有重要影响的核心责任人。

本期持股计划的总人数为 15 人，其中公司总裁、副总裁 5 人（含兼任事业部总经理人员 2 人），公司下属事业部及经营单位总经理和其他高管 10 人。各持有人所对应的标的股票权益的额度及比例，需在各期持股计划下公司业绩考核指标达成之后，根据上一年度公司、事业部与经营单位业绩目标的达成情况及考核结果来确定，届时公司将会另行公告。

资料来源：http://news.10jqka.com.cn/20180331/c13752533.shtml.

股票期权是在治理结构既定的基础上，股东大会授予高层管理者或核心员工一定的股权，以刺激相关员工长期正向行为的一系列制度安排。股票期权的实施方式主要是授予高层管理者或核心员工在未来一定时期内以预先确定的价格购买一定数量公司普通股票的权力。一般情况下，采用此种激励方式的公司都是上市公司。川菜企业在生产经营的初期、中期，即在没有上市的情况下，还不适合此种长期激励方式。但可以将此种激励方式的未来实施作为高层管理者努力工作以获得此项长期激励权力的目标。

限制性股票是对高层管理者或核心员工获取一定数量的股票做出限制性条件，即高层管理者或核心员工满足了川菜企业规定的限制性条件后可以无偿获得一定数量的股票的一系列制度安排。其限制性条件通常有两点，一是满足了规定的任职服务年限，二是达到了预先设定的绩效目标。

管理层收购是川菜企业允许管理层购买本企业的股份，进而实现资产的重组，改变企业的所有权结构，最终实现经理层控制企业的一系列制度安排。职业经理人制度的最终目标是通过经理人的知识和智慧投入，获取报酬。因此，实施管理层收购并不是职业经理人制度的最终目标，也并不代表管理层收购是一种高效的产权结构，只是实施职业经理人制度的过程中可能出现的一种所有权改革路径。

总体来讲，高管持股计划可以改善川菜企业高层管理者的收入结构，实现长期行为的理性化。但高管持股计划对于企业所有权结构、治理结构有较高要求，同时需要企业已经上市或者达到上市条件，这些都是川菜企业在一定阶段内所不具备的。因此，川菜企业在实施高管持股计划时应进行充分的论证和科学的制度安排，避免高管持股计划的实施反而阻碍了川菜企业治理模式的改革和优化。

（2）非物质激励

非物质激励作为物质激励的补充，也作为完善川菜企业激励制度的重要方式，被川菜企业广泛应用。现代服务业最显著的特征就是对知识资本和人力资本投入的认可。根据马斯洛需要层次理论和赫茨伯格双因素理论，对高素质人才的激励不能仅仅通过物质的方式，还需要进行一整套的非物质激励设计，才能激发其良好的工作状态。对于川菜企业职业经理人而言，非物质激励主要包括受到重视、工作能力的发挥、工作上的成就感、个人的提升和发展、社会声誉的提升等方面。

①受到重视，是指川菜企业职业经理人在企业进行重大事项的经营决策时具有发言权以及独立行使经营管理权。因此，川菜企业所有者在处理与职业经理人的关系时，应需要采取尊重和重视，而不是命令和指示的态度。

②工作能力的发挥，是指川菜企业职业经理人希望通过自己的知识和智力投入，帮助川菜企业发展壮大。川菜企业所有者应尽可能多地为经理人创造其发挥作用、施展才能的环境和条件，充分调动其积极性和创造性。

③工作上的成就感，是指川菜企业职业经理人希望得到的报酬不仅仅是经济和物质上的报酬，还有自我的实现。因此，川菜企业所有者在创造经理人工作条件时，还应更多地肯定其工作和成绩，使其得到自我实现的心理满足。

④个人的提升和发展，是指川菜企业职业经理人希望在帮助川菜企业发展壮大的同时，能够得到自身的提升和发展。因此，川菜企业所有者应不断为经理人创造培训、学习、提升的机会，使其个人发展不断上台阶，川菜企业也将在经理人的提升中获得更大的发展。同时川菜企业应让经理人感受到在企业团队中的价值，自然而然地将自身的发展与企业的发展紧密地联系在一起。

⑤社会声誉是一种最高激励方式，主要指对职业经理人长期的工作和奋斗所建立起来的包括个人能力、工作经历、工作经验、品德等方面的综合评价。在成熟的经理人市场中，经理人的社会声誉不仅是其自我实现的最高目标，还可以以社会声誉议价得到更高的货币收入。因此，职业经理人通常都非常重视个人的社会声誉，川菜企业应合理应用这类精神激励，促进职业经理人体系的完善，促使其努力工作，减少机会主义行为，为创造企业的最大价值而奋斗。

4.2.4.4 川菜企业职业经理人的约束机制

总的来说，川菜企业实行职业经理人制度利大于弊。把企业的发展构筑在制度的基石上，而不是构建在创始人的个人能力上，有益于川菜企业建立起所有权明晰的现代治理结构，有利于企业的长远发展。但是如上所述，川菜企业建立职业经理人制度的过程中，需要考虑职业经理人的短时行为和机会主义行为，处理好委托—代理关系是重中之重。这就需要把约束机制作为职业经理人制度的一个关键部分加以构建和优化。约束机制就是川菜企业对职业经理人的决策和管理行为进行的一系列客观及时的监督、评价和惩罚行动，主要包括公司内部约束和公司外部约束两部分。

（1）内部约束机制

内部约束主要包括组织制度约束和审计约束。组织制度约束是在《公司法》等法律法规的框架下，股东大会、董事会、监事会认真履职，对经理层形成有效的监督控制。其核心是所有权和经营管理权分离，股东大会、董事会、监事会有明确的责任划分机制和相互制衡机制，充分发挥监事会独立进行监督控制的职能，终极目的是保护股东权益不受损害，促进公司发展壮大。内部审计约束是指建立在科学的内控机制和独立的审计部门基础上，对企业的日常业务流程进行有效监控的机制。审计职能最根本的作用是在各项财经法规的框架下，对审计对象进行财务收支和经济活动检查和评价，衡量企业的财务收支和经济活动是否合法、合规、合理、有效。通过全方位、全过程的监督机制，促使董事会、经理层合法、合规、合理、有效地履行职责，促进企业的健康可持续发展。

（2）外部约束机制

外部约束主要包括政府部门和市场竞争对职业经理人形成的有效影响和监督。首先，在依法治国的总体框架下，对法律法规的遵守是企业正常运营的保证。法律法规明确规定了所有者、经营管理者的权力与义务，也规定了所有者、经营管理者的行为底线，对违法行为的追究将随着我国依法治国的推进而更加严格。因此，法律法规是对所有者、职业经理人最严格的外部约束。同时，川菜产业经理人市场逐步发展完善，形成对经理层的有效外部监督。职业经理人的价值将通过经理人市场得以体现，而经理人市场将以业绩历史、业主评价和品德评价为依据。如前所述，社会声誉是对职业经理人的终极激励，也是始终悬在职业经理人头上的达摩克利斯之剑，促使其依法、依规开展经营管理活动，成为有效的外部监督手段。

5 生产与运作——川菜产业转型升级的生产经营路径研究

5.1 川菜企业生产经营系统设计

数字经济时代和中国经济新常态的到来，使川菜产业正面临前所未有的环境变迁。从川菜消费需求看，模仿型排浪式消费正在被个性化、多样化消费所取代。菜品（食品）质量安全、生产和服务创新在刺激餐饮需求方面的重要性显著上升。对于川菜企业而言，传统的生产经营系统已经无法满足消费者个性化、多样化的需求，也无法适应逐渐向质量型、差异化转型的市场竞争。川菜产业需要用现代服务的思维体系来构建生产经营系统，逐步向现代服务业转型升级。

5.1.1 川菜产品及服务的设计和技术选择

消费者个性化、多样化的需求逐渐成为餐饮市场关注的热点。川菜企业也逐渐将新产品和服务的开发与创新作为发展的关键工作。川菜企业要想在激烈的市场竞争中脱颖而出，还需要在川菜产品和服务的设计研发过程和生产流程等方面加大创新力度，借鉴工业制造业成熟的生产运作组织手段，将现代信息技术、产品和服务外包及众包模式应用于新产品和服务的开发中。

5.1.1.1 川菜企业生产运作面临的主要环境变化

（1）互联网广泛应用

2019 年 8 月 30 日，中国互联网络信息中心（CNNIC）发布了第 44 次《中国互联网络发展状况统计报告》。数据显示，截至 2019 年 6 月，我国网民规模达 8.54 亿，较 2018 年底增长 2 598 万；互联网普及率达 61.2%，较 2018 年底提升 1.6 个百分点。其中，农村网民规模为 2.25 亿，较 2018 年底增长 305 万，占整体网民的 26.3%；城镇网民规模为 6.30 亿，较 2018 年底增长 2 293 万，占整体网民的 73.7%。同时，手机网民规模达 8.47 亿，较 2018 年底增长2 984 万；网民使用手机上网的比例达 99.1%，较 2018 年底提升 0.5 个百分点。互联网的广泛应用带来了信息水平的不断提升，海量的数据使企业可以更具针对性地服务于目标人群。互联网的发展已经促使人民生活方式发生了根本性的变化，如互联网理财规模持续扩大，移动支付使用率持续增长，电子商务和社交应用融合不断加深，互联网娱乐迅速发展，共享经济在互联网中应用逐渐加深等。这些都促使川菜企业不断思考，如何在互联网时代精准地获取信息、获取客户并服务客户等问题。

（2）新技术不断涌现

随着全球现代服务业的快速发展和我国“大众创业、万众创新”的逐步深入，大量的新技术应运而生。工业制造领域、智能创新领域、信息传递领域的变革每天都在发生。这些变革意味着一项新技术、一种新服务、一类新模式的诞生，这些新技术的不断出现促使川菜企业必须始终处于学习中，不断调整川菜产品及服务的设计和开发，否则，随时有可能被市场和消费者遗忘。

（3）产品和服务研发难度加大

无论是四大菜系还是八大菜系，川菜始终名列其中。川菜在选料、切配、烹饪等方面长期演变所形成的体系，具有鲜明的四川风味和特色。进入二十一世纪以来，川菜的地位始终受到来自西方烹饪饮食和其他菜系发展的挑战。而对于一个拥有悠久历史文化传承的菜系来说，创新并不是一蹴而就的。对于以川菜为基础，逐步形成产业链的川菜产业来讲，如何进行川菜产品和服务的创新更是产业发展的重点。如何将先进的设计技术、生产技术、质量保证技术融入川菜产品和服务的研发中，需要理论和实践的融合，更需要学科的发展及交叉学科的融合。这些对于任何一个单独的川菜企业来说都是有相当难度的，需要不同类型的川菜企业协同合作，产业链中不同的部门共同努力。

（4）绿色发展问题

创新、协调、绿色、开放、共享五大发展理念，是我国实现转型发展的重要方向。坚持绿色发展，就是要坚持节约资源和保护环境的基本国策。对于川菜产业而言，绿色发展是促进现代化转型的重要标准。在川菜产业的传统发展阶段，产业在用能、用水、排污、排气等方面都没有过多关注，社会上对川菜产业的消耗和排放问题也一直有所诟病。因此，要实现产业的现代服务业转型，就必须依靠理念上、制度上和技术上的创新实现产业的绿色发展，坚持可持续发展之路。

(5) 用户需求多样化及顾客服务问题

消费者是企业的生命，如何在日益变化的市场环境中，有效区分及识别顾客，是川菜产业发展的重要课题。在中国经济新常态和数字经济背景下，消费者日益增长的个性化、多样化需求使得每一个餐饮服务商都无法用以前的旧思维去度量现在的消费者。无论是西餐还是中餐、正餐还是小吃、川菜还是粤菜，都需要不断分析消费需求的变化，改进老产品及服务，开发新产品及服务，不断满足消费需求。同时，由于消费需求的不断异化，顾客服务变得越来越困难，川菜企业在产品及服务的售前、售中、售后都面临着来自消费者多角度的挑战。

5.1.1.2 研发管理

(1) 研发过程

川菜产品及服务的设计开发集合了创新理念、一体化设计思路，在精准了解消费需求的基础上，融入现代信息技术、智能制造技术、人工智能技术，将消费需求抽象化为产品及服务的概念，再为这个概念选择合适的技术手段，进而通过研发、生产及服务满足消费需求。也就是说，川菜产业在进行现代服务业转型的过程中，需要应用现代信息技术进行消费需求的抽象化，同时运用现代技术手段创新产品及服务。川菜产品及服务的设计开发过程可以借鉴卢显文和王毅达（2006）产品开发集成创新的四阶段模型，即概念开发阶段、研究阶段、整合阶段和开发阶段。

①概念开发阶段

川菜产品及服务的设计开发首先需要通过对现有产品及服务的评估和对消费市场的广泛调研，明确现有产品及服务的问题和消费者的现实或潜在需求，并将这些问题和需求的满足抽象形成一种产品及服务概念，包括川菜产品的色、香、味、形、意及服务标准、服务流程等概念。在概念开发阶段需要进行消费者调研，主要可以采用如下方法：A. 观察法，通过观察记录消费者消费产品时的状态（如品尝速度、品尝过程谈论、菜品残余程度、菜品重复下单程度、消费频率、消费量等）以及对服务的要求和评价等情况获得相关结论和预测；B. 访谈法，通过对普通消费者和特殊消费者的深度访谈，了解消费者的需求情况；C. 问卷法，通过对现实消费者和潜在消费者进行问卷调查，了解消费者的需求情况；D. 大数据，通过大数据等现代信息技术手段对消费者用餐行为进行数据挖掘和行为判别，了解消费者需求及行为情况。

②研究阶段

在明确了待开发的产品及服务概念后，需要对此概念进行技术匹配，即进入产品及服务的研究阶段。此阶段可以由川菜企业内部研发部门独立完成或与川菜研究机构联合完成，通过将不同的技术与概念进行匹配，找到适合产品及服务开发的技术手段。将川菜产品及服务作为模块化的对象进行技术集成是研究阶段的关键，在进行技术集成时，可以灵活运用烹饪技术手段、机械技术手段、电气技术手段、生物技术手段、化学技术手段、物理技术手段和信息技术手段。最终，在研究阶段结束时，需要研究出川菜产品及服务的技术模型以供整合和开发。

③整合阶段

川菜产品及服务研发不仅仅是技术手段的集成，还是资源条件、市场竞争、内部管理的整体考量。因此，在概念阶段和研究阶段后，需要将技术模型进行分析整合。首先，判断技术模型的先进性和可行性。新产品及服务的技术模型需要同时满足先进性和可行性条件，达到先进性和可行性的统一。其次，判断技术模型是否符合川菜企业的资源条件（食材或原材料、主厨团队、服务团队、硬件条件等）。第三，判断技术模型是否能够在餐饮市场竞争中达到预设的目标。第四，将技术模型和川菜企业的经营管理体系进行有效整合，形成一个技术上先进可行、资源条件上符合要求、市场竞争上满足需求、经营管理上优化有效的整体产品及服务框架。

④开发阶段

开发阶段是指将川菜产品及服务框架通过必要的新产品开发流程具体化的过程，主要包括产品及服务的设计、产品及服务的工艺规范化、推出试验品及小范围测试、试推广、评估、市场化等过程。其中产品及服务的设计主要是确定产品的色、香、味、形、意等基本特征及服务的目标、流程等基本特征。产品及服务的工艺规范化主要是确定川菜产品及服务所需要的食材或原材料及初加工、烹饪等工艺流程及服务的规范体系。推出试验品及小范围测试主要是指评价川菜产品及服务在一定现实条件下，是否能达到满足消费者特定需求的目的。试推广的主要目的是测试在商业化运作时，川菜产品及服务是否存在影响目标达成的缺陷，同时为川菜企业事先做好顾客服务措施奠定基础。在以上几方面工作的基础上，需要进行川菜新产品及服务的评估反馈，即新产品及服务是否达到了预先的创新目标，是否运用新的信息技术手段进行了预测、开发和生产，是否具有难以替代性、难以模仿性同时为企业带来价值，并做出川菜新产品及服务是否如期上市的决策。经过了一系列开发和评估，川菜产品及服务才能正式推向餐饮市场进行市场化运营，并随时对其经营情况进行评估和反馈。

在川菜产品及服务的研发过程中，需要注意川菜企业内部各部门之间及与外部研发机构的协调和沟通。川菜产品及服务的研发需要多学科、多部门的交叉整合，在学科和部门的交叉整合时，信息的共享和沟通机制是产品及服务创新能否成功的关键。Wheelright 和 Clark（1992）提出了产品开发跨职能团队之间的协调沟通模式。a. 串行单向模式。上游研发团队在完成了本部分研发任务后，将研发成果及相关信息一次性交付下游研发团队，所有成果和信息都是上游向下游流程团队的单向一次性流动。b. 并行不参与模式。下游研发团队在上游研发团队研发过程中介入上游研发进程，但不参与其中。上游研发团队仍然按照自己的时间和流程进度进行研发，待研发完成后再一次性交付下游团队。在此种模式下，下游研发团队虽有一定程度的并行介入，但介入程度不深，不参与也就意味着信息沟通仍不充分。c. 提前参与模式。在上游研发团队进行研发时，会提前与下游研发团队进行早期沟通，下游研发团队提前参与研发。虽然下游研发团队要等到上游研发团队研发完成之后才能全盘接手研究成果和信息，但因为有前期深度介入和参与，下游研发团队可以更快速更准确地开始自己的研发任务。d. 整合研发模式。这种模式将上下游研发团队进行有机的整合，上游研发团队不仅听取下游研发团队参与到研发进程中，而且听取下游研发团队在此问题上所提出的反馈意见，上下游研发团队的任务既分工明确又相互整合，不会相互干扰也不会相互戒备，为了最后的研发目标共同努力。

整合研发模式是现今产品研发过程中普遍采用的信息沟通模式。川菜产品及服务的研发整合了川菜企业内部研发部门和外部研发机构，就某一具体的问题设立研发小组，通过矩阵式的组织结构尽可能多地吸收不同学科背景、不同部门、不同业务流程的专家参与，将设计阶段在一定程度上并行起来，最终研发出有特色、不易被模仿和替代、能为川菜企业带来持续价值的新产品及服务。

（2）研发中的知识获取和整合

知识管理是高动荡外部环境下影响新产品开发成败的决定性因素（朱秀梅等，2011）。川菜企业所面临的环境高度动荡，需求快速变化，这也是川菜品牌不断更新、企业生命周期不长的主要原因。在这样的环境下，如何构建以顾客需求为导向，以知识获取和整合为基础，以现代信息技术为依托的研发网络是川菜企业应关注的重点。川菜产品及服务研发中的知识获取和整合应注意以下几个方面：

①识别川菜新产品及服务研发所需的知识

研究表明知识获取对新产品开发绩效具有显著正影响，并对知识创造和整合也具有显著正影响（朱秀梅等，2011）。因此，川菜产品及服务的研发过程尤其需要关注外部知识的获取。川菜产业研发专家应秉持开放、包容的态度，不仅要学习和吸收川菜领域内的已有知识，还需要识别产业发展所需的新知识，有针对性地去学习和吸收其他产业知识，甚至是与餐饮产业无关的产业知识，并进行创新性的迁移、演进，为川菜产业的创新发展所用。

②注重产品及服务研发过程中的知识整合

对已有知识的整合是新知识的重要来源。对川菜产业领域内已有知识的梳理和分析，将有助于理解川菜的起源、发展和演进，以及特色、优势和不足。将川菜产业领域内已有的零散知识进行扩散、转移、共享和重新组合，作为川菜产品及服务研发新知识来源的基础，将有助于川菜产品及服务的创新与发展。

③关注与评估环境的变化

环境变化越激烈、越迅速，新知识的产生和整合速度就越快。这就意味着快速变迁的宏观和产业环境正给予川菜产业新的挑战和发展机遇。川菜企业应时刻关注和评估外部环境的变化，以及这些变化所带来的知识和技术更新，进行更为精准的市场分析与预判，掌握外部环境变化的本质，采取更具前瞻性的市场和技术战略，提高川菜产品及服务研发的精准度和成功率。

（3）设计原则和绩效评估

川菜产品及服务的最高设计原则是从消费者的角度考虑问题，满足市场需求。然而，在现实条件下很多川菜企业凭着自己对产品的认知和好恶，凭着经理人或厨师对产品的经验和看法，闭门造车式地开发产品及服务。像这样更关心川菜产品及服务的“卖点”，而不是产品及服务的“买点”，很难设计开发出市场欢迎的产品。因此，从消费者的角度出发，川菜产品及服务的设计应遵循以下几点原则：

①需求性原则

设计川菜产品及服务前，要充分调研消费者“买点”；设计过程要充分融入消费者消费意愿，深入分析目标市场特征，挖掘目标消费者需求，有针对性地进行新产品和服务的概念规划，最终设计出消费者需要的产品。

②系统性原则

川菜产品及服务的设计要遵循系统性原则。充分考虑川菜企业的整体性及川菜企业在川菜产业链条中的地位。通过分析、综合与评价决策，发挥长处、补足短板，使川菜产品及服务达到综合最满意，而不是部分满意。

③创新性原则

在同质化现象越来越严重的餐饮市场中，差异化越来越重要。川菜产品及服务的设计必须突破传统思维的束缚，将创新性思维应用于川菜产品及服务的设计过程中，创造出颜色、香味、口味、形状、意境、营养等方面与众不同的产品，以及附加于产品或独立于产品的川菜餐饮服务形式。

④定量原则

传统川菜烹饪过程中，定性的烹饪方式多于定量的烹饪方式，这不利于川菜企业的现代化转型。利用新技术、新设备是川菜企业现代化转型的关键，在川菜企业设计新产品及服务时，需要更多地考虑数据和参数，做到一定程度上的定量。为新技术、新设备的应用打下基础。

⑤检验原则

食品质量与安全是现代社会对餐饮市场的基本要求。这就促使川菜产品及服务的设计全过程都必须正确无误，随时进行审核检验，保证程序和步骤上的准确、高效，竭力提高产品及服务设计质量。

⑥鲁棒性原则

鲁棒（Robust）性原则是指系统的健壮性和抗变性，即产品及服务在异常条件下仍能稳定工作的能力。川菜服务业的重要特性之一就是季节性和时间性，如何在繁忙的季节和时间保持产品及服务的正常状态，是川菜产品及服务设计需要考虑的问题。

⑦绿色可持续发展原则

环境约束已经成为现代产业发展不可忽略的因素，川菜产业在一定阶段表现出了背离环境发展的特性，这不仅不适应新的环境保护要求，也阻碍了产业的健康持续发展。因此，川菜产品及服务设计应考虑环境保护要求，做到绿色可持续发展。

在川菜产品及服务的研发过程前、中、后期，都需要对研发绩效进行跟踪和评价，并根据评价的结果进行控制，使研发工作按照既定的目标前进。川菜产品及服务的研发评价指标体系主要包括四个。a. 速度指标。川菜产品及服务研发的速度指标主要包括川菜新产品及服务引入频率、研发周期、研发时长等。b. 质量指标。川菜产品及服务研发的质量指标主要包括川菜新产品及服务市场契合度、销售占比、销售占比增长率、构思实现比例、顾客满意度等。c. 成本指标。川菜产品及服务研发的成本指标主要包括川菜新产品及服务研发成本占比、废料占比、劳动时间增长率、人员需求增长率、资金占用增长率等。d. 效率指标。川菜产品及服务研发的效率指标主要包括餐饮市场反应灵敏度、设计模型适用度、研发相关部门协同度、关键干系人知识共享度等。

（4）关键干系人知识共享

川菜产品及服务的研发需要多学科、多部门的交叉融合，其研发过程和研发形式类似于复杂产品的研发。复杂产品研发是多学科交叉、多约束、强耦合条件下的多目标优化决策问题，具有客户定制以及产品、技术、目标和研发过程复杂的特性，涉及研发机构、制造企业、分包商、关键供应商、最终用户以及政府管理部门等关键干系人（杨瑾等，2011）。传统川菜产品的更新谈不上产品的研发，基本上是老板或主厨的个人创新行为，没有系统的研发思维和研发过程。川菜产业向现代服务业转型发展的过程中，川菜产品及服务的研发越来越倾向于顾客导向的多学科、多部门协同研发。因此，在川菜产品及服务的研发过程中，需要获取来自与川菜产业相关的多个产业及领域的关键干系人知识，这种知识共享行为将直接影响研发绩效。根据对多个复杂产品研发关键干系人影响因素文献的综合研究，我们认为影响川菜产业知识共享行为的因素可以归纳为如表 5-1 所示的 18 个因素。

表 5-1　川菜产品及服务研发关键干系人知识共享行为影响因素

序号	因素	序号	因素	序号	因素
1	市场竞争强度	7	产权制度	13	契约关系
2	研发依赖性	8	经理人权限	14	企业文化
3	产业政策	9	激励制度	15	学习能力
4	技术复合性	10	共享机制	16	创新能力
5	知识交叉性	11	顾客涉入	17	协调能力
6	研发过程复杂性	12	信息丰富性	18	执行能力

对于川菜企业而言，市场竞争激烈程度是影响关键干系人知识共享行为的首要因素。通常来讲，市场竞争越激烈，川菜企业越容易进行产业间、部门间知识共享，进行合作研发。也就是说，川菜企业处于激烈的市场竞争中，市场环境变化将促使川菜企业进行产品及服务的合作研发。

餐饮企业的生存与发展取决于核心竞争力，只有那种难以模仿、难以替代、具有价值的技术才不会被淘汰。川菜企业在很大程度上是依靠产品及服务的研发，不断推出消费者认可的新产品和服务而生存发展的。因此，其研发依赖性普遍较强，必须不停地进行产品及服务的研发。

政府非常鼓励川菜产业链内的协同研发行为。《四川省川菜产业发展规划（2013—2015）》明确指出，要不断完善川菜产业导向和空间布局，打造成都平原中心川菜区、川东北特色川菜区、长江流域特色川菜区、攀西亚热带特色川菜区、川西北藏羌特色川菜区，重点发展核心产业链，培育壮大龙头企业，实施品牌战略，发展连锁经营模式，大力开拓国内外市场，不断扩大产业规模。同时提出要大胆创新，不断研发品类丰富、特色鲜明、时尚美观、具有浓厚文化韵味的川菜衍生产品，开发具有人文色彩的东坡菜、大千菜、三国菜等各种系列的菜品；结合青城山、峨眉山作为道教、佛教圣地的优势，开发道教、佛教素食菜品。

川菜产品及服务研发具有非常强的技术复杂性和知识交叉性，需要食品科学、烹饪技艺、生物专业、物理专业、餐饮文化、服务技能等多学科、多专业知识、技术、技能的交叉融合。在产品及服务的研发过程中，多技术融合、多知识融合、多团队融合、多方法融合成为川菜产品及服务研发的核心，因此研发过程具有显著的复杂性。

产权明晰是现代企业制度的基石，也是研发与创新的基础。技术研发与创新需要大量的资金投入、复杂的研发管理过程、全方位的沟通与协作、全面的知识和技术共享。如果没有明确的产权归属，没有科学的所有权和经营管理权划分，没有给予职业经理人必要的决策权限，也就无法对资源进行有效的整合，最终技术研发与创新就没有强力的支撑。

研发与创新行为及关键干系人知识共享行为的重要原因是利益的驱动。这就需要保证在利益分配机制设计上科学合理，最大限度地激发各方的积极性，协调各方采取一致的创新行为，避免出现内讧等不利于知识共享和创新行为的现象。利益分配机制是共享机制的核心内容，但不等于全部内容。知识共享机制是一个复杂的系统，需要在协调多方利益的基础上，建立契约关系，协调各方人员、资金、物质、时间等一系列要素，更有效地促进多方协作。

顾客在技术创新与研发中扮演着越来越重要的角色。特别是在服务业中，产品和服务的生产几乎同时进行，消费者实际上已经成为川菜产品和服务生产的参与者。因此，消费者参与、消费者涉入都应是川菜产品与服务研发的重要考量因素。

在当今社会中，高新科技产业飞速发展，互联网及移动互联使得信息的传递的速度越来越快，传递的渠道越来越多，信息的丰富性促使产品及服务的研发工作越来越复杂。因此，信息的丰富性成为影响知识共享行为的重要因素。

企业文化、学习能力、创新能力、协调能力、执行能力是川菜产品与服务研发过程中的主要内部能力因素，直接影响到研发的绩效水平，也影响着研发过程中关键干系人知识共享行为。

5.1.1.3 川菜产品生产及服务流程设计与选择

（1）川菜产品生产及服务流程分类

根据川菜企业针对的不同目标客户，可以将川菜企业的生产服务流程分为三类：根据客户需求和企业资源条件进行生产服务的流程（传统生产服务流程）、根据川菜企业资源条件及生产能力进行生产服务的流程（工业化生产服务流程）、根据客户需求进行生产服务的流程（定制化生产服务流程）。

①传统生产服务流程

该类型的生产服务流程以前店后厂的生产方式为基础，伴随部分中央厨房式生产，以川菜企业资源条件为特定地区顾客提供具有一定差异性的川菜产品和服务。由于顾客需求的差异性，该流程无法采取流水线式的连续生产组织方式，而是根据顾客的需求将生产及服务流程划分为若干生产服务单位（如厨师团队、服务团队），每个生产服务单位负责单件产品的生产和服务。该流程主要聚焦于川菜企业生产服务组织的流畅性，以及菜品和服务的差异性。

②工业化生产服务流程

该类型的生产服务流程以目标市场的规模化为基础，主要通过中央厨房式生产为较大规模的、具有类似消费需求的消费群体生产相同或相似的川菜产品。在工业化生产服务流程中，由于消费群体规模较庞大，不需要过多考虑消费群体的差异性，而应主要关注消费者的同质需求。该生产服务流程主要取决于川菜企业的资源条件和生产能力，将川菜食材、原材料通过流水线生产组织方式进行连续生产。该流程主要聚焦于生产效率、生产成本、营养性、安全性等关键指标。

③定制化生产服务流程

该类型的生产服务流程以特定目标市场为基础，为特定顾客提供定制化的川菜产品和服务。由于需要满足顾客个性化、多样化需求，川菜企业需要在详细的市场细分基础上，将川菜产品及服务进行精准定位，进而进行单件、单项定制性生产。该流程主要聚焦于个性化、品质、按期交货、服务质量等关键指标。

在生活节奏逐步加快，顾客个性化、多样化需求逐步增多，消费市场逐步活跃的环境下，工业化生产和定制化生产这两类生产服务流程在川菜企业中越来越多见。以中餐工业化为代表的工业化生产可以满足顾客快速、安全、经济的餐饮服务，以私人定制为代表的定制化生产可以满足顾客个性化、多样化的需求。

(2) 影响川菜产品生产及服务流程设计的主要因素

影响川菜产品生产及服务流程设计的主要因素是对消费需求的满足。在市场观念的影响和个性化、多样化消费需求的推动下，生产及服务系统需要根据消费需求的变化不断变革。影响川菜产品生产及服务流程设计的主要因素有：

①川菜产品及服务需求的性质

影响消费者对川菜产品及服务的需求类型的因素主要包括：功能性需求、方便性需求、时效性需求、成本性需求、享受性需求、个性化需求。功能性需求主要体现消费者对川菜产品及服务的基础功能的要求，即通常意义上的"吃饱"。方便性需求主要体现消费者对川菜产品及服务的便利性要求，即减轻消费者体力、精力上的付出，让消费者能够在想获取产品及服务时就能方便地获取到。时效性需求主要体现消费者对川菜产品及服务的时间性要求，即减轻消费者时间上的付出，包括信息搜集时间、等待时间等方面，让消费者能够在想获取成品及服务时能第一时间获取到。成本性需求主要体现消费者对川菜产品及服务价格的要求，即减轻消费者货币成本上的付出，让消费者获取到价廉的产品及服务。享受性需求主要体现消费者对川菜产品及服务的品质要求，即通常意义上的"吃好"，主要是提升消费者的消费体验和满足感，在产品的色、香、味、形、意、营养和服务的环境等多方面给予消费者高品质的享受。个性化需求主要体现消费者对川菜产品及服务的特殊要求，在市场经济发展到一定阶段后，消费者都会产生个性化需求，企业主要通过定制产品及服务的方式来满足消费者的个性化需求。川菜企业需要从不同的需求类型中寻找自己的目标市场，设计适合的生产及服务流程。

②自制—外购决策

川菜企业需要从生产技术要求、生产能力、生产成本、生产质量、交货周期等方面进行综合分析，以确定自制和外购问题。首先，川菜企业要考虑产品整体自制还是部分自制。传统川菜企业除了原材料和食材的采购外，所有制作工序都自己完成，能够最大程度保证产品的品质，也增加了生产流程的长度和复杂性，资金占用较大、生产周期较长。在市场经济时代，很多川菜相关半成品都有企业生产经营，给予川菜生产及服务更大的灵活性。现代川菜企业可以通过部分半成品外购的方法减少生产投资、缩短产品设计生产时间。这种模块化设计还有利于产品及服务的创新。

在进行外购决策时，川菜企业必须掌握两点原则。首先，外购的产品一定不能损及自己的核心竞争力，即外购的产品是不影响川菜产品的品质、口感的非关键半成品，关键半成品的设计、生产必须掌握在自己手中。其次，川菜企业必须掌握川菜产品及服务生产与运作全流程的控制权。只有在这两个关键因素不被其他企业掌握的条件下，才能大胆采取外购决策，同时在选择生产及服务流程时考虑外购的影响。

③生产柔性

企业生产系统对消费需求的响应速度就是生产柔性，也就是生产系统对外部市场环境变化的适应能力。对于川菜企业而言，如何在最短的时间内，以最低的成本更换最多的川菜产品品种，以及根据市场变化增加或减少菜品生产产量和服务数量就是生产系统的柔性。川菜产品的品种及需求量可以随着季节、节假日、重大事件的变动而变动，由于川菜企业一般不能通过库存来调节产量，在设计生产及服务流程时，生产柔性是必须考虑的重要因素。

④消费者参与程度

由于消费者参与是餐饮消费的普遍特征，因此在设计川菜产品生产及服务流程时需要围绕消费场景来进行，即场景决定生产，需要将消费者作为川菜产品生产及服务流程组成部分来考虑。同时，川菜工业化生产及标准化生产的消费者参与程度较低，生产及服务流程可以采取更为标准、简洁和高效的设计。

（3）川菜产品生产及服务流程决策

根据川菜产品生产及服务流程的分类及其基本特征分析，符合市场需求且较为成功的川菜企业生产及服务流程基本遵循产品—生产流程矩阵的最优路线（如图 5-1 所示）。对于需要调整生产及服务流程的企业，可以采用产品—生产流程矩阵进行生产流程的调整，以使自己的流程获得最佳效益。

首先，对于川菜企业而言，以消费者为中心的定制化生产柔性最高且单位成本也最高。川菜企业选择这类生产及服务流程时，主要考虑消费者的需要，并针对顾客的需要设计及生产相对应的产品。由于柔性大而成本高，企业需要投入大量的精力去挖掘和满足消费者的核心需求，必须考虑高成本带来的高溢价是否是消费者所能接受的，同时考虑是否有足够多的消费需求以维持企业的生产运作。传统的餐饮服务企业多采取这种生产及服务流程。

其次，以产品生产为中心的标准化生产柔性最低且单位成本最低。川菜企业选择这类生产及服务流程时，主要考虑产品的成本，以成本优化的产品去满足某一大类市场群体的需求。方便食品等商品化餐饮企业多采取这类生产及服务流程。

最后，以速度和部分差异化为中心的批量化生产柔性及单位成本都居中。川菜企业选择这类生产及服务流程时，既需要考虑产品的成本，又需要考虑产品对消费需求的满足度，快餐企业多采用此种生产及服务流程。根据所面对的

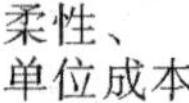

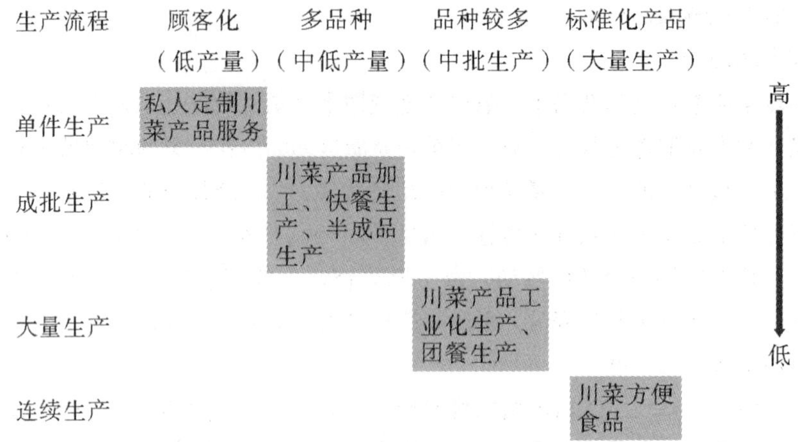

图 5-1 川菜产品—生产流程矩阵

消费群体的不同，以及采用的中央厨房或模块化生产方式的不同，又可分为连锁快餐企业和工业化生产（团餐）企业。

5.1.2 川菜企业生产及服务的设施选址与布置

5.1.2.1 选址决策对川菜企业的影响

选址是川菜企业生产及运作管理中最重要的环节之一。这不仅仅涉及川菜企业本身的生产及运作问题，而且涉及与之相关的消费者参与、供应商、外包商等一系列生产与服务流程的完整供应链问题。

地理位置及其周边环境将直接影响川菜企业的竞争力。第一，选址的好坏决定了需求量的大小。第二，选址的好坏决定了原材料的采购难度、采购成本及品质。第三，选址的好坏决定了劳动力的素质及成本。第四，选址的好坏将影响自制或外购决策，并影响川菜企业的仓储配送模式。最后，选址的好坏还关系到周边环境、社区互动、企业品味、员工状态等一系列问题。正因为企业选址问题的重要性，一旦选址不当将造成难以挽回的损失，川菜企业应将选址问题作为生产与运作的首要问题进行考虑。

5.1.2.2 川菜企业选址决策的基本内容

川菜企业的选址决策主要涉及服务地选址、生产地选址、采购地选址、仓储地选址及综合布局优化问题。主要原则是将市场响应速度和成本控制目标相结合，以取得最优综合绩效。对于川菜企业而言，最核心的是服务地选址，也就是根据所服务的目标市场进行服务设施的选址决策。其他模块选址则以服务地为中心，综合考虑物流配送问题，形成合理的供应链网络。

（1）影响选址的因素

①市场因素

市场因素是影响川菜企业选址最重要的因素。川菜经营的最大特征是贴近消费者，生产及服务涉及了较高程度的消费者参与。因此，目标市场消费者特征是服务地选址的决定性因素，需要在服务地选址前进行详尽的调研。消费者特征调研主要包括：区域客流状况、区域顾客构成状况、目标消费者基本状况（年龄、性别、家庭、收入、职业、民族、宗教、受教育程度等）、目标消费者行为状况、目标消费者心理状况等方面。

②交通因素

交通因素将影响服务地址的可达性。可达性是指利用特定的交通系统从某一给定区位到达活动地点的便利程度，反映了区域与其他相关区域进行社会经济和技术交流的机会与潜力。川菜企业并不仅仅服务于选址的地理（物理）区域，而是服务于目标市场这一市场营销概念上的区域，所面对的目标消费者是否可达，需要在服务地选址前进行调研。可达性调研主要包括：本区域交通组织状况、临近区域交通组织状况、城市公共交通状况、交通设施完善程度等方面。

③劳动力因素

劳动力成本是川菜企业的主要成本，区域内是否有足够数量的廉价劳动力，同时该区域是否有吸引众多高素质劳动力的综合区位优势是川菜企业需要考虑的因素。由于市场竞争状况的变化，个性化、多样化的消费需求成为川菜企业关注的重要方面。受过良好教育及拥有一定技术水平和业务能力的高素质劳动力将是川菜企业核心竞争力的来源。川菜企业选址时必须综合考虑劳动力素质和成本的因素。

④餐饮聚集因素

消费者进行餐饮消费时，除了在本区域就近消费外，往往会寻找餐饮消费较为密集的区域进行消费。因为餐饮消费也是一种选择性消费，消费者倾向于在两家以上甚至更多企业中进行选择，而不是进行非此即彼的消费。特别是当消费者进行享受性餐饮消费时，往往会对餐饮企业的各个要素进行综合评价。这也是为什么会产生美食街及美食聚集区域的原因。川菜企业在进行地址决策时，需要考虑进驻何种类型的美食区域，在美食区域中进行何种定位以及占据什么位置。

⑤物流配送因素

生产地、采购地和仓储地通常不是川菜企业开展服务的目标选址，在考虑响应速度和成本控制的基础上，应更多地考虑物流配送效率及成本。根据所承担业务类型的不同以及与区域协作企业的配合，合理选择企业位置。同时，由于川菜产品的特殊性，需要在不同的环节采用冷链仓储配送或热链仓储配送。因此物流配送问题是川菜企业选址的重要考虑因素。

（2）选址的一般步骤

选址是川菜企业根据自己的发展战略及营销规划，结合选址影响因素，综合分析的结果。一般包含以下三个步骤。

首先，选择某一区域。川菜企业根据自己的发展战略，结合备选区域情况选定自己的经营区域范围。在选定区域时，市场因素和餐饮聚集因素占主导。

其次，选择若干地点。在该区域中选择若干地点，深入研究每个地点的顾客因素和交通因素，同时考虑物流配送及成本因素。

最后，对若干选址方案综合评分。由于选址问题涉及多方面的因素，需要根据川菜企业经营策略的不同，对不同因素赋予不同的权重。再对每一项因素进行综合评分，最后得到适合川菜企业的最佳选址。川菜企业进行地址选择可以采取评分法和加权法进行综合评价。

表 5-2　评分法举例

选址因素	最高分数	候选地址		
		A 地址	B 地址	C 地址
顾客因素	500	420	380	320
交通因素	250	200	170	180
聚集因素	200	125	135	140
劳动力因素	100	80	80	80
物流因素	150	120	110	130
合计	1 200	945	875	850

如表 5-2 所示，根据三个地址的综合得分，该经营地址应选择 A 处。

表 5-3 加权法举例

选址因素	权重	候选地址		
		A 地址	B 地址	C 地址
顾客因素	0.4	80	85	90
交通因素	0.2	70	60	75
聚集因素	0.15	75	70	80
劳动力因素	0.15	60	60	60
物流因素	0.1	90	80	95
合计	1	75.25	73.5	81.5

如表 5-3 所示，根据三个地址的加权得分，该经营地址应选择 C 处。

5.1.2.3 川菜企业设备/设施布置决策

川菜企业要合理安排内部各个生产作业单位的设备/设施布置以及辅助设施的相对位置和面积。川菜企业的生产作业单位有厨房（中央厨房、餐厅后厨）、仓储配送单位（冷链、热链、冷热混合）、接待/服务单位（前厅、连锁经营餐厅）。

（1）影响川菜企业设备/设施布置的因素

①川菜产品的结构及工艺特征

川菜企业需要根据川菜产品的结构，梳理菜品生产的业务流程，再对各业务流程配置科学规范的工艺规程，达到规范化生产并提高生产效率的目标。企业菜品结构和工艺规程对川菜企业的设备/设施布置起决定性作用。

②专业化与协作化水平

川菜企业的专业化水平是以生产菜品种类的多少及工艺类型与方法的单一化程度来衡量的。菜品种类越少及工艺方法越单一的川菜企业，其专业化程度越高。专业化程度越高的企业，生产菜品的效率越高、产量越大、单位成本越低、品质越稳定。川菜企业需要根据自己的专业化程度进行设备/设施的合理安排。同时，由于专业化程度越高的作业单位越需要与其他作业单位进行协作，特别是有外包作业的川菜企业，需要强调顺畅的合作。设备/设施的合理安排需要与选址决策配套进行。专业化程度越高，协作化水平越高，川菜企业的内部设备/设施布置就越简单。

③生产规模

川菜企业生产及服务流程类型不同，生产规模则有所不同。一般来讲，大型连锁川菜企业有多个作业单位，这些单位往往是根据服务市场的不同进行专业化、模块化、分区域布置的，有专门负责生产加工的，有专门服务仓储配送的，有专门组织接待服务的。而中小型川菜企业的生产加工服务都聚集在一个场所内，服务于特定区域顾客。这些都会较大程度地影响川菜企业的设备/设施布置方式。

（2）川菜企业设备/设施布置原则

川菜生产作业单位的专业化原则和形式，影响着企业内外部生产作业的分工和协作关系，还决定了仓储配送的模式及效率，进而影响设备/设施布置。按照川菜企业生产/服务流程的不同类型，川菜企业设备/设施布置主要遵循工艺专业化或对象专业化原则。

①工艺专业化原则

工艺专业化原则是指完全按照菜品生产加工的工艺特征组成相应的生产作业单位，并进行设备/设施布置。在这些生产作业单位内集中布置了相应工作的设备/设施和员工，也就是物走—人/设备留。这种方式常见于连锁川菜企业的中央厨房和接待/服务单位，食材/原材料通过空间上的转移，完成从初加工到烹饪精加工再到提供服务的全过程。工艺专业化生产作业单位具有对菜品品种变化适应能力强、生产系统可靠性高、工艺管理方便等优点。同时具有生产作业流程长、空间转移范围大、仓储物流成本高、非生产作业时间耗费多、生产组织管理较复杂等缺点。

②对象专业化原则

按照菜品生产构建起来的生产作业单位，形成了对象专业化生产。对象专业化形式的川菜生产系统内集中了生产该类型菜品的所有设备/设施和员工，也就是物留—人/设备走。特别是在个性化、多样化消费成为主流的今天，消费者需要的是能够满足某种特定需求的菜品及服务。川菜企业通过对这些类型的菜品及服务组织对象专业化生产，可以提高工作效率，提高生产过程的连续性，提高产品品质，缩短生产作业周期，简化生产组织管理。这种方式常见于传统川菜企业或定制化川菜企业中。

（3）川菜生产和服务设施布置决策

川菜生产和服务设施布置决策需要考虑以下因素：生产作业单位的布置应满足菜品整个生产及服务过程的要求，避免相互影响和低效运输，缩短生产作业周期；生产作业单位与关系密切的协作单位相邻布置，节约物流时间及成本；保证生产作业单位之间的信息传递与交流的顺畅，可采用技术集成的方式；充分利用现有的物流设施及公共设施，如公路、铁路、供水、供电等；尽量减少对社区的环境污染，达到防火、环保等要求；生产作业单位布置应留有扩建的余地。

5.1.3 川菜企业工作设计与作业组织

5.1.3.1 普通工作设计

对于川菜企业来讲，工作设计、工作测量、岗位设计和作业组织等问题始终是阻碍其生产与运作转型的重要方面。传统川菜企业基本没有对工作进行测量、设计，也没有完整的岗位设计，很难发挥人力资源优势。工作设计是生产作业管理的重要内容，也是人力资源管理的核心内容之一。川菜企业的生产运作现代化转型离不开对工作的科学分析及设计。

工作设计是指为了有效组织劳动生产过程，确定一个组织内的个人或小组的工作内容，实现工作的协调并确保任务的完成。它的目标是建立一个工作结构，以满足组织及技术的需要，满足工作者的个人心理需求。工作设计遵循5W1H 原则，即 Why（为什么做）、Who（由谁做）、What（做什么）、Where（哪里做）、When（何时做）、How（怎样做）。在川菜企业中 5W1H 原则就是明确组织目标和员工个人绩效目标，明确岗位所需的知识、技能、特征，明确需要完成的任务，明确完成任务的场所地点，明确任务的开始和结束时间，明确如何工作以达成绩效。川菜企业的工作设计可以遵循以下步骤进行（如图 5-2 所示）：

（1）明确生产任务的作业过程

通过对生产任务的分析，明确作业过程中操作人员的工作流程。需要明确的作业过程主要包括：发现作业过程中不合理的作业手法和操作流程，明确正确的操作程序；发现流程中的浪费并加以改善；对作业时间分配加以分析，为流程改善提供依据；明确各生产任务的作业内容、顺序及目的。

（2）通过分工确定工作内容

在明确作业过程的基础上，对工作进行分工，明确分工后的工作内容，确定工作的具体特征，包括工作名称、工作活动和程序、工作条件和物理环境、社会环境、职业条件等。

（3）明确每个工作者的责任

明确工作者的岗位职责，即确定该岗位所需要完成的工作内容及应承担的相应责任。岗位职责的确定主要包括岗位名称、岗位的职务范围、工作质量、任职资格、岗位间相互关系、岗位性质等内容的确定。

（4）以组织形式规定分工后的协调，保证任务的完成

分工将使生产任务分布到多个工作岗位共同完成，岗位与岗位之间可能存在天然的协作关系。因此，需要以组织规定的形成来确定分工之后的协调问题。否则可能出现互相推诿扯皮的现象。

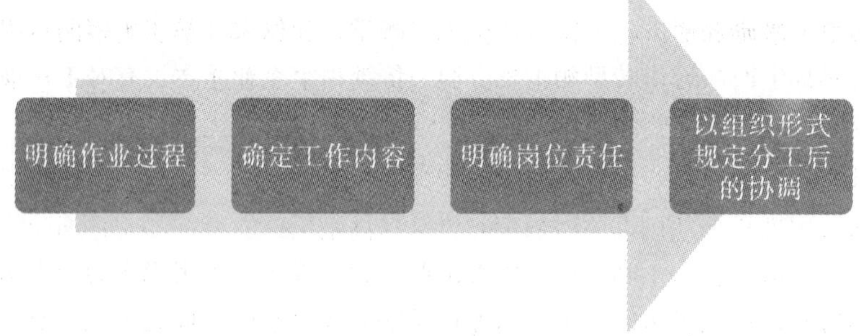

图 5-2　工作设计的步骤

5.1.3.2　创新工作设计

在川菜企业的转型升级过程中，不仅需要规范化和标准化的运作管理，还需要跨越式发展和创新发展，将川菜产品生产及服务的创新设计与工作设计结合起来，如工作扩大化、职务轮换和工作丰富化，以达到激励员工、提高生产效率和服务质量的目的。

（1）工作扩大化

在专业化生产的条件下，无论是厨师还是服务人员，始终重复地进行一项简单的劳动很容易产生职业懈怠，不利于员工创造力的发挥。增加员工工作任务的种类，使其能够负责一个复杂的菜品设计生产或一个服务流程的大部分程序，让他们看到自己工作对消费者的意义，从而提升工作积极性。在消费过程中，可以将厨师或服务人员的姓名和编号告诉消费者，如果消费者对该菜品或服务十分满意并加以赞赏，将极大地刺激员工的成就感，进而提升员工的满意度。同时，工作扩大化会要求厨师或服务人员掌握更多的知识和技能，有利于他们在工作中实现创新。

（2）职务轮换

不同岗位的员工往往负责单一的工作，日复一日可能会对工作产生乏味。同时，由于岗位职责的不同，在沟通时容易出现一定的沟通障碍，岗位之间需要一定的沟通和协调。此时，可以采用职务轮换的方式，让员工相互交换工作，体会不同岗位的难处，可以促进员工对其他岗位员工的理解，提高工作的整体效率。

（3）工作丰富化

工作扩大化主要指员工负责工作的横向扩大，工作丰富化主要指员工负责工作的纵向扩大。工作丰富化是给予员工更多的责任、更多参与决策和管理的机会，给他们带来成就感和满足感。工作丰富化可以使员工更加完整、更加有责任心地去审视自己的工作，明确自己的工作在业务流程中的位置，使员工在工作中得到激励和成就感。同时，由于工作丰富化给予了员工更多的自主权和自由度，员工可能有更大的积极性去采取创新性的工作手段，有利于企业产品和服务的创新。

（4）团队工作

为了更大程度地调动员工的积极性，在高素质、多技能的工作岗位可以实施团队工作模式，如厨师团队、服务团队、管理团队。团队工作方式是由多人共同完成一项生产任务，每人只负责任务的某一部分。在团队内部，自由进行工作内容和责任的分配，辅助以产出效益挂钩的制度，可以极大地提升员工的参与效率和团队的工作效率。团队工作可以采取不同的形式，如解决问题式团队、特定目标式团队、自我管理式团队。解决问题式团队是一种非正式的团队组织，为了解决问题和提出建议方案而形成，只有建议权，没有决策权，可以在生产过程遇到问题时灵活使用。特定目标式团队是为一个问题提供完整解决方案的团队，在川菜生产作业中，可以是为了开发新的菜品，也可以是为了开发新的服务模式等问题而形成，团队成员包括技术人员、服务人员、管理人员甚至高层决策者。由于不负责日常工作，并且有高层决策支持，该类型团队更利于产生创新性的产品与服务。自我管理团队在川菜产业领域中较为多见，也是一种近年来被广泛使用并取得较大成功的管理方式，如在川菜企业中的一个正式的业务部门，如厨师团队、服务团队，该团队有授权体系和组织结构，能够高效地完成既定的任务目标。

5.1.3.3　工作环境设计

工作环境是指人操纵机器设备或利用各种工具进行劳动生产时，工作地周围的物理环境。对于川菜企业而言，工作环境主要包括两个方面，一是厨房的工作环境，二是餐厅的工作环境。厨房的工作环境是完全的生产作业环境，餐厅的工作环境是工作与消费合二为一的环境。工作环境主要包括气候环境、照明与色彩状况、噪声状况三类。《饮食建筑设计标准 JGJ64—2017》对饮食建筑的基地、总平面、建筑设计、建筑设备进行了规范，在建筑设计时，对用餐区域、公共区域、厨房区域、辅助区域设置了规范标准，但并未明确给出气候、照明和色彩、噪声状况的参考标准。

（1）温度与空气状况

厨房及餐厅的温度、空气流通状况、空气污染状况是川菜企业需要面对的工作环境。由于餐厅的温度涉及消费者满意度，川菜餐厅的温度控制一般较好。而厨房的温度控制是餐饮企业面临的普遍难题，中餐比西餐更复杂。由于烹饪方式的复杂多样，川菜厨房的温度控制尤其困难。温度升高会导致工作人员疲劳、瞌睡，从而降低劳动效率，导致出错率上升，严重的还可能造成劳动损伤。人体的舒适温度范围在夏季为 17℃～26.1℃，在冬季为 15.6℃～23.3℃，并且剧烈活动时要求的舒适温度较低，脑力劳动时与休息时接近。厨房的生产作业活动属于较为剧烈的活动，要求舒适温度较低。因此，川菜企业应着力营造较舒适的生产作业温度。

空气流通状况也会影响劳动效率，餐厅及厨房需要在不影响菜品生产及服务的情况下，保持一定的空气流速。在人员不多的房间中，空气流动最佳速度约为 0.3m/s，拥挤的房间中约为 0.4m/s。而在温度、湿度都很高的房间中，空气流速应达到 1m/s～2m/s 为佳。

川菜烹饪方式的多样化致使川菜厨房的有害气体较多，空气污染对工作人员的影响较大。川菜企业应加大对粉尘、烟雾、气体、纤维、蒸汽等有害源的监控，通过科学的手段将污染限制在许可范围之内。

（2）照明与色彩状况

①照明

照明条件直接关系到劳动效率及差错率，在照明强度增加的情况下，可减少眼疲劳状况，提升劳动效率，减少差错率。实验表明，照明条件不好会使人更快产生疲劳，降低劳动效率。舒适的光线条件可以提高人的工作能力，提升记忆、逻辑思维能力，促进良好情绪产生等。因此，川菜企业的厨房一般应照明充分。但是，餐厅的照明设计主要聚焦于餐厅的主题和文化色彩，特别是消费者的主观感受，与厨房的照明要求不同。

在进行厨房照明系统设计时，既要促进工作效率的提升，避免作业损失及事故的发生，又要防止不必要的浪费。合理的工作照明是消除黑暗区域，保持光照的均衡、适度、稳定。国家标准值没有明确规定厨房及餐厅的照度，由于厨房的工作是较为精细的工作，可以参考工业精密制造环境照度要求。

表 5-4　工业场所作业面照度值

视觉作业特性	识别对象的最小尺寸 d（mm）	视觉作业等级		亮度对比	照度标准值（lx）					
					混合照明			一般照明		
					低	中	高	低	中	高
特别精细作业	d≤0.15	Ⅰ	甲	小	1 500	2 000	3 000			
			乙	大	1 000	1 500	2 000			
很精细作业	0.15<d≤0.3	Ⅱ	甲	小	750	1 000	1 500	200	300	500
			乙	大	500	750	1 000	150	200	300
精细作业	0.3<d≤0.6	Ⅲ	甲	小	500	750	1 000	150	200	300
			乙	大	300	500	750	100	150	200
一般精细作业	0.6<d≤1.0	Ⅳ	甲	小	300	500	750	100	150	200
			乙	大	200	300	500	75	100	150
一般作业		Ⅴ			150	200	300	50	75	100
较粗糙作业		Ⅵ						30	50	75
粗糙作业		Ⅶ						20	30	50
一般观察生产过程		Ⅷ						10	15	20
大件贮存		Ⅸ						5	10	15
有自行发光材料的车间		Ⅹ						30	50	75

②色彩

色彩能够在照明的基础上，进一步提升员工的工作状态，激发想象力和创造力。因此，色彩是川菜企业提升劳动生产率、改善劳动环境的有效手段。同时，餐厅的色彩设计主要聚焦于餐厅的主题和文化，特别是消费者的主观感受，与厨房的色彩要求不同。

为分辨不同的颜色，通常用色调（H）、明度（V）和彩度（C）三个要素进行颜色的排列。通常将红（R）、黄（Y）、绿（G）、蓝（B）、紫（P）作为基本色调，将黄红（YR）、绿黄（GY）、蓝绿（BG）、紫蓝（PB）、红紫（RP）作为中间色调，统称 10 色环。每一个色调又分为 10 个等级。

明度是指一定背景下的明亮感觉，在白黑中间分成 10 个等级。

彩度是指颜色的浓淡饱和程度，黑、白、灰等无彩色的彩度为 0。彩度分为 12~14 个等级，当某种颜色达到饱和时，便为纯色。

色彩的标定方法：

V/C＝色调、明度/彩度

如 6.5YR7/6，就代表黄红为 6.5，明度为 7，彩度为 6 的颜色。

色彩对员工的影响主要包括两个方面：对生理的影响和对心理的影响。医学证实，颜色会对人体的机能产生影响，如影响血压、血液循环系统、内分泌系统等。红色会使血液流动速度加快、血压升高、呼吸加快、肌肉紧张，致使身体机能兴奋、不稳定（Changizi 等，2006；Elliot 和 Maier，2012）；蓝色会降低人的血压和呼吸频率，缓解肌肉紧张（Crowley，1993；Shevell 和 Kingdom，2008）。同时，色彩会引起人们心理上的主观反应，人们会通过视觉和心理联想对色彩产生更为丰富的感知（Crozier，1997；Elliot 和 Maier，2014）。色彩对人们心理上的影响主要分为情绪唤醒和认知评价（Walters 等，1982；Crowley，1993）。在情绪唤醒方面，红色会引发人们较高的唤醒水平，提升兴奋和活跃程度，但是会增强人们的消极情绪，进而产生冲动、紧张等主观情绪反应，激发人的攻击性等（Hagemana 等，2008；Pryke，2009）。蓝色会引发较低的唤醒水平，使人感到放松、平静（Kargere，1949；Gorn 等，1997）。彩度越高，情绪唤醒作用越高；彩度越低，情绪唤醒作用越低（Gorn 等，2004）。在认知评价方面，不同的色彩与工作任务类型之间存在匹配关系。红色刺激诱发的回避动机可以使人们更好地把握细节，提升细节任务表现；蓝色诱发的趋向动机使人们更加平静开放，进而提升创造性任务表现（Mehta 和 Zhu，2009）。在人们的认知评价中，黑色通常被认为是邪恶、肮脏的，而白色被认为是纯洁、干净的。人们对不同的颜色也有不同的温度感知，红黄色系常使人联想到太阳和火焰，蓝绿色系常使人联想到海洋和草地，因此将红黄认为是暖色系，将蓝绿认为是冷色系。色彩的明亮程度也会使人产生不同的认知，明亮度高的色彩会给人柔软、轻松、自在、舒畅的感觉，明亮度低的色彩会给人带来坚硬、压抑、不安的感觉（Jraissati 等，2015）。

因此，对于川菜企业而言，应在厨房和餐厅采取不同的色彩方案，以促使生产效率的提升，并为消费者提供更舒适的消费。厨房的色彩一般可以涂成冷色调，降低视觉上的温度，并采用多种颜色方案减轻视觉疲劳。对于需要卫生管理的食品加工单位、饮料加工单位则应更多地采用白色或近于白色的色系。餐厅则应根据目标顾客群体的年龄、性别、职业、生活方式等灵活选择色彩方案，设计色彩和照明主题。对于搬运设备如手推车，应尽量避免使用深色，使用较明快的色彩为佳。

（3）噪声状况

①噪声来源

噪声会对从事生产工作的员工产生不快、不安的影响。在嘈杂的环境里，人们心情烦躁，工作容易疲劳，反应迟钝，注意力不易集中。降低噪声可以给人带来舒适感，精神轻松，减少工作失误，提高精确度。对于川菜企业而言，噪声的控制主要聚焦于厨房。炉灶的燃烧噪声是厨房内最主要的噪声源，同时为了提高燃烧效率，炉灶鼓风机也会产生较大的噪声。抽排系统气流噪声与鼓风机产生的噪声类似，都是空气快速流动产生的噪声。商用电机产生的噪声，主要有压缩机、压面机、和面机，多种设备处于同一个建筑空间内还可能产生共振，使噪声被放大。由于厨房内噪声较大，后厨人员为了便于交流，说话的声音就更大，混杂前面的三种噪声，使厨房空间内充满了使人不悦的各种声音。

②噪声控制

川菜企业应将噪声控制作为降低差错率、提高劳动生产率、提升后厨人员满意度的重要手段，从声源控制——传播控制——接收控制三个方面研究解决。

首先，进行声源控制。声源控制主要体现在厨房规划设计时，充分利用声音产生的原理，给予适当的设计处理，减少设备本身的噪声和振动。研制和选择低噪声的设备，提高机械设备精度和安装技术，合理规划机器设备空间布置，并改进生产加工工艺，是减少噪声产生最根本最有效的手段。

其次，限制噪声传播。后厨的噪声很容易传播到餐厅，使消费者无法在舒适的环境中进餐消费。因此，需要在传播途径上进行阻断和屏蔽，减缓声波的传播，使声源传播的能量随距离增加快速衰减。要达到限制噪声传播的目标，需要在以下几个方面进行改善：①餐厅后厨的总体设计布局要合理，在后厨规划设计之初就预见噪声产生情况，进行合理的分区，利用距离使噪声自然衰减，如果不能阻止噪声的产生，也要余留空间日后进行阻隔处理；②利用建筑内设施设备进行有效阻隔；③利用声源的指向性控制噪声；④在声源周围采用消声、隔声、吸声、隔振、阻尼等局部措施，降低噪声。

再次，接收者防护。对在控制噪声不理想区域工作的厨师和工作人员，可以采用防护用具进行个人防护。常见的防护用具有耳塞、耳罩、防噪声帽、耳孔内塞以及防声棉等，这些用具的使用可以降低噪声 20 分贝至 30 分贝。但是由于后厨高温、高湿、油烟的腐蚀，厨师及工作人员一般不愿采用防护用具。因此要保持防护用具的经常更新，促使高噪声区域工作者佩戴。

最后，可以从劳动组织上采取轮换作业的方式，缩短部分厨师在高噪声环境中的工作时间。

5.2　川菜企业生产经营系统运行

5.2.1　川菜市场需求预测

川菜产业属于服务业，服务业的重要特征是服务不能存储，稍有不慎就可能造成产品和服务过剩或不足从而导致，因此市场需求的预测对川菜企业来说就显得尤其重要。预测是对未来可能发生的情况的预计与推测。川菜企业需要通过科学、准确的市场预测来为战略决策提供支撑，为日常管理活动提供依据。

川菜市场需求预测是指川菜企业对未来一段时间内所提供的产品及服务的需求期望值进行科学的预计和推测，为经营决策、管理决策、计划编制、生产组织、生产控制提供依据。

5.2.1.1　影响川菜市场需求的因素

（1）社会经济发展状态

社会经济发展状态是影响川菜市场需求的首要因素。一般来说，社会经济发展状态正常，则人们的收入水平稳定。随着社会经济水平的发展，人们的收入水平也会稳步提升。改革开放以来，中国的社会经济一直处于快速发展期，人们的收入水平不断提升，对美好生活的追求也越来越强烈。在这期间，川菜产业得到了快速的发展，市场需求不断扩大，市场也在不断细分和提档升级中不断发展。中国现在正处于全面建成小康社会、产业不断转型升级的关键时期，川菜市场需求的预测首先需要分析和预判中国未来社会经济发展的状态和趋势，为川菜企业的战略决策提供依据。

（2）产品及服务的价格

价格是影响市场需求量的主要变量。根据需求定理，商品的价格越低，消费者对该商品的需求量就越大。川菜企业需要在市场细分、目标市场选择及市场定位的过程中，为自己的产品及服务确定所处的价格区间，预测在这一价格区间下的市场需求量。

（3）消费者偏好

川菜之所以长盛不衰，就是因为川菜很好地满足了消费者的需求和偏好，保持了持续的增长动力。川菜在长期以来的社会变迁中保持了相对稳定的发展速度。但中国社会正处于另一个快速变迁期，社会时尚和流行趋势正在快速变化，这些变化都促使消费偏好产生变化。这些变化是有利于川菜产业的发展还是对产业发展形成阻碍，对川菜的需求将会产生什么样的变化，对不同的川菜产品类型和服务类型的需求会产生什么样的变化，是川菜产业需求预测需要回答的问题。

（4）竞争者行为

川菜产业的竞争者众多，有鲁菜、粤菜、湘菜等其他菜系的竞争，也有来自国外餐饮竞争者的竞争。这些竞争者会对川菜市场形成冲击，对需求产生较大的影响。同时，供应商的产品创新及产品价格波动，也会影响川菜产品的创新及价格，进而对需求量产生影响。对这些影响的研究是川菜市场需求预测的重要功能。

（5）区域及时间

随着社会经济的发展，餐饮产品及服务在时间和空间上的消费都发生了较大的转移。川菜消费已经从川渝等区域推广到了全国范围，从国内市场区域推广到了全球市场区域。并且川菜产业在不同地区显示出了不同的市场需求及发展趋势。同时，由于气候原因，川菜的消费也体现出一定的季节差异。因此，对市场区域的研究和季节性因素的研究也是川菜市场需求研究的重要方面。随着生活节奏的不断加快，餐饮消费时间和工作时间高度相关，如何通过工作时间的变化预测消费需求也是川菜企业市场预测的重要内容。

5.2.1.2 川菜市场需求预测的一般步骤

（1）明确预测的目的和用途

市场需求预测的首要步骤是明确目的和用途，包括川菜企业的经营决策、管理决策、研发决策、营销决策、计划编制、生产组织、生产控制用途等方面。不同的用途对预测过程及呈现结果的详细程度有不同的要求。

（2）明确预测的时间跨度

预测可分为长期预测、中期预测和短期预测，川菜企业需要根据预测目的和用途的不同，选择预测的时间类型，确定预测的时间跨度。

（3）选择适当的预测方法及模型

根据预测的目的和用途，选择适当的定性或定量方法。定性预测的方法主要有德尔菲法、主管人员意见法、顾客调查法、销售人员意见汇总法等。定量预测方法主要时间序列平滑模型、时间序列分解模型、因果模型等。

（4）搜集分析数据及资料

搜集已有数据或一手数据，为形成预测报告做准备。川菜企业搜集数据的方式可以是自己搜集，也可以聘请专业公司进行。主要方法有市场调查、大数据分析、消费者深度访谈等。

（5）形成预测报告

通过一定分析预测方法的运用，对已有的数据进行科学的分析，并将市场需求预测报告提交企业高级管理层，为川菜企业进行相应决策提供数据支持。

（6）对预测过程进行监控

检查所采用的预测方法、提出的前提条件以及数据的合理性等。同时，评估需求预测对相关决策的支持，提供信息为需求预测的改进奠定基础，必要时可以对需求预测的目的、方法、模型做适当的调整。

5.2.2 川菜企业生产和服务计划

现代餐饮生产运作的社会化程度不断提高，企业内部分工也不断细化，协作日益紧密，因此需要生产和服务计划来协调指挥企业各部门的活动。

5.2.2.1 能力计划

（1）生产和服务作业能力

生产和服务作业能力是生产和服务系统在一定时间内可以实现的最大产出量和服务量，即采用先进合理的技术组织条件下所能生产一定种类产品的最大数量，或能够服务的最大顾客人数。

对于采用工业化生产或批量生产的川菜企业，生产能力可以用准确的数量概念来衡量。但大多数服务于最终消费者的川菜企业，由于消费者的参与，其运作能力往往只是模糊的概念。因此，对于川菜企业而言，其生产和服务能力对时间和空间的依赖性都较大。从时间上来讲，由于服务不能存储，时间就是川菜企业的刚性约束条件。服务必须被及时消费，否则将直接产生损失。从空间上来讲，川菜企业往往比制造业更接近最终消费者，甚至是直接接触消费者，对空间的依赖性较制造业也更大。这在分析选址问题时已做详细分析，此处不再赘述。同时，由于个性化、多样化的消费日趋成为市场趋势，需求的不稳定性逐渐增加，时间和空间的约束性更为严格。对于川菜企业来讲，其生产和服务作业能力主要从以下几个方面来衡量。

①人力资源

高素质的人力资源是川菜企业最关键的能力要素。由于餐饮行业与消费者的高度接触性，从业人员的服务能力直接关系到川菜企业的生产和服务作业能力，其劳动生产率越高，则川菜企业的生产和服务产出就越有效率。

②生产和服务设施

川菜企业的生产和服务设施不仅仅指容纳设备、操作人员、食材、原材料、半成品等，更多的是指容纳消费者的能力，最直接的衡量指标就是餐厅的面积大小、餐位多少、人均餐位面积等。由于服务业的特殊性，基础设施的完备程度将直接影响消费者的用餐感受，因此如餐位布局、空调、网络、灯光、色彩、卫生辅助设施等都决定了川菜企业的服务能力。

③时间

对于川菜企业来讲，除方便食品和团餐可以有较多的时间柔性之外，时间是大多数现场作业的餐饮产品的刚性限制。通常川菜企业经营的是一日两餐，即中餐和晚餐。在中国的大部分地区，用餐的高峰时段主要是中午 11 点至 14 点，晚上 17 点至 20 点。由于服务空间的不变性，川菜企业的服务能力直接取决于翻台率。

翻台率=（餐桌使用次数-总台位数）/总台位数×100%

翻台率表示餐桌的重复使用率，翻台率越高意味着在有限的空间和营业时间内，能够服务更多的消费者。餐厅可以利用提高出菜速度、提高信息化能力等方式有效提升翻台率。部分川菜企业还通过延长营业时间、开拓新的用餐时间的方式提高整体服务能力。

④服务项目

川菜企业的服务项目多少及类型将直接影响服务能力。通常在既定的空间和时间约束下，服务项目越多，则服务用时越长，服务能力越低；服务项目越复杂，则服务用时也越长，服务能力越低。而服务项目又是消费者满意度的主要来源之一，服务项目越多，消费者满意度越高。因此，川菜企业应在消费分析的基础上，根据自己的目标客户，选择适合经营定位的服务项目。

⑤消费者参与

川菜产业是消费者高度参与的产业，服务的完成需要依赖消费者在接受服务期间的涉入。如消费者的用餐速度直接影响了翻台率，进而影响企业服务能力。消费者参与程度不仅影响川菜企业的服务能力，还影响对服务的满意度，不能仅仅为了提升翻台率而采用促使消费者快速完成用餐的方法（快餐除外），否则只能对企业竞争力起到反作用。

（2）生产/作业能力计划的编制

对于川菜企业生产/作业能力计划编制影响最大的是对市场需求的预测，如果能对市场需求进行较为准确的预测，则对川菜企业计划营业面积、计划营业时间、计划营业种类有积极的意义。对于川菜企业，生产/作业能力计划的编制主要有以下几个方面：

①服务空间计划

服务空间计划是指川菜企业进行服务空间的扩大或缩小的规划安排，以提升或降低服务能力。这是川菜企业生产/作业能力计划最重要的组成部分。通常根据规模经济和范围经济等影响因素，服务空间计划有扩建/减产计划、扩建/撤销分店计划、连锁经营计划等。

②服务时间计划

服务时间计划是指川菜企业进行服务时间上的灵活控制规划安排，以提升或降低服务能力。

③人力资源计划

人力资源计划是指川菜企业在生产和服务人员上的规划安排，主要涉及人力资源的补充更新计划、人力资源使用和调整计划、人力资源发展计划等方面。

④消费者参与计划

消费者参与计划是指川菜企业对消费者服务及消费者参与方面的规划安排，主要涉及营销管理和管理模式上的计划。

5.2.2.2 处理非均匀需求的策略

在川菜企业生产和服务计划的编制过程中，需要解决非均衡需求的问题。餐饮市场的波动是必然的，这种波动可能来自社会经济状态、季节因素、天气及气温状况、节假日因素等多方面。而川菜企业的生产和服务能力又是相对稳定的。非均匀需求的处理就是解决生产和服务能力与需求的不平衡问题。

（1）调节需求

①价格调节

通过价格调节需求是基于供求定理的基本选择，很多企业都采用过价格手段对需求进行调节。对于川菜企业来讲，可以采用价格差别的方式使高峰时段的需求向低谷时段转移。削峰填谷的方式不仅可以平衡生产和服务，使其尽可能均衡化，还可以使高峰时段的收益得以提升，保证消费者满意度。

②预约消费

通过接受预约的方法，川菜企业可以提前准备相应的食材或原材料，提前安排生产和服务人员，提前规划餐厅场地需求。预约消费可以较好地解决消费高峰时的服务问题，还可以较大程度地节约成本，提升服务质量。在采取该方法的同时，还可以为预约排队的消费者降低产品和服务单价，或降低服务费的方式，甚至为提前预约的消费者设置不同的优惠比率，越早预约的消费者优惠越大，鼓励广大消费者积极采取预约排队的方式进行消费。消费者预约后，一定会出现部分消费者由于各种原因不按预约时间履行的情况。对于预约后消费者爽约的问题，企业可以通过设置一定的消费者费用损失来减少这种情况的发生，或根据爽约的大数据分析，进行一定数量的超售，以弥补客户爽约带来的损失。

③刺激并开发低谷需求

川菜企业可以对餐饮市场和自身数据进行分析，通过分析结果对消费低谷时段进行合理划分，将低谷时段企业能供应的菜品和服务与消费需求结合在一起，创造新时段的新需求。均衡生产和服务的同时，获取了新的消费者，提高了企业收益。

④限制销售

由于餐厅的餐位是有限的，生产和服务人员也是有限的。如果发生高峰时段消费者到达过于集中的情况，则可能对生产和服务设施产生不正常损耗，对生产和服务人员的精力造成过大的压力，导致菜品质量和服务水平的下降，进而导致消费者满意度下降。因此，川菜企业可以在高峰时段采取限制销售的方式，根据企业的生产和服务能力，设置一个合理的最佳服务容量。最佳容量以下，消费者可以得到最舒适的服务，超出了最佳服务容量，消费者就会产生不满。川菜企业在超出了最佳服务容量时，就开始采用限制销售。限制销售后，还需要通过一些方式缓解被限制顾客的心理不满，如赠送小礼品、设置舒适的等候位等。

⑤固定时间表

对于进行工业化（团餐）生产的川菜企业，可以通过固定时间表的方式来满足消费需求，进而达到均衡生产和服务的目的。如设置固定的 11 点、11 点 30 分、12 点、12 点 30 分、13 点等不同的时间来提供不同的菜品，需要不同菜品和服务的顾客可以自动选择不同的时间进行消费。同时，企业可以通过大数据分析，判断哪些点位的客流量大，并对不同的点位进行平衡。

（2）调整产能

①合理设置劳动力数量

由于川菜市场消费需求的季节性和时间性差异较大，企业可以在不同的接待任务负荷状态下，雇佣一定数量的临聘人员，以减轻高峰时的工作压力。由于临聘人员没有经过专业的训练，也没有工作经验，很难担任较复杂的技术性工作，一般将通过简单观摩和短期训练就可以上岗的工作交给临聘人员来承担。

②合理的工作班次

川菜企业通常需要每天营业，甚至是全年无休，在这样的工作背景下，需要合理安排工作班次和人员数量。将生产效率高和技术能力强的人员安排在高峰时段，将普通工作人员安排在平峰或低谷时段。同时，通过大数据分析一周内的高峰、平峰、低谷时段，以及季节上的高峰时段，以此为依据合理安排休息时间，特别是高技能性的关键员工休息时间，以保证其工作效率和工作满意度。

③合理均衡忙闲工作安排

由于川菜市场消费的时间性特征，平日高峰时段和季节性高峰时段都有一定的规律。可以在接待任务重时让员工加班加点，在接待任务轻或没有接待任务时参加培训，以提升工作效率和工作能力。

④对工作进行模块化设计

川菜企业生产能力调整最大的障碍是时间和空间上的约束。由于服务的不可存储性，导致川菜企业无法通过调整库存来调节产能。但川菜企业可以通过对不同工作进行模块化设计，同时在模块内部采用专业化理念，使模块内部生产和服务效率提升，模块与模块之间实现更优化的组合配置，以提升生产和服务能力的柔性。

⑤外包

模块化设计的另一个优点就是能够明确找出哪些环节是川菜企业的核心竞争环节，哪些环节是可以被有效替代并节约时间和成本的环节。可以被有效替代又不至于影响川菜企业核心竞争力的环节可以采用外包的形式。利用其他生产企业的产能去生产部分产品，无形中扩大了企业的产能。同时，由于模块化生产组合配置的优点，可以使川菜企业为消费者提供更加个性化和多样化的产品和服务。

⑥消费者参与

消费者参与服务是川菜产业生产和服务的重要特征。川菜企业可以通过消费者自我服务的方式来提升生产和服务能力，如自助及半自助等方式。消费者的自我服务可以使产能随时与需求同步，不需要额外增加产能。研究发现，消费者参与可以提升消费体验，有利于消费者满意度的提升，有利于企业差异化服务的形成。

⑦将固定产能变为可调节产能

川菜餐厅的包间、大堂通常是固定的，这就需要十分准确的需求预测，包间和大堂的比例设置好后，一般很难调整。而新型的设计理念是可调整式餐位，即通过较短时间（通常是一个夜晚）就可以重新设置餐厅各类型餐位的比例。这样可以根据需求的变化，灵活地调节产能。

⑧分时共享

川菜企业不仅可以设置不同的餐位比例，还可以通过餐位性质的变化，改变川菜经营产品的性质。这样可以更有效地满足需求的变化并合理利用时间。当一种类型的需求服务结束后，另一种类型的需求才刚刚开始。川菜企业可以将餐厅或后厨租赁给他人经营，最大限度地利用硬件设施。

⑨培训多技能员工

不论是后厨人员，还是前厅服务人员，如果具备多种技能，则可以极大地提升川菜企业的生产和服务柔性，在超负荷和负荷不足间灵活配置，更大限度地使人力资源得到合理使用。这就需要在空闲时对员工进行多种技能的培训，同时辅助岗位轮换、工作扩大化和工作丰富化方式，对员工进行综合技能的锻炼。

5.2.3 川菜企业供应链管理

供应链管理（Supply Chain Management，SCM）是一个不断发展的概念，早期曾经有学者称之为有效用户反应（Efficiency Consumer Response，ECR）、快速反应（Quick Response，QR）、虚拟物流（Virtual Logistics，VL）及连续补充（Conti-nuous Response，CR）等。供应链管理的主要目标就是以系统地对多个职能和多层供应商进行整合，并管理外购、业务流程和物料控制（Monczka 等，1988）。在供应链管理的过程中，需要加强发展伙伴之间的战略关系，增强需求与销售信息的共享，提升对物流过程的控制（Londe 和 Masters，1994）。同时要保证供应商物流尽可能满足顾客需求，保证对顾客较高的服务水平及低库存、低成本等目标之间的协调。因此，供应链管理是一组有效整合供应商、制造商、批发商、承运人、零售商和顾客的协同决策及活动，以将正确的产品或服务以正确的数量在正确的时间送到正确的地点，以最低的系统总成本满足顾客需求（Ling Li，2007）。从供应链管理的描述和定义来看，供应链管理主要涉及需求、计划、物流、供应、逆向物流五个领域，同时注重战略性供应商和客户关系管理、供应链产品需求预测与需求管理、供应链网络结构设计、企业内部各部门及企业之间的物流需求与供应管理、基于供应链的产品设计与制造管理、基于供应链的客户服务和物流管理、供应链资金流管理、逆向物流管理、基于互联网/物联网的供应链信息流管理等方面（马士华，2017）。

随着社会经济的发展，消费者对川菜产品和服务质量的期望越来越高。消费者已经不满足于吃饱的需求，而是希望按照自身要求定制川菜产品和服务。

因此，川菜企业比以往任何一个时候都需要针对特殊消费需求提供“一对一”的个性化服务。这就需要川菜企业利用现代信息技术，通过业务流程的改造及信息技术的集成，与供应商构建相互协同的联盟机制，以电子商务为载体，在复杂多变的市场需求中赢得核心竞争力。也就是说，川菜企业需要在以下几个方面树立供应链管理的理念：

第一，消费者理念。供应链管理的核心是以消费者为中心，所有的业务都是围绕消费者满意度的提升来展开的。川菜企业应摒弃以前的生产观念、销售观念，以消费者的视角来审视生产和服务环节。

第二，整合理念。将供应链中的合作企业作为一个整体来看，即从供应商到消费者的采购、生产、分销、服务等全部过程。

第三，协作理念。需要与供应链中的合作企业共同构建提高生产效率和顾客服务水平的框架，实现高效的战略协作关系，而不是传统意义上的买卖关系。与合作企业的合作主要包括两个方面：一是共同开发，成果共享；二是各自成为供应链中的一环，合作互补。

第四，核心竞争力理念。在供应链体系中，强调分工协作、优势互补，而在分工后的专业化生产中很容易失去自身的核心竞争力。川菜企业需要明确企业的核心竞争力来源，狠抓核心资源，进而提升核心竞争力。只有拥有了核心竞争力，川菜企业才有可能并有胆量将非关键业务外包出去，获得效率优势。

第五，连续性理念。供应链体系中，强调资金流、物流、信息流、业务流等“流动”的集成。“流动”意味着连续，意味着企业内部各部门无障碍协作和与外部各企业之间的无障碍合作。川菜企业必须摒弃各自为政的思想，将企业及业务流程纳入生产服务流中，实现整个供应链的协调运作。

第六，现代信息技术集成理念。现代信息技术集成是现代供应链管理的基础，也是川菜企业实现现代转型的必由之路。因此，川菜企业应狠抓信息化建设，以信息化带动经营管理方式的转变。

5.2.3.1 川菜供应链设计构建与优化

（1）供应链设计与构建原则

川菜供应链的设计，需要遵循一定的原则，以符合供应链管理的理念和思想。

①自上而下和自下而上相结合的原则

在川菜供应链的设计与构建中，最重要的是整体性和可行性。从整体性角度来看，需要将全局性的方案分解到局部，即由高层根据企业发展战略并市场需求状况，做出战略决策并制定战略规划，逐步分解到每一个战略部门。战略部门根据所处的环境和条件进行更为详尽的分析、执行，向上反馈执行的状态和问题，即向上集成的过程。

②简洁性原则

由于市场需求的特殊性，川菜供应链的设计与构建需要首先实现快速响应的目标。这就要求川菜供应链的每一个环节都简洁、高效，可以实现模块化及快速组合。如川菜企业应该建立少而精的供应商体系，与供应商建立战略伙伴关系，根据需求快速调整采购品种和采购量，并降低采购成本。

③集优原则

川菜供应链各节点相互组合合作的目标是实现资源互补。川菜企业应将精力放在发展各自的优势核心业务上，最终实现强强联合。

④协调性原则

川菜供应链是否能达到应有的效益最大化目标，主要取决于是否能建立起和谐有效的战略协作关系。只有协调的系统才能将供应链各个环节的积极性、创新性调动起来，达到整体优化的目标。

⑤动态性原则

餐饮市场需求复杂多变，而供应链本身往往会因为各种原因缺乏效率，如牛鞭效应、曲棍球棒效应、双重边际效应等。川菜供应链设计和构建就应充分考虑各种不确定因素给供应链带来的不利影响，尽量减少信息传递的失真，提高信息传递速度和效率。

（2）基于川菜产品和服务的供应链设计步骤

在供应链中，生产和流通的成本主要取决于产品的设计。因此，在川菜产品和服务设计之初，就以供应链的思维来进行，可以有效降低生产和服务作业成本，提升作业效率。基于川菜产品和服务的供应链设计步骤主要有以下方面。

①分析市场竞争环境

从餐饮市场需求的角度去分析川菜企业要开发的产品及服务是什么，产品及服务的类型和特征如何。特别是以供应链的思维去审视市场需求，即该市场需求的消费者是谁、竞争者状态、替代品状态、供应商状态等。

②分析现有供应链

分析川菜企业现有供应链的状态，针对将要开发的产品和服务，寻找现有供应链存在的问题并开发新川菜产品和服务的障碍。

③提出设计项目

针对新川菜产品和服务的设计和生产，提出该产品和服务供应链设计项目，分析该项目的必要性。

④提出设计目标

根据基于川菜产品和服务的供应链设计策略提出供应链设计的目标。主要目标在于提高消费者服务水平、降低单位顾客成本和提高生产和服务效率目标之间的平衡。同时考虑开发新的目标消费群体、开发新的菜品和服务、提高消费者满意度、寻找新的供应商、整合营销渠道等方面的目标。

⑤提出供应链的组成及基本框架

根据供应链设计目标，构建基于川菜产品和服务的供应链体系，主要包括供应商、战略合作伙伴、营销渠道商及消费者的选择及定位。

⑥可行性分析

结合川菜企业现有供应链状况，分析和评价供应链设计的技术可行性。如果新的供应链体系在技术上不可行，则要重新提出设计项目或重新设计基本框架。

⑦新供应链的设计和构建

在技术可行性的基础上，利用供应链设计工具和技术，进行供应链成员的组成设计、食材和原材料来源设计、生产和服务设计、销售渠道设计、管理信息系统设计、物流配送系统设计等。

⑧检验新的供应链

供应链设计和构建之后，需要通过一定的检验方法和试运行来检验新供应链的效率和成本，如果一切正常即可投入运行，如果有问题则需要改善或重新进行设计。

（3）川菜供应链运作系统管理模型框架

供应链管理运作系统结构框架模式多样，根据马士华（2017）对供应链运作结构模型框架的属性定义，结合川菜产业的特征，我们将川菜供应链运作系统管理模型化为分三大类 12 个类型（表 5-5）。

表 5-5　川菜供应链运作系统管理模型框架

流程运作能力	
A1 客户需求管理	川菜供应链运作系统以消费需求为核心，可以促使供应链各环节深刻理解消费者，努力为消费需求提供解决方案，提升顾客让渡价值，提升对市场变化的反应速度，提升服务水平。
A2 有效物流配送	有效物流配送是川菜产业的核心能力之一，快速低成本的物流配送决定了良好的消费体验。

表5-5(续)

A3 生产和服务计划	生产和服务计划有利于更好地进行均衡生产，降低成本，提升消费者服务水平。
A4 生产和服务过程	对生产和服务过程的管控可以更好地控制菜品品质，减少损耗，提高效率。
A5 供应商管理	选择少而精的战略合作伙伴，将供应商作为川菜供应链的关键环节，实现价值和成本的最优化。
A6 集成绩效评价	保证川菜企业的经营目标转化为有效作业及财务目标，有效地分析和评价供应链绩效，以及供应链系统为消费者和企业带来的价值提升。
信息技术	
B1 信息系统集成	信息系统集成是川菜供应链系统现代化的重要标志，及时、准确、有效的信息传递和管理为消费需求的满足奠定了基础。
B2 先进技术采用	保证管理供应链的新方法和新技术。
B3 产品和服务设计	基于川菜产品和服务进行供应链的设计与构建，兼顾消费需求的满足和供应商经营诉求的响应。
组织能力	
C1 集成供应链管理	将川菜企业内部业务流程和外部协作流程有机地结合在一起，对供应链进行整体管控，明确沟通协调机制，提升协作效率。
C2 团队工作	通过团队工作的模式来解决个体绩效与集体绩效的关系问题，同时解决内部个体和外部个体的关系问题。
C3 敏捷组织结构	根据川菜供应链整体需求，对组织结构进行梳理和革新，以适应跨部门、跨企业、跨流程的协作。

5.2.3.2 川菜供应链伙伴关系的建立与评价

川菜企业需要与供应商建立起新型的伙伴关系。传统的供应商关系主要是以价格为核心的物料买卖关系，而新型的供应链伙伴关系主张长期的战略性合作，强调相互之间信任协作，共同解决问题，响应消费需求。

建立新型的伙伴关系可以使川菜企业和供应商实现双赢。对于川菜企业而言，不仅可以建立长期稳定的采购源，实现高折扣及低成本，提高进货质量、缩短进货周期，还可以促进供应商改进生产以提供差异化的原材料，同时实现更快的消费需求响应。对于供应商来说，可以赢得长期稳定的客户，促进理解消费需求，提高生产作业质量，实现规模经济，提升生产柔性，进而通过长期稳定的关系实现更高的利润（降低交易成本及转换成本等）。同时，对于战略伙伴双方来讲，可以共担风险、共享利益，共同进行产品和服务的技术革新，减少外部因素对生产和服务的影响，降低投机思想和投机概率，降低管理成本并提升资产利用率。

（1）合作伙伴选择的影响因素

供应商是川菜供应链的重要组成部分，合作供应商的选择会受到很多因素的影响，主要包括：

①价格因素

食材或原材料供应商所提供的食材、原材料或半成品的价格将会影响川菜企业战略合作伙伴的选择，特别是影响该部分采购要素在川菜企业中所占的份额，份额越高，则影响因子占比越大。

②质量因素

食材或原材料及半成品的质量对最终川菜产品的品质有极大的影响，而川菜产品的品质直接关系到川菜企业的消费者满意度，甚至是商誉，川菜企业对此应十分关注。同时，不同的供应商在品控上的差异较大，质量因素将是川菜企业选择合作伙伴的重要影响因素。

③交货准时性因素

对于川菜企业来讲，食材或原材料的准时准确供应是正常开展生产服务的关键。由于川菜企业所需要的食材或原材料基本上属于生鲜产品，很难进行有效保存，大部分产品库存为零。如果供应商交货准时率达不到要求，则会严重影响川菜企业的正常经营。这会引起大量的紧缺或浪费甚至是供应链崩溃。因此，交货准时性因素对川菜供应链合作伙伴的选择尤其重要。

④品种柔性因素

在消费个性化、多样化成为常态的背景下，川菜企业的菜品及服务必须不断改进以满足消费者不断变化的需求。同时，川菜企业要不断改进生产和服务流程，提高生产能力的柔性。因此，供应商提高产品的柔性将影响川菜企业生产及服务的柔性，以及川菜产品的种类。

⑤研发能力因素

川菜企业立足市场的核心竞争力之一就是不断开发新菜品和新服务。产品的创新不仅仅取决于关键员工的创新及企业内部部门的创新，还必须依托供应链的整体创新能力。供应商对产品的研发水平直接影响川菜企业的研发水平，则一个有竞争力的川菜供应链要求供应商也具备强大的产品研发和设计能力。因此，供应商的研发能力也是选择合作伙伴时的重要影响因素。

⑥特殊工艺能力

川菜企业的核心竞争力还来源于对独特资源的掌控。供应商如果采取了独特的加工工艺，使食材/原材料及半成品能发挥与众不同的使用价值，那将被纳入川菜企业选择合作伙伴的优先考虑范畴。

⑦其他影响因素

供应商商誉、财务状况、经营管理能力、信息化程度、地理位置、生产技术水平等因素都可能影响川菜企业的选择，需要进行综合考虑。

（2）合作伙伴选择的综合评价指标体系

对于合作伙伴的选择，Dickson（1966）提出了供应商选择的标准，将质量、交货、历史效益等23项评价指标划分为极其重要、非常重要、一般重要三类，如表5-6。

表5-6 Dickson供应商选择标准

排序	准则	均值	评价
1	质量	3.51	EI
2	交货	3.42	CI
3	历史效益	2.00	CI
4	保证	2.84	CI
5	生产设施	2.78	CI
6	价格	2.76	CI
7	技术能力	2.55	CI
8	财务状况	2.51	CI
9	遵守报价程序	2.49	AI
10	沟通	2.43	AI
11	商誉	2.41	AI
12	业务预测	2.26	AI
13	管理与组织	2.22	AI
14	操作控制	2.21	AI
15	维修服务	2.19	AI
16	态度	2.21	AI
17	形象	2.05	AI
18	包装能力	2.01	AI
19	劳动关系记录	2.00	AI

表5-6(续)

排序	准则	均值	评价
20	地理位置	1.87	AI
21	以往业务量	1.60	AI
22	培训	1.54	AI
23	往来安排	0.61	AI
其中，EI 为极其重要，CI 为非常重要，AI 为一般重要			

Yahya 和 Kingsman（2002）提出了质量、响应、纪律性等 8 项供应商选择标准，见表 5-7。

表 5-7 Yahya 和 Kingsman 供应商选择标准

序号	一级指标	权重	二级指标	权重
1	质量	0.246	顾客拒绝度	0.696
			工厂审计	0.304
2	响应	0.031	紧急交货	0.413
			质量问题	0.587
3	纪律性	0.036	诚实	0.671
			程序遵循度	0.329
4	交货	0.336	—	—
5	财务状况	0.067	—	—
6	管理	0.048	态度	0.795
			业务技能	0.205
7	技术能力	0.084	技术问题解决能力	0.841
			产品广度	0.186
8	设施	0.152	机器设备	0.67
			基础设施	0.13
			布局	0.20

（3）合作伙伴选择评价原则

①系统全面原则

对合作伙伴的选择评价必须本着系统全面的原则，在选取指标上考虑各方面的指标，并为各方面指标设置权重，以反映合作伙伴的综合水平。

②科学简明原则

指标体系不宜过于庞大，指标详略要得当。指标过粗不宜操作，难以反映合作伙伴的实际情况，指标过细容易将注意力吸引到细枝末节上。

③稳定可比性原则

评价指标体系的设置应多借鉴和对比国内外其他指标体系。

④灵活可操作性原则

评价指标体系应具有足够的灵活性、包容性和可扩展性，以便川菜企业能够根据不同时期和状态下的实际情况，对指标进行综合运用。

结合以上指标体系及川菜企业选择合作伙伴的影响因素进行综合分析，并且经过现场调研及专家访谈，川菜企业供应商选择标准可以确定为以下几个方面，如表 5-8 所示。

表 5-8　川菜企业供应商选择标准

序号	一级指标	二级指标	指标说明
1	质量	食品安全标准	执行国家标准情况
		质量保障体系	食品质量保障体系情况
		生产加工设备	生产加工设施设备完善程度
2	价格	价格竞争优势	与同类供应商的价格差别
		物流配送成本	物流配送环节的费用控制
		关系维护成本	维持伙伴关系所需成本
3	交货准时性	到货时间准时率	产品交付时间准确率
		物流配送准确性	产品交付品类、数量准确率
		到货质量达标率	产品交付质量达标率
		订单响应时间	对订单的快速响应能力
		紧急交货准确率	对紧急订货的快速响应能力
4	品种柔性	生产品种多样性	产品品种的多样性
		品种转换时间	订货品种转换周期
		转换质量达标率	订货品种转换质量保证率

表5-8(续)

序号	一级指标	二级指标	指标说明
5	研发能力	生产技术先进性	生产技术水平在同类企业中状况
		物流配送先进性	物流配送水平在同类企业中状况
		技术问题解决能力	问题、事故处理能力
		研发投入状况	对研发的重视程度及投入比例
6	特殊工艺能力	生产加工设备设施	生产加工设施设备特殊性
		物流配送管理机制	物流配送管理机制特殊性
		特殊加工工艺状况	特殊加工工艺在同类企业中状况
7	商誉	合同履行状况	历史合同履行状况
		程序遵循状况	历史程序遵循状况
		历史合作状况	与被企业及其他企业历史合作状况
8	管理与组织能力	人才引进及使用状况	对人才的重视程度及人才储备状况
		信息化程度	信息化软硬件及管理状况
		财务状况	资金实力

（4）处理好供应链合作伙伴关系的若干问题

川菜供应链的良好运行是以供应链成员之间的相互协作及相互信任为基础的。川菜企业及供应链成员之间需要共享大量信息，甚至是生产和服务作业计划。因此，川菜供应链需要川菜企业及供应链成员具有强烈的合作意愿和协同意识，形成风险共担、利益共享的战略共同体，共同去解决面临的问题。处理好供应链合作伙伴关系应注意以下四个方面的问题：

①合同问题

合同是伙伴间合作的基础，川菜供应链关系需要依靠合同来规范行为，规定相互之间的权利与义务。川菜企业需要签订旨在与合作伙伴构建战略合作关系的长期合同，明确双方的关系、行为规则及未来发展愿景，这种合同一般是框架性的。因此，还需要签订具体的事务性合同，如采购合同、订货合同、共同研发合同等。

②知识产权问题

川菜供应链是以成员间相互协作及信任为基础的，供应链成员间可能形成非常深度的合作，甚至相互了解或掌握关键技术，共有或共享商标、商誉。在这样的背景下，如果有一方采取了超出合作范围的行为，将给另一方或多方带来难以挽回的损失。因此，川菜供应链成员应更加注重商标、专利、专有技术的保护，明确使用范围和行事规则的同时，保护核心竞争力不受侵犯。

③利益协调问题

如果川菜供应链运作效率不高，就会导致牛鞭效应、曲棍球棒效应、双重边际效应等问题。川菜供应链应明确供应链企业间利益的合理分配。因为供应链成员实质上是一个整体，如果成员过于强调企业自身利益，则会牺牲供应链的整体效率。供应链定价问题是供应链利益协调的首要问题，供应链成员间相互非常了解成本构成，如果采用成本定价，则很难促进供应商改进生产系统、采用新技术和新模式。虽然创新可以掌握核心技术及资源，但这种超额利润在供应链内是不容易被认可的。同时，负责进行供应链优化的成员，会承担优化成本，可能会享有优化带来的利益，也可能承担优化成本而获益不大，而获益更大的是没有承担优化成本的企业。这些都是供应链运行过程中需要协调的利益问题。

④供应链的组织协调问题

供应链内部的协调运行机制是供应链高效运作的先决条件。事实上，供应链内部问题很多都无法上升到法律的层面来解决，川菜企业为了实现供应链的有效运作，可以联合供应链上的多个关键成员，共同建立协调机构，有效协调供应链运行过程中成员间的矛盾和利益。

5.2.3.3 供应链管理环境下的采购管理

有效的食材或原材料及半成品采购是川菜企业形成竞争优势的重要来源。对于川菜企业而言，食材或原材料及半成品的采购成本占总成本的比例很大，而且其质量直接影响川菜产品的质量，进而影响消费者满意度。因此，川菜企业需要高度关注并控制采购过程。

采购活动是链接川菜企业和供应商的纽带。川菜企业根据对消费需求预测制定生产和服务计划，再根据生产和服务计划提出食材或原材料及半成品需求计划，再根据需求计划制定食材或原材料及半成品采购计划。采购部门经过一系列的询价、比价过程，选择供应商，签订供货合同，收货，检验，入库，最终将生产和服务所需的食材及原材料采购到位，并且将川菜企业与供应链紧密联系起来。

（1）川菜企业采购存在的问题

采购模式主要有传统的不透明采购方式、公开招标采购方式、电子商务采购方式。传统的中小型川菜企业多采用不透明的采购方式，大型的川菜企业、工业化（团餐）生产企业、方便食品生产企业基本采用公开招标采购及电子商务采购的模式。在我们对川菜企业的调研中发现，大多数传统川菜企业采用的不透明采购方式暴露出了较多的问题。

①没有采购成本管理系统

传统川菜企业通常没有成立基于供应链的采购部门，而是将采购职能简化为一个普通的部门，基本没有对采购品种进行分类管理，更没有对供应链的管控能力。

②供需双方信息不对称

传统川菜企业没有与供应商形成有效沟通，为了保持自身的竞争力，基本没有与供应商分享信息，自身对供应商的信息了解也相对较弱。

③采购部门相对独立

采购部门仅仅负责简单的采买业务，没有对市场需求变化的感知和预测能力，也不了解川菜企业内部的生产和服务作业流程，缺乏与其他部门的协调。

④供应商管理过程基本缺失

川菜企业多以买方市场的立场与供应商沟通，与供应商关系仅处于交易层面，不注重深层次合作关系的构建和培养。业务工作方面仅限于新建供应商、供应商流失后填补供应商等方面，没有建立供应商评价体系、供应商激励机制和淘汰机制。

（2）供应链管理环境下采购管理的优化

应将川菜企业采购管理放在供应链的视角下进行审视和优化，使采购管理从为库存采购向为订单采购转变，从内部职能向外部资源管理转变，从单纯的买卖关系向战略合作关系转变，从单一采购模式向多种采购模式协同转变，最终增强川菜企业综合竞争力。供应链管理环境下，川菜企业的采购过程应遵循如下过程：

①需求的准确预测和采购需求确定

根据消费需求预测结果，川菜企业以满足消费需求的时间、数量和质量等为目的，评估这些需求的性质，确定采购的总体思路。对采购的产品和过程设置可测量标准，采购部门可以很容易地根据这些标准与供应商进行沟通。

②自制或外包决策

川菜企业需要在做出采购决策之前，根据自己的经营状况，考虑是否所有的产品或半成品都由自己来生产及提供服务，适时做出自制或外包决策。因为自制或外包决策不仅影响川菜企业的采购任务，还从根本上决定川菜企业如何定位自己的核心竞争力，在市场上如何立足。

③确定采购的类型

川菜食材或原材料及半成品的品类、品质、数量、时间要求将决定采购过程的复杂程度。川菜企业可将采购的过程确定为例行采购、全新采购和修正采购三种类型。例行采购为延续性采购，可直接与合作供应商进行简单对接，不需要进行品类、品质的再次确认，直接给出预定数量及时间要求即可。全新采购是根据企业消费需求变化而产生的全新采购，需要重新提出采购品类、品质要求，重新进行供应商的评估，考察在供应链环境下该全新采购需求的可行性。修正采购是在例行采购的基础上，进行一般性的品类、品质调整，是否涉及供应商的变更视与供应商的关系类型及供应商是否能满足这些调整而定。

④分析供应商市场

如果涉及全新采购及需要变更供应商，需要进行供应商市场的分析。首先，分析供应商市场的市场结构。完全竞争、完全垄断、垄断竞争、寡头垄断市场中供应商数量、供应商产品品质、供应商实力状况都是显著不同的。对市场结构的有效分析，将能更好地进行下一步的供应商评估与选择。

⑤列出可供选择的供应商

在供应商市场分析的基础上，列出可供选择的能满足川菜企业采购需求的供应商。特别是需要将选择范围放在整个供应链的范畴中，而不是局限于某个地域。因此，全国采购、全球采购都是川菜企业供应商选择的未来发展方向。但由于范围的扩大，列出可供选择的供应商及其详细信息将具有极大的挑战性，需要作为一项专门的工作加以研究和开展。

⑥评估备选供应商

首先，对符合条件的供应商进行初步评价，目的是将备选供应商数量缩减到少数几家，使企业有足够的精力对供应商进行准确的评价。其次，根据供应商选择评估标准，对剩余的备选供应商进行详细的评估，力求选择既能符合川菜企业采购需求，又能成为长期战略合作伙伴的供应商。

⑦选择供应商

以供应链管理的思维，建立高于买卖关系的供应商关系，即战略合作关系。因此，在选择供应商时，除了供应商评估标准，还应更大程度地关注供应商对战略伙伴关系的意愿及重视程度，这将为以后的良好合作打下坚实的基础。

⑧接受产品的发运和服务

确定合适的供应商后，川菜企业根据自己的食材或原材料及半成品的品类、品质、数量和时间向供应商预定产品或服务。

⑨绩效评价

完成一轮产品及服务的供给之后，需要对供应商及采购过程进行绩效评价，着重评价该轮采购是否真正满足了生产和服务需要，生产人员满意度如何以及消费者满意程度如何。如果产生了偏差，应及时给予修正。

（3）供应链管理环境下的准时化采购

根据川菜企业的生产和服务作业流程特征，川菜企业基本是无库存采购，与准时化（JIT）采购法十分类似。因此，可以在川菜供应链环境下采用准时化采购策略，即在恰当的时间、恰当的地点，以恰当的数量、恰当的质量提供恰当的食材或原材料及半成品。川菜企业实现供应链管理环境下的准时化采购需要遵循以下原则：

①采用少而精的供应商

传统川菜企业的供应商数量一般较大，这样可以有更多的选择，并不会被少数的供应商要挟。而准时化采购法要求供应商数量不能太多，而是尽可能少而精，甚至是单一来源。这样可以使供需双方建立长期稳定、互利互惠、持续深入的合作关系，以保证产品持续、稳定、高质量的供应。同时，少而精的供应来源更便于管控，有利于降低采购成本。但是由于川菜产业供应商市场还不是很成熟，单一来源采购有可能出现“卡脖子”现象，容易被供应商突然中断交货，导致生产和服务作业的系统性风险。

②对合作伙伴的充分评估

传统采购方式可以随时更换供应商，而准时化的采购方式需要构建长期的合作关系。在构建合作关系之初，就通过综合评价系统，科学地选择供应商作为自己的合作伙伴。在评价供应商时，价格已经不是首要因素，更多的要考虑其供应质量、交货准时性、研发能力、特殊工艺能力、商誉、管理与组织能力等多方面内容，主要目的是选择高质量的合作伙伴，进行长期稳定的战略合作。

③更为精准的交货控制

准时交货是准时化采购的核心，是实现川菜企业精细生产和服务的基础。对于供应商而言，准时交货意味着提高生产的可靠性和稳定性，不断改进生产条件。对于靠天吃饭的农作物和食材来说，这种准时交货意味着成本的提升和对管理水平的高要求，甚至供应商需要进行后向一体化，更深层次地介入食材或原材料及半成品的科学化生产中。准时交货还意味着需要更先进的物流配送设施设备，需要进行更有效的运输计划与管理，保证物流配送过程的准确无误。

④更深层次的信息共享

准时化采购要求川菜企业与供应商实现高度的信息共享，以保证供应与需求信息的准确性和时效性，实现高度匹配。并且随时在生产和服务作业信息、消费需求、质量管控等方面进行互通，遇到问题及时处理。

⑤小批量采购

由于消费的个性化、多样化趋势，川菜食材或原材料的采购批量也越来越小，有时为了实现部分消费者的个性化需求，甚至需要单订单采购。小批量采购会增加供应商的运输次数、运输复杂性和运输成本，需要通过混合运输、代理运输或企业选址尽量靠近川菜企业的方式来解决。

准时化采购方式的实施需要围绕三个关键要点进行：最佳的供应商选择、供需双方的紧密合作、卓有成效的过程质量控制。川菜企业实施准时化采购方式的步骤如下：

a. 构建准时化采购团队

采购团队的主要任务是寻找货源、商定价格、发展和维持与供应商的协作关系并不断改善。

b. 制定采购计划

根据食材或原材料及半成品需求计划，结合精细生产的要求，制定采购计划。

c. 选择少而精的供应商

通过设立合作伙伴目标、建立合作伙伴评价标准、评价合作伙伴，选择合作伙伴等程序，选择战略合作伙伴。

d. 进行采购试点

在进行川菜新产品和服务的试制时，可以进行准时化采购的试点工作。如果更换已经在运行的供应商，则需要取得企业内各部门及关键员工，特别是厨师团队的支持，小范围地进行采购试点，总结经验，为正式的准时化采购奠定基础。

e. 做好供应商培训

加强与供应商的沟通，使其了解准时化采购模式的优缺点，赢得供应商的支持和配合，建立良好的战略合作关系。

5.2.3.4 川菜企业供应商关系管理

供应商关系管理是一种改善企业与供应商之间关系的管理理念，目标是改变与供应商之间简单的“买”“卖”关系，与之形成长期、稳定的战略协作关系，既使企业获得最经济和最准确的资源，又使供应商参与到自己的生产和服务过程中来，同呼吸、共命运，共同降低成本、改进质量、提高生产和服务效率。川菜企业供应商关系管理的根本任务是构建和维持双赢的关系，在此任务下应做到如下几方面：

（1）签订长期协议

签订长期协议是传统采购方式和基于供应链管理采购方式的重要差异。传统采购方式以“买”“卖”关系为纽带，需要在每次采购的时候签订购销合同，很难让供应商站在川菜企业的角度去思考供应链的效率和消费者满意度。基于供应链的采购方式要将供应商纳入共同服务顾客的范畴内，需要风险共担、利益共享。因此在签订合同时，不仅需要考虑供销合同所涉及的产品品类、品质、数量和时间，还需要考虑双方长期的利益分配及利益提升，以及双方在供应链中所处的位置。

（2）建立信息共享机制

为了减少短期投机行为，促进信息的充分交流，构建长期双赢机制，供需双方需要建立信息共享机制。川菜企业与供应商在生产和服务作业计划、质量控制、成本控制等方面建立沟通机制，并在川菜菜品及服务的创新，业务流程的重组与优化，关键环节的研究与开发上充分共享信息。同时共同构建问题解决团队以解决遇到的难题，并实现经常性的互访，完善信息沟通共享机制。在建立信息共享机制时，需要明确地将现代信息技术的采用纳入机制的管控过程中，以实现快速准确的数据交换和信息传递。

（3）建立利益共享与激励机制

利益合理分配是川菜供应链管理中不可忽视的关键环节，对保持长期、稳定的双赢关系非常重要。因此，需要构建有效的利益共享和激励机制，给予供应商充分的利益驱动，与供应商共享供应链管理带来的效益，使供应商有充分的意愿和动力参与到供应链的设计、运行和优化中来。

（4）严格评估反馈机制

严格的评估反馈机制是利益共享与激励机制的基础，没有科学的评估和反馈，就无法对业绩的完成及提升进行激励，就会损及供应伙伴的合作积极性和稳定性。同时，基于供应链管理的评估反馈机制不仅仅需要完成传统的品质、品类、时间、服务、成本管控，还要站在供应链管理的整体角度，评价供应商的行为是否有利于供应链效率的提升。在评估的过程中，需要将评估结果实时反馈给供应商，甚至请供应商共同完成评估，共同讨论问题产生的原因及解决方式，采取有力的措施加以改进，最后达到供应链效率整体提升的目标。

5.2.3.5 川菜供应链管理环境下的物流管理

供应链管理是对供应链中的资金流、物流、信息流、业务流以及合作伙伴的关系进行设计、组织和控制的过程。供应链管理的重要环节之一就是对物流配送活动的管理。物流配送是供应链管理的一个组成部分，是对供应链上各种物料（包括食材、原材料、半成品）、服务及信息从起始点到终点流动过程的计划、组织和控制活动的总称。它充分运用现代信息技术将运输、仓储、装卸、加工、整理、配送等有机结合，以合理的价格为用户提供一体化的综合服务。

川菜市场需求的个性化、多样化转变促使川菜企业生产和服务流程的快速转型。快速响应，满足消费者的瞬时需求及生产的瞬时转换，已经成为川菜供应链体系的关键能力。物流管理在供应链体系中的作用已经不仅仅是对货物时空转移的控制，还担负着保证生产稳定性、提升川菜供应链敏捷性和适应性的任务。其在供应链中发挥的作用可以归纳为：创造客户价值，降低客户成本；协调生产活动，提升供应链敏捷性；提供客户服务，提升企业形象；提供信息反馈，协调供应链关系。因此，在川菜产业中，物流已经成为生产和服务流程的一部分，对川菜企业与供应商、川菜企业与消费者实现有效沟通，深化客户关系，有效控制成本，提高响应速度都有极其重要的作用。

（1）供应链管理下的物流管理特点

传统的物流管理系统是单一流程性系统，供需关系不稳定、资源利用率不高、信息利用及分享程度不高，与其搭配的往往是传统的采购体系。而在川菜供应链环境下，物流管理呈现出了不同的特点。

①以消费需求为中心

川菜生产和服务作业流程是以消费需求为中心的，一切生产和服务作业都以消费者满意为目标。川菜供应链管理环境下，物流环节不仅承担食材或原材料、半成品、产成品的空间转移，还承担部分消费者服务功能。因此，供应链管理环境下，物流管理活动就是为了响应消费需求，准时、敏捷、满意等要求都是以消费需求为中心的。

②信息的网络性

供应链管理环境下，物流体系是整个供应链管理体系中的一部分。为了提升供应链效率，物流企业及川菜企业的物流部门需要保持与供应商、川菜企业、消费者的信息畅通，同时与这些部门实现信息共享。因此，信息不再是传统物流中的单向流动，而是呈网络交互性发生，始终与需求相伴相生。在这一体系中，川菜企业可以通过物流部门更多地了解消费需求，实现快速响应；也可以通过物流部门更多地了解供应商状况，实现快速应对。由于每个环节信息都能透明地与其他环节进行交流和共享，也避免了信息失真现象的发生。

③物流网络的综合性

物流网络规划能力的提升也是供应链管理环境下物流的新特征。物流不仅仅发生在订货、发货、存储的时候，而发生在生产和服务作业的全过程中。因此，充分利用需求预测、第三方物流、货运代理等多种手段，联合航空、公路、铁路、水运等多种物流方式，发挥物流网络的协同效率，是川菜供应链管理环境下物流管理的发展趋势。

④生产和服务全流程协作性

川菜供应链管理环境下，物流管理作为连通各个经营主体和消费者的纽带，需要与所有市场主体实现无缝连接，川菜食材或原材料及半成品采购、生产和服务作业流程的顺利展开都离不开物流管理。因此，川菜企业物流部门需要利用现代技术集成，开发新的商业模式，实现与各个市场主体和业务部门的充分沟通和协作共享，提升供应链的整体效率。

⑤准时性

物流是供应链管理环境下，川菜企业实现准时采购、准时生产、准时服务的关键环节，没有物流配送的准确、准时传递，其他准时都无法实现。特别是在川菜产业无库存或少库存的背景下，供应链管理环境下的物流环节就必须把库存作为供应链体系的平衡机制。通过冷链物流、综合物流、智慧物流等新技术新方式的应用，川菜供应链可以构建采购、运输、库存、生产、服务一体化的供应链体系，以“准时”为目标，杜绝浪费和无效率，最终实现高效生产与服务。

（2）供应链管理下物流组织与管理

①流入物流

川菜企业从满足消费需求出发，制定生产和服务计划、采购计划，不断从供应商采购食材或原材料、半成品和服务。对于川菜企业而言，应以最低的成本、最少的损耗及最高的配套率来组织物流供应活动。因此，川菜企业流入物流必须有效解决以上物资的零库存及准时供应问题。

流入物流的过程主要包括组织货源、组织流入、组织企业内物流三个阶段。流入物流的主要组织方式有委托供应商组织物流、委托第三方物流企业组织物流、川菜企业自有物流。这三种方式各有优劣势，本书将在川菜物流配送体系的技术集成路径研究部分加以详述。

②内部物流

川菜企业内部物流主要指川菜企业组织菜品的生产加工所涉及的食材或原材料及半成品按生产工艺流程顺序依次流动的内部过程。川菜企业一般较重视菜品生产加工的工艺过程，而容易忽视将生产加工工艺过程串在一起的物料流动过程。事实上，物资流动过程的时间往往大于生产加工的时间，企业内部物流的控制与优化能够大大提升生产效率，缩短生产周期。

川菜企业内部物流效率提升就是要做到从食材和原材料及半成品到达企业的时点开始，经过生产加工作业各环节的流动，最终完成菜品被送至消费者的全过程改善。川菜企业为了提升内部物流的效率，可以采用物资需求计划（MRP）、制造资源计划（MRPII）、ERP 等管理方式，同时配套厨房设施改造、照明通风条件改造、物流设施设备改造等硬件环境改进，有效提升内部物流管理水平。

③流出物流/销售物流

大部分川菜企业在经历了内部物流后，会将菜品直接交付餐厅，消费者在餐厅消费菜品和服务，生产物流过程结束，转入逆向物流过程。而部分川菜企业，如团餐、连锁餐饮企业，在中央厨房完成半成品及部分成品的制作后，会将该部分产品转入流出物流，即销售物流。随着电子商务订餐模式的产生，消费者对线上服务体验的要求越来越高，更多的川菜企业开始关注销售物流的问题，目前已有的解决方式是“宅急送”“美团外卖”“饿了么”等第三方配送服务。同时团餐等工业化生产企业也在研究配送方式、包装水平、运输路线等销售物流模式问题。

流出物流/销售物流主要的组织方式有川菜企业自有物流配送模式、委托第三方物流配送模式和消费者上门自取模式。其中，委托第三方物流配送模式已经成为销售物流的主要组织方式。

（3）供应链管理下逆向物流问题

逆向物流是指针对企业废弃物的物流。川菜企业的废弃物主要指川菜加工生产过程中产生的余料、废料（厨余垃圾）及消费用餐后产生的食用残余（泔脚垃圾），其主要成分是油、水、蔬菜果皮、米面、鱼、肉、骨头以及废餐具、塑料、纸巾等多种物质的混合物。川菜餐厨垃圾的主要特点是含水率高，盐分、糖分、辣椒、醋酸含量高，蛋白质、纤维素、淀粉、脂肪等有机质含量高，容易腐烂变质，滋生病菌和致病微生物。国家和地方非常重视餐饮垃圾的处理问题，对垃圾的分类处理、垃圾的溯源追踪、垃圾处理问责都有专门的管理办法及制度。餐厨垃圾的特性与其他工业生产和民用废料有极大的差异，处理不好就会影响企业的生存发展，降低消费者美誉度及商誉。川菜企业开始越来越重视餐厨垃圾的处理问题，餐厨垃圾的逆向物流逐步成为川菜供应链管理中的一个重要环节。

川菜逆向物流实质上就是为恢复价值或合理处置，对餐厨垃圾进行有效回收利用的过程。国家发展改革委住房城乡建设部关于印发《“十三五”全国城镇生活垃圾无害化处理设施建设规划》的通知明确提出要推进餐厨垃圾无害化处理与资源化利用，要推进餐厨垃圾无害化处理和资源化利用能力建设，根据各地餐厨垃圾产生量及分布等因素，统筹安排、科学布局，鼓励使用餐厨垃圾生产油脂、沼气、有机肥、土壤改良剂、饲料添加剂等，鼓励餐厨垃圾与其他有机可降解垃圾联合处理。川菜企业的主要分布地区成都市也于 2012 年出台了《成都市餐厨垃圾管理办法》。由于国家的规划和地方政府的有力推进，餐厨垃圾处理企业不断增多，管理不断规范，为川菜企业的餐厨垃圾科学处理起到了积极的促进作用。

川菜企业应该明确餐饮主业，聚焦核心竞争力，将餐厨垃圾的处理分为内部处理和外包两种方式。内部处理少部分影响生产和服务过程的垃圾，明确垃圾的组分和理化性质，科学选择成熟可靠的处理工艺路线和技术设备，符合《餐厨垃圾处理技术规范》等要求。外包则将大量的餐厨垃圾处理问题交由专门的第三方机构来完成，建立台账登记制度，按规定及时收运餐厨垃圾，防止餐厨垃圾收运过程产生环境污染。

（4）第三方物流或第四方物流

第三方物流是实现川菜供应链整体集成和效率提升的有效方法。第三方物流通过协调供应链内企业之间的物料、产品流动，提供一体化物流服务。将物流作为一种专业化服务来开展，极大地降低了物流的成本并提升了物流的效率。通过第三方物流，川菜企业可以聚焦关键业务，将菜品生产加工和消费者服务做到极致，寻求差异化发展战略。第三方餐饮物流企业往往为多个川菜企业服务，将川菜企业小批量采购、小批量运输的劣势转变为大批量采购和大批量运输，较好地实现规模效应，降低物流成本。同时，第三方餐饮物流企业采用冷链物流、热链物流、冷热链混合物流等多种物流方式，满足川菜企业对不同食材或原材料、半成品、产成品的保鲜、保质、保口味口感的需求，先进物流配送技术的集成，更大程度地满足消费需求。

第四方物流是川菜供应链体系的整合者，它集合并管理众多的物流资源、设施及技术，为川菜供应链合作伙伴（供应商、川菜企业、第三方物流企业）提供一个完整、高效的供应链解决方案。第四方物流多以平台提供商的方式运作，提供川菜供应链的重新设计及川菜供应链的协调服务，将资源、能力、技术及相关服务整合到一个平台中完成，实现供应链各市场主体之间信息共享和价值传递，并对多个服务提供者的能力进行整合，提升供应链的服务价值。

在采用第三方或第四方物流的过程中，川菜企业尤其需要关注自身的核心业务，将非核心业务交由外部供应商来完成。而如果企业将物流配送作为自己的核心竞争力，特别是在消费者服务时将物流配送作为重点，那么第三方或第四方物流并不是这类川菜企业的最优选项。

5.2.3.5 川菜供应链企业运作的绩效评价

进行川菜供应链绩效评价是为了缩短生产和服务、物流配送周期，提高生产和服务柔性，减少损耗及浪费，增加供应链企业利润。根据供应链管理的基本特征和运行机制，川菜供应链绩效评价反映的是供应链运行的整体绩效和供应链企业间的相互关系，而不是某个单一企业的运营情况。川菜供应链企业运作的绩效评价主要看供应链组织的整体效率，从供应链适应市场需求变化的能力、供应链企业的整合集成度及相互关系、供应链网络的协调性、供应链的价值增值性和供应链的稳定性这五个方面来考虑。

5.2.4 川菜企业的作业计划与控制

川菜企业实质上是通过菜品和服务满足消费需求以创造价值的组织，也就是说川菜企业与消费者有着比制造业更为紧密的联系。因此，川菜企业的作业计划与控制也有其自己的特点。

5.2.4.1 川菜企业运作的特点

同制造业一样，川菜企业运作中也存在服务交付系统（SDS）。为了确定合适的服务交付系统，川菜企业首先应该确定提供什么样的川菜产品和服务，以及在何时何地向特定消费者提供服务。因此，川菜企业首先需要考虑目标市场是什么，消费者特征如何，针对这类消费者可能采取什么样的营销手段，进而设计专门针对消费者的服务交付系统，并确定其运作方式。其次，川菜企业需要确定其生产川菜产品或提供服务的内容，该内容直接关系到消费需求的满足。该需求的满足甚至不是一个单一的川菜产品或服务，而是一些产品、服务工作的集合。通过这样一个产品和服务的集合，川菜企业完成了价值的创造和传递，消费者完成消费并获得满足，如川菜企业提供的晚餐服务内容就非常丰富。川菜企业并不仅仅提供菜品，还提供从顾客的预定、到达、指引、就餐到送客的全流程服务，需要关注菜品质量、环境舒适性、服务质量及顾客体验等多方面的指标。

川菜企业作业计划就是要解决如何将服务能力与消费需求相匹配的问题，达到消费需求通过川菜生产和服务系统均衡地响应，不仅使顾客的等待时间趋近于零，还要使企业的服务能力得到充分的利用。然而，由于消费者就餐或订餐的随机性和消费时间的不确定性，川菜企业的生产和服务工作量都难以得到精确的预测，服务能力和顾客等待时间都有可能达不到理想状态。从根本上讲，川菜企业的生产服务系统资源配置决定了其服务能力。从具体上看，川菜服务主要通过前厅及后厨的服务工作实施，人的工作效率、工作强度、准确度和可持续性都无法和机器相比，往往会受到生理因素、心理因素、工作经验、工作态度等因素的制约，甚至可能受到来自外部因素的影响。因此，川菜企业作业计划的难题就是服务能力的确定和平衡。

川菜企业的服务运作体系主要包括两个核心机构，直接与消费者接触的前厅（配送人员），间接与消费者接触的后厨（中央厨房）。在这两个核心机构中从事生产及服务工作的人员共同完成了川菜企业的服务运作活动。他们不仅用技术手段提供了满足消费需求的川菜产品，还用服务技能满足了消费者的精神追求。因此，对于川菜企业的服务运作体系来说，最重要的要素是构建和提升员工的服务意识。促使员工认识到，无论是前厅还是后厨，无论是直接还是间接，其工作目标都是为了满足消费需求，进而争取顾客黏度，并且通过既有顾客的口碑，获取潜在顾客。

5.2.4.2 消费者参与对川菜企业的作业计划与控制影响

由于餐饮服务需要接触消费者，并无法通过调整库存来调节供给，消费者参与将会较大程度地影响川菜企业运作系统的设计和选择。消费者参与对川菜企业运作的影响主要体现在如下方面：

（1）消费者参与制约川菜企业运作的标准化

接受川菜服务的消费者会直接与服务人员接触，可能会随时对服务人员提出个性化、多样化的要求以及临时指示。川菜企业的既定生产和服务流程随时有可能被消费的要求打断，从而影响生产与服务效率。同时，由于消费者参与程度的不确定性，服务人员数量需求存在较大的弹性。这些消费者参与都会直接制约川菜企业实现标准化。

（2）为了实现消费者满意而进行的额外投入，会造成服务能力的浪费

在川菜企业服务过程中，如果采取“刚刚好”的生产服务策略，则会使消费者在接受服务时感觉到企业“很吝啬”，进而对川菜企业产生不安全感。川菜企业一般在向消费者提供服务时都会准备“服务余量”，即进行额外的投入。这种额外投入主要是为了迎合消费者的参与需求，如交谈、临时追加等，这些都会增加服务时间和精力，而增加的服务时间会导致对服务人员数量、素质需求的提升。

（3）消费者参与程度对效率的影响呈正比

对于川菜企业来说，消费者对川菜产品和服务的消费有多种形式，不同的消费

形式会产生不同的参与程度，表 5-9 列出了不同的参与程度对生产运作的影响。

表 5-9　不同顾客参与程度对生产运作的影响

生产活动	顾客参与程度高	顾客参与程度低
选址	必须靠近顾客	靠近顾客或靠近供应商
设施布置	必须满足顾客的心理和身体需求	满足设备布置需求
产品设计	产品、服务、环境都是设计需要考虑的因素	产品设计需要考虑的因素较少，服务和环境要求较低
工艺设计	顾客参加产品生产或服务实施	顾客不参与主要的加工过程
作业计划	顾客参与作业计划	顾客主要关心完工时间
生产计划	无库存计划	考虑生产均衡计划
员工素质及技能	要求员工有较高技术技能及沟通技能	要求员工有较高技术技能
质量控制	顾客的主观质量标准	客观的质量标准
时间控制	取决于顾客的需求	取决于交货期的要求
工资	计时工资	计件工资
能力计划	生产和服务能力需要有冗余	通过库存调节，可以均衡生产能力
预测	只能进行短时间的、近期的预测	可以进行长期的、远期的预测

随着社会文化经济水平的不断提升，消费需求呈个性化、多样化趋势。川菜企业可以根据目标群体的不同选择不同的生产运作方式，随之而来的就是选择不同的消费者参与程度。对于追求效率的川菜企业而言，可以通过降低消费者参与的方式提高生产效率。主要包括三个方面。第一，提供尽可能标准化的川菜产品和服务，如快餐、依据菜单制作等方式，提供有限的产品和服务满足特定的顾客。第二，通过自动化减少与消费者的接触，由于现代信息技术、现代物流技术、物联网技术和人工智能迅速普及，川菜企业可以通过自动或半自动的方式为消费者提供产品和服务，这样可以降低消费者参与，降低劳动成本，同时提升生产和服务效率。第三，模块化和专业化作业。模块化作业的优点是可以对生产作业流程进行有效的分隔，既不人为地割裂流程的完整性，又使不同类型的工作可以有效组合和重组。川菜企业可以将前厅和后厨进行模块化和专业化分隔，后厨进行川菜产品的制作，不接触顾客，前厅主要为消费者提供点菜和相关服务，并通过有效的组织方式，科学地规划路径、流程。

5.2.4.3 排队管理

排队是川菜企业经常会遇到的情况，特别是对一些知名企业和网红企业来讲，经常会有很多消费者排队购买服务的情况发生。排队虽然在一定程度上是企业知名度和美誉度的体现，甚至可能在某种程度上为企业带来声誉上的提升。但长时间的排队还是会给企业带来一定的负面影响，排队会浪费消费者的时间，导致消费者抱怨甚至失去耐心而离开。因此，除去采取某种营销方式时故意而为的适当排队，川菜企业应高度关注排队问题的解决。通常情况下，生产和服务能力足够充足，并对消费者到达时间的精确预测可以避免或减少排队现象的发生。

（1）排队系统的设计

川菜企业排队系统的设计是为了提高服务设施的利用效率，减少消费者平均等待时间，在不影响消费者满意的基础上减少服务时间，使失售概率降到最小等。简言之，就是使消费者等待成本与服务能力成本之和最小。通常情况下，消费者排队现象会随着川菜企业的生产服务能力提升而减少，服务设施成本随着生产服务能力提升而增加。服务设施成本、消费者等待成本与服务能力的关系见图 5-3。

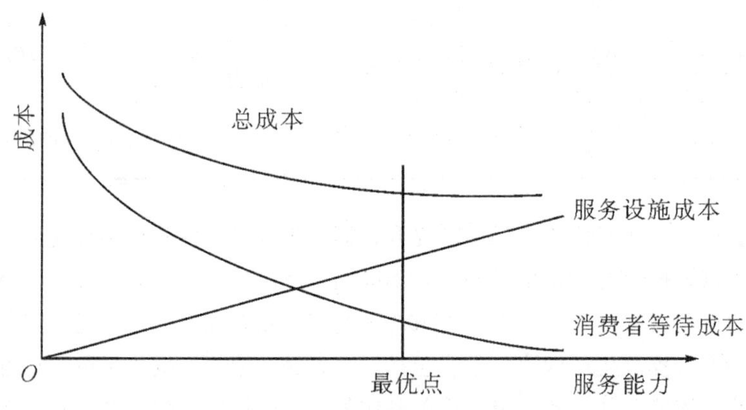

图 5-3　服务设施成本、消费者等待成本与服务能力的关系

对于川菜企业而言，排队系统由消费需求、到达过程、队列结构、排队规则和服务过程五部分构成，消费需求来自寻求川菜产品和服务的消费群体。到达过程体现的是消费者到达的时间分布，即多长时间会到达一名消费者，如果消费者到达后没有立即得到川菜企业的服务，则会发生排队现象。对于寻求川菜产品和服务的消费者来讲，可能看到某种排队现象和排队方式就立即转向选择其他商家，也可能在排队过程中中途放弃，这时体现的是队列结构对消费者的影响。在排队的过程中，当出现能够满足消费者的空闲服务机会时，川菜企业会以一定的规则对排队消费者进行选择，这就是排队规则。消费者开始接受服务享用菜品时，服务过程开始，直至消费者获得了生理及心理的双重满足后离开。最后，消费者根据其对川菜企业产品和服务的满意程度，选择以后再次光顾或不再光顾。该排队系统如图 5-4 所示。

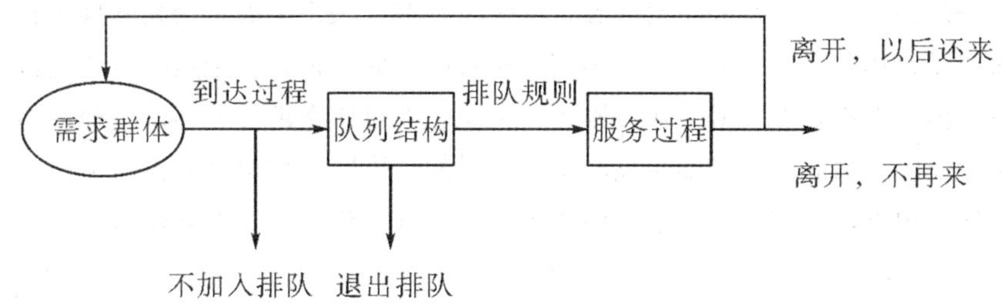

图 5-4　川菜企业排队系统示意图

①消费需求。川菜企业消费需求可能是同质的，也可能是异质的。选择川菜企业的消费者可能是已经进行了预约的，也可能是还没有预约的；可能是计划消费，也可能是临时安排消费；可能是为了满足吃饱的生理需求，也可能是为了满足某种心理需求。对于川菜企业而言，消费需求不论是同质还是异质，在川菜企业没有明确进行限定时（如限定只能采取预约制），其群体需求量都是无限的，即到达没有限制。

②到达过程。川菜企业可以通过消费者实际到达情况来确定消费者到达时间的间隔分布。大量的观察显示，消费者到达的间隔时间服从指数分布，即到达间隔时间短的情况出现的频率较高，到达间隔时间长的情况出现的频率较低，特别是在餐饮服务的高峰时段。可表达为：

$$f(t) = \lambda e^{-\lambda} \tag{5-1}$$

式中，λ ——消费者

t ——到达的时间间隔

e ——自然对数的底（2. 718 28…）

③队列结构。图 5-5 列出了排队系统的几种主要的形式。在川菜企业的排队现象中，根据消费者参与程度的不同、服务形式的不同以及生产运作形式的不同，将出现不同的排除系统。如图 5-5 所示，单队、单阶段系统（5-5a）是川菜企业中最常见和最简单的排队系统，消费者到达后进入排队系统开始排队，然后接受服务，然后离开。多队、单阶段系统（5-5b）多见于快餐类企业，消费者分多队列进行排队，通过一个服务台完成服务并离开。单队、多阶段系统（5-5c）多见于消费者参与程度高的川菜企业，需要消费者自主完成

服务并需要通过多个串联的服务平台完成就餐活动。多队、多阶段系统（5-5d）多见于大型川菜企业，企业提供个性化、多样化的餐饮服务，消费者分为不同的类型，参与不同的排队系统，并通过不同的排队系统，被安排到不同的服务平台接受餐饮服务。混合式系统（5-5e）分为多个排队系统，并有多个服务平台，排队系统并不与服务台产生一一对应关系，混合交叉的排队和服务系统是该排队系统的特征。具体到消费者的排队过程，无论是单队还是多队排队，消费者都是在取号后等待服务，川菜企业可以在消费者等待过程中为其提供相应的增值服务，以缩短其心理等待时间。同时，川菜企业根据消费者类别，区分单阶段、多阶段、混合服务平台，以满足消费者的差异化需求。

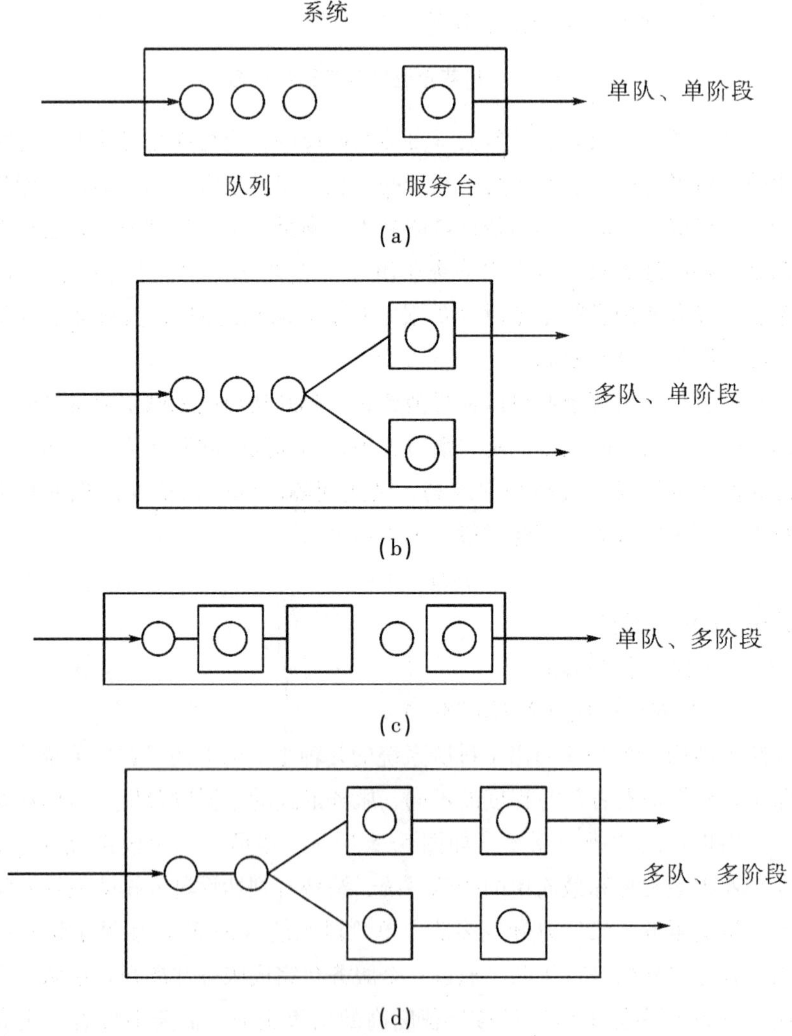

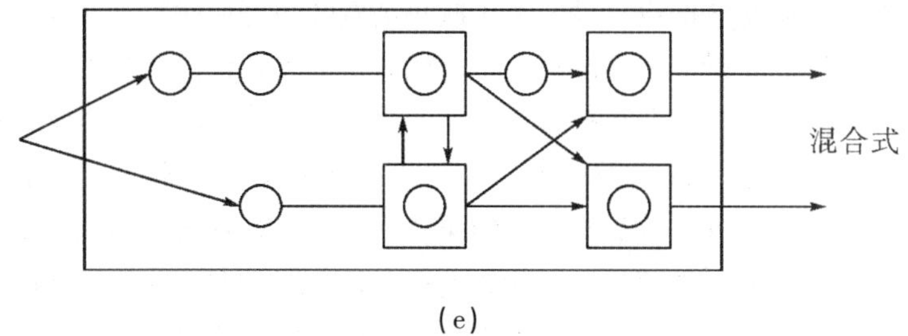

(e)

图 5-5　排队系统类型

注：OO 队列，O 服务台

④排队规则。排队规则是川菜企业在处理排队现象时，所采用的如何选择下一个服务对象的规则。通常来讲，先到先得原则（First Come First Served, FCFS）在餐饮服务中得到了较为普遍的应用，因为该种排队规则能够较大限度地体现公平。但先到先得原则是一种静态的规则，没有考虑消费者特征和队列的动态变化。对于川菜企业来讲，消费者特征经常会影响产品生产及服务提供的类型和时间。川菜企业往往会根据消费者特征和队列状况进行动态的调整，这种动态的排队规则主要包括优先级规则、SPT（Shortest Processing Time）规则和 EDD（Earliest Due Date）规则等。其中，优先级规则是根据消费者特征进行分类和实施的，川菜企业可以将消费者分为不同的优先等级，并在等级内实施先到先得规则。同时，由于消费者服务时间的不同，可以采取最短服务时间规则，即给予需要服务时间最短的消费者较高的优先级，使消费者平均等待时间最小化。也可以采取应急规则，即给予较紧急的消费者较高优先级。但无论是怎样的排队规则，川菜企业都需要保持相对的公平性，特别是做好对已经排队的消费者耐心细致的解释工作，让他们理解企业所采取该规则的原因，执行该规则的过程。不能让消费者认为排队规则本身产生了不公平现象，从而造成消费者的不满情绪。

⑤服务过程。由于川菜服务的特殊性，服务人员需要与消费者进行较长时间和较紧密的交流，这种交流直接关系到消费者对川菜企业所提供产品和服务的满意度。在排队过程中，体现的是服务人员的态度、处理速度和处理质量。尊重消费者、热情服务是川菜服务人员应体现出的基本素质，特别是在排队的过程中，由于消费者的心理压力会随着排队时间的增长而加大，随之而来的是烦躁、恼怒等情绪的产生。因此，川菜企业应该根据服务队列的变化，适时增加服务人员的数量、提高服务台的工作效率以及提高处理消费者投诉人员的工作能力。

川菜企业排队系统的设计就是为了减少消费者的等待时间，减少消费者在排队时的无聊感、烦躁感和恼怒感，尽可能降低消费者在排队时可能产生的不满情绪。川菜企业应将消费者排队过程纳入服务的范畴以内，以系统的思维来应对消费者到达直至开始接受服务的过程，在该过程中采取诸如增加娱乐设施、提供免费小食等方式减少消费者的排队烦躁感，同时通过预先点菜等手段进行川菜产品的预加工处理。这不仅让消费者认为服务即将开始从而降低等待心理压力，还能够提高加工过程的生产效率，最终提升消费者满意度。

（2）排队过程仿真

排队过程仿真是通过信息系统模拟实际的排队过程，计算出消费者的平均等待时间、消费者的到达间隔以及服务台的繁忙程度，从而为设计和改进排队系统提供依据。本研究将根据陈荣秋和马士华（2016）的排队过程仿真和排队模型，进行川菜企业排队模型的构建。

图 5-6 是一个根据先到先得原则的单队、单阶段排队系统仿真流程图。以 T_{KI}表示按一定分布规律随机产生的第 K 个消费者到达间隔时间，T_{KP}表示按一定分布规律随机产生的第 K 个消费者的服务时间；T_{KA}表示第 K 个消费者的到达时间，$T_{KA}=T_{K-1A}+T_{KI}$；T_{KS}表示第 K 个消费者的服务开始时间，$T_{KS}=\max[T_{K-1C}, T_{KA}]$；$T_{KC}$表示第 K 个消费者的服务结束时间，$T_{KC}=T_{KS}+T_{KP}$；$T_{KQ}$表示第 K 个消费者的排队时间，$T_{KQ}=\max[T_{KS}-T_{KA}, 0]$；$T_{KX}$表示服务台完成第（K-1）个消费者的服务到第 K 个消费者开始服务之间的空闲时间，$T_{KX}=\max[T_{KS}-T_{K-1C}, 0]$。

仿真开始，要设定仿真次数，比如 N = 10 000，当 K = 0 时，T_{KA}和 T_{KC}为零。按照以往统计得到的理论分布或者不符合任何理论分布的经验分布，生成第 K 个消费者的到达时间 T_{KA}和服务时间 T_{KP}。计算第 K 个消费者的到达时间 T_{KA}，若 $T_{KA}< T_{K-1C}$，则消费者等待，等待时间为 $T_{KQ}=T_{KS}-T_{KA}$；若 T_{KA}若$\geqslant T_{K-1C}$，则计算消费者服务的开始时间 $T_{KS}=T_{KA}$，服务结束时间 $T_{KC}=T_{KS}+T_{KP}$。计算服务台空闲时间 T_{KX}。如果 K>N，仿真结束，输出仿真结果；否则令 K=K+1，继续仿真过程。

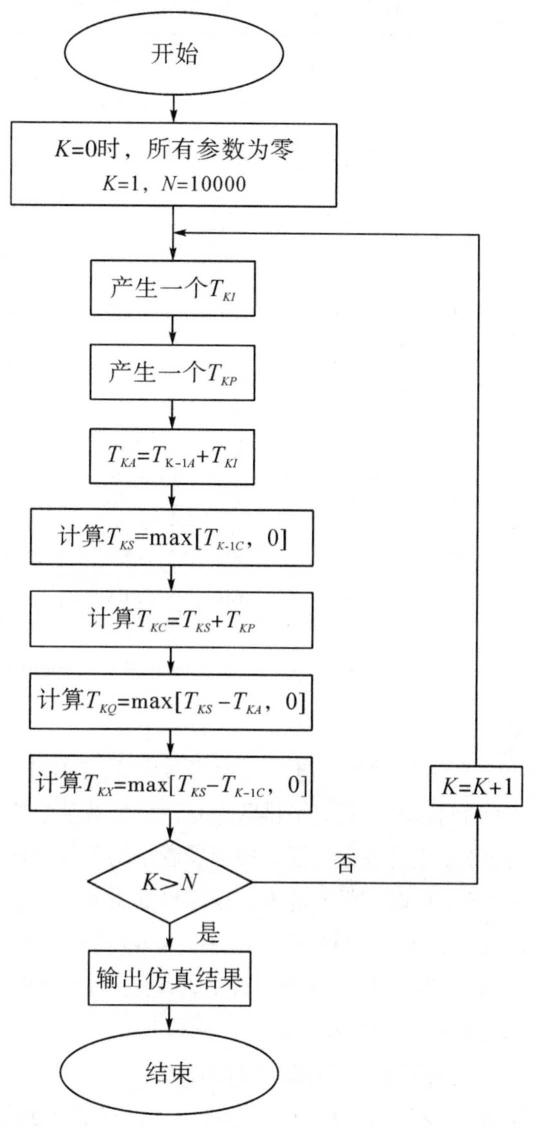

图 5-6　排队过程的仿真

其他类型的川菜企业排队系统也可按照类似的仿真程序进行。G/D/1（FCFS）排队系统的手工仿真结果如表 5-10 所示。

消费者在队列中的平均等待时间为 18/10＝1.8 个时间单位，消费者在服务系统中的平均逗留时间（40+18）/10＝5.8 个时间单位，服务台总空闲时间为 24 个时间单位。

表 5-10　G/D/1（FCFS）排队系统的仿真①

K	到达间隔 T_{KI}	服务时间 T_{KP}	到达时间 T_{KA}	服务开始时间 T_{KS}	服务结束时间 T_{KC}	排队时间 T_{KQ}	服务台空闲时间 T_{KX}
1	5	4	5	5	9	0	5
2	3	4	8	9	13	1	0
3	16	4	24	24	28	0	11
4	5	4	29	29	33	0	1
5	1	4	30	33	37	3	0
6	2	4	32	37	41	5	0
7	3	4	35	41	45	6	0
8	17	4	52	52	56	0	7
9	2	4	54	56	60	2	0
10	5	4	59	60	64	1	0
总计		40				18	24

（3）排队模型

20 世纪 20 年代，丹麦数学家、电气工程师爱尔朗（A. K. Erlang）在用概率论方法研究电话通话问题时，创立了排队论这门应用数学学科。排队模型就是用来计算某个特定服务系统的各项特征，如消费者平均等待时间、需要多少个服务台等，它有助于服务组织确定服务能力、预测增加服务台将带来的效果等。

排队模型的分类表示采用 1953 年由 D. G. Kendall 提出的方法。他用 3 个字母组成的符号 A/B/m 表示排队系统，其中，A 表示消费者到达间隔时间的概率分布，B 表示服务时间的概率分布，m 表示 1，2，3。A 和 B 处若标以 M（Markov），则表示到达间隔时间和服务时间服从指数分布（相当于达到率和服务率服从泊松分布）；若标以 D（Deterministic），则表示到达间隔时间和服务时间为常数；若标以 Ek（Erlang），则表示到达间隔时间和服务时间服从爱尔朗分布；若标以 G，则为一般分布（正态分布、均匀分布等）。为了表示其他特征，有时也用 4~5 个字母 A/B/m/N-S 来表示，如 N 表示队列的最大长度，代表系统容量限制（若为∞，则省略）；S 表示排队规则（若为 FCFS，则

① 陈荣秋，马士华. 生产运作管理［M］. 北京：机械工业出版社，2017：327.

省略）。排队模型的一种分类如图 5-7 所示，这些模型是以服务系统达到稳定状态的假设为前提的。

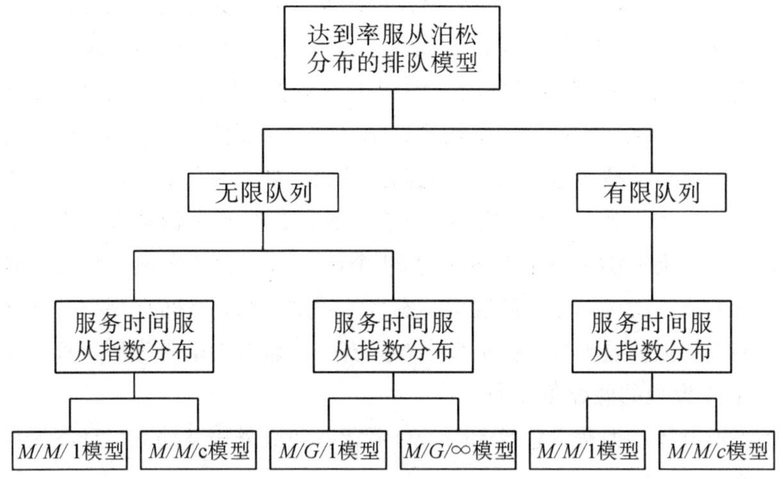

图 5-7　排队模型

排队模型常用参数的符号及其含义如下：

n ——系统中的消费者数；

λ ——消费者平均到达率；

μ ——平均服务率；

L_q ——队列中的平均消费者数；

L_s ——系统中的平均消费者数；

L_q ——队列中的平均消费者数；

ρ ——系统利用率（或服务强度）；

W_q ——消费者在队列中的平均等待时间；

W_s ——消费者在系统中的平均停留时间；

P_0 ——系统中消费者数为零的概率；

P_n ——系统中消费者数为 n 的概率；

M ——服务台数量。

这些参数之间有如下关系：

服务系统利用率 $\rho = \lambda / M\mu$　　(5-2)

服务中的平均消费者数 $r = \lambda/\mu$　　(5-3)

服务系统中的平均消费者数 $L_s = L_q + r$　　(5-4)

队列中的消费者平均等待时间 $W_q = L_q/\lambda$　　(5-5)

系统中的消费者平均停留时间 $W_s = W_q + 1/\mu = L_s/\lambda$ (5-6)

其中式（5-5）和式（5-6）都表示 $L=\lambda W$，即系统（或队列）中的平均消费者数=消费者平均到达率×系统（队列）中消费者的平均等待时间。这个公式是 John D. C Little 提出的，故称雷托尔法则（Little' s Law）。

M/M/1 模型。一般可以采用平均到达率来表示需求率的强度，用平均服务率来表示服务系统的能力。平均到达率是消费者到达平均时间间隔的倒数，平均服务率是对消费者服务的平均时间的倒数。如果平均 5 分钟到达一个消费者，则平均到达率为每小时到达 12 个消费者；若对每个消费者的平均服务时间为 3 分钟，则平均服务率为每小时 20 个消费者。通常来说，平均达到率小于平均服务率，就可以使排队现象不发生。否则，将产生排队现象，甚至在某一个时间段加强。这种现象一般发生在只有一个服务台的外卖型川菜企业中。

M/M/1 模型的假设条件为：

①需求群体。消费者总数无限，对消费者的服务相互独立，且不受排队系统的影响。

②到达过程。到达间隔时间服从指数分布（到达率服从泊松分布）。

③队列结构。只有一条等待队列，队长无限制。

④排队规则。先到先得。

⑤服务过程。只有一个服务台，服务时间服从指数分布。

单位时间随机到达 x 的消费者的概率为：

$$P(x) = \frac{\lambda^x \cdot ?^{-\lambda}}{x!} \tag{5-7}$$

系统中没有消费者的概率为（即服务设施处于闲置状态的时间比例）：

$$P_0 = 1 - \lambda/\mu \tag{5-8}$$

$$P_n = (\lambda/\mu)^n P_0 \tag{5-9}$$

$$L_s = \lambda/(\mu - \lambda) \tag{5-10}$$

$$W_s = L_s/\lambda = 1/(\mu - \lambda) \tag{5-11}$$

$$L_q = L_s - \lambda/\mu = \lambda^2/\mu(\mu - \lambda) \tag{5-12}$$

$$W_q = W_s - 1/\mu = \lambda/\mu(\mu - \lambda) \tag{5-13}$$

M/M/c 模型。该模型的假设条件与 M/M/1 模型相同，但与其有差异的是有多个相同的服务台，且服务台的服务相互独立。对于传统川菜企业来说，M/M/c 模型出现的概率远远超过 M/M/1 模型，其排队复杂性也超过 M/M/1 模型。在该模型中，虽然增加服务台数量会增加川菜企业的投资，但服务台的增加会成比例地减少消费者的等待时间和排队现象。假设当 c=1 时，服务台的利用率为 80%；在消费者到达平均时间间隔不变的情况下，当 c=2 时，服务台的利用率将降低到 40%，但系统中平均消费者数却只有 c=1 时的 1/4。因此，对于川菜企业来说，应该在可能的范围内，在保证服务质量的基础上增加服务台数量，最大程度地减少消费者等待时间。

5.3 川菜企业生产经营系统维护、改进和优化

川菜企业的生产运作系统只有通过不断地维护、改进和优化，才能具备适应市场环境变化的能力，为消费者提供高质量的川菜产品和服务，进而提升消费者满意度和消费者黏度。川菜企业生产经营系统的维护、改进和优化主要包括业务流程优化与重组、设备维护维修管理和全面质量管理。

5.3.1 川菜企业业务流程优化与重组

哈默和钱皮在《公司再造》中将顾客、竞争、变革视为影响市场竞争的三种力量，并认为变革在三种力量中尤为重要，提出“变革不仅无所不在，而且还持续不断，这已成为常态”。传统川菜企业的组织结构通常是根据传统的横向和纵向分工而设置的，在环境变化不大且市场结构较为简单的背景下，按传统职能分工设置的组织结构能够响应川菜企业的经营需求。然而，随着数字经济时代的到来，川菜企业所面临的环境变化极其剧烈，消费需求也呈个性化、多样化趋势。传统川菜企业的组织结构形式和业务流程已经越来越难以适应快速变化的市场环境。

5.3.1.1 传统川菜企业的组织结构与业务流程特征

传统川菜企业的组织结构通常基于自然的企业成长和职能分工，多以直线制、职能制、直线职能制等方式存在。这几种组织结构形式是最自然、最方便和最符合逻辑的，在川菜企业创业初期也是最行之有效的，有利于川菜企业各职能部门专心研究业务，积极探索和开发市场，有利于维护高层的决策权威和执行效率，有利于员工的培训、交流。然而这种组织结构并不是以业务流程的顺畅执行为目标的，各部门在执行指令时会更多地考虑自己部门的利益，产生本位主义思想，不利于消费者个性化、多样化需求的满足，不利于以消费者为中心去思考问题。本来完整的任务可能被分拆为不相关的模块，导致生产效率降低。因此，如果传统川菜企业业务流程不改变，不能以消费者为中心，而依旧以企业组织结构为中心，企业生产效率和服务质量就很难有质的提升。以满

足消费需求为主线的川菜企业业务流程重组（BRP）将成为川菜产业现代服务业转型的重要手段。

5.3.1.2 川菜企业业务流程重组

业务流程重组的核心就是要打破传统企业的组织结构，使企业的运行不再受到职能条块分割的影响，更多地以业务流程为中心。对于川菜企业而言，业务流程重组就是对有碍于以消费者为中心的部门进行改革，使所有的业务流程都指向消费需求的满足。基于业务流程重组的川菜企业组织结构应具备如下主要内容：

（1）以消费需求为导向的流程型组织

随着消费需求的个性化、多样化，川菜企业逐步建立起了以消费者为导向的经营理念。该经营理念需要打破川菜企业内部的部门界限，将服务于消费者的多个工作进行重新组合和优化。同时，在川菜企业中设置关键业务流程，一切工作以关键业务流程为中心展开。

（2）关键业务流程主管的设置

关键业务流程是直接关系到川菜企业产品和服务的生产效率、质量和消费者满意度的流程。在一个川菜企业中，往往存在一个或几个关键业务流程，为这些关键业务流程设置流程主管，可以使业务流程完整顺畅地执行。流程主管负责流程中的人员安排、工作安排、绩效考核，以业务流程完整顺畅运行为目标，处理具体的流程业务，并与各业务模块进行沟通、协调。对于川菜企业而言，在特色系列菜品和服务中设置关键业务流程主管，是非常有价值的，将直接提升特色菜品和服务的服务效率和价值认可。

（3）职能部门的改进

在进行业务流程重组时，川菜企业分隔、独立的职能部门将被打破。但职能部门并不是被直接取消，而是被设置为较业务流程稍次的地位而继续存在。因为职能部门的存在能够为处于相同业务领域、不同业务流程的人员提供相互交流、相互学习的机会，能够从另一个方面创造出新的机会。在川菜企业业务流程重组中，关键业务流程应该是满足消费需求的全过程，即产生需求、寻找服务方、决定购买、购买服务、售后评价的整个流程。在这个关键业务流程中，不再采取职能部门负责制，也就是消费需求不经过部门进行处理，而是由业务流程进行处理，职能部门主要负责培训、沟通、协调和激励。

（4）人员素质的重要性

川菜企业业务流程中，负责直接处理业务工作的不再是某一职能部门，而是落实到具体的流程责任人上。由于需要进行多样化的决策以提高工作效率，就需要工作人员具备更强的综合素质，而不仅仅只具备某一职能的专业素质。

这对人力资源开发部门来说，是一个较为重大的挑战，也对川菜产业人才培养提出了更高的要求。

（5）现代信息技术的集成

企业业务流程再造本身就强调现代信息技术的整合，以信息技术促进企业的再造。现代信息技术使信息快速汇集、数据快速分析、决策快速传递成为可能。也正是因为信息技术的广泛运用，才使得管理幅度大幅提升，进而构建组织结构再造的整体框架，形成以消费者为中心的业务流程快速响应体系。

5.3.1.3 川菜企业流程重组的原则

川菜企业流程重组是对传统组织结构体系的再造和优化，甚至是对生产运作方式和工作机制的再设计。流程重组的成功将取决于以下原则的实施：

（1）以消费者满意为导向的组织结构调整

川菜企业业务流程重组打破了原有的部门界限，模糊了原有的条块利益分隔，以业务流程和工作任务为主线，组建菜品或服务流程团队，目标更为明确，权责更加明晰。在餐饮市场快速变化的今天，川菜企业实施现代化转型的过程中，尤其需要对消费需求快速响应。新型的业务流程型组织结构将极大地提升消费者满意度。

（2）赋予关键业务流程主管实施权力

关键业务流程主管在川菜企业业务流程重组中将起到举足轻重的作用，川菜企业可能由于一种特色菜品或特色服务而具备核心竞争力。为了使业务流程充分满足消费需求，必须使关键业务流程主管具有相应的决策权力。这不仅对业务主管有一定的激励作用，还能够提升业务流程的执行效率，降低错误率和次品率。

（3）高层管理者的参与和支持

川菜企业业务流程重组是对原有构架的优化和重组，也是对原有资源利益分配机制的全面改革，更是对企业运作模式和思维模式的颠覆和再造。其成功与否的关键因素是高层管理者的决心、支持力度和参与程度。高层管理者的支持和参与程度越高，业务流程重组的效果也就越好。特别是在中层管理者的利益被冲击时，高层的决心、信心和参与才是对改革的最好支持。

（4）科学选择关键流程

菜品和服务是川菜企业成功的关键。梳理具有特色的菜品和服务，设置关键业务流程，可以明确川菜企业工作的重心，合理分配资源，有效安排人员，打造菜品和服务的核心竞争力。在选择关键业务流程时，川菜企业应选择那些难以被模仿、具有不可替代性、能够为企业带来持续竞争优势的业务流程。同时，关键业务流程的选择应具有一定的时效性。在变革阶段，让员工及早看到业务流程重组带来的成绩，可以在企业中营造一种乐观向上、积极参与变革的气氛，减少变革带来的组织压力和阻力，促进业务流程重组的推广和成功。

（5）建立顺畅的协调、沟通渠道

川菜企业业务流程重组实际上是对现有状态进行改变的尝试，变革常常会遇到来自各方的阻力和反抗。这种阻力产生的原因可能是组织惯性，也可能来源于组织文化，以及对变革带来的不确定性的恐惧和担忧。阻力主要包括源于利益冲突和心理冲突的个人阻力，源于组织结构变动和人际关系调整的团队阻力。此时就需要川菜企业在业务流程重组前就建立起顺畅的协调、沟通渠道，不断与员工和职能部门进行沟通，正面地向相关人员宣传业务流程重组带来的机会，并清晰地说明业务流程运行的方式以及会对相关部门和人员带来的影响，尽可能取得员工的理解和支持。

5.3.1.4 川菜企业业务流程重组的方法

为了确保业务流程重组的顺利进行，川菜企业必须采用适当的方法，最大限度地凝结共识、消除疑虑，使消费者满意。业务流程重组主要包括以下几种方法：

（1）创新组织文化

冰山理论认为，如果把水面之上的冰山比作组织结构、规章制度、任务技术、生产运作体系等可见要素的话，那么水面之下更大的冰体是组织的价值观、态度、行为体系所构成的组织文化。由于传统川菜企业的人员素质往往不高，良性的组织文化体系尚未建立，很容易在变革时遇到巨大的阻力。因此，川菜企业在进行业务流程重组时，尤其需要注意如下问题：一是通过组织诊断，寻找企业或部门绩效差的具体原因，以事实作为变革的依据；二是构建基于绩效考核的组织文化，使业务流程重组建立在重视业绩文化氛围中；三是高层管理者（所有者）明确提出并支持业务流程重组；四是以目标管理的方式，促进员工参与管理，取得部门和员工的共识。

（2）借助外部力量

川菜企业业务流程重组是一个涉及企业方方面面的系统工程，不仅囊括了企业内所有的部门和人员，还关系到企业的供应链系统。为了使流程重组更具科学性，取得实实在在的成效，进行变革时有必要借助第三方智囊机构的帮助。同时，由于变革涉及太多的内部力量博弈，外部力量的介入可以较好地避免内部矛盾的激化，有利于尽快建立起正面的革新氛围。

（3）借助现代信息技术

传统川菜企业的手工化、经验化管理在快速变化的市场中正逐步被信息化、规范化管理所取代。现代信息技术对川菜企业管理现代化的促进作用是不言而喻的。以供应链管理为核心思想的企业资源计划（ERP）正被越来越多的川菜企业关注。ERP 可以为川菜企业提供跨区域、跨部门、跨企业甚至是跨产业的实时管理信息。其通过信息技术将川菜企业的人、财、物、产、供、销以及相应的物流、信息流、资金流、管理流等紧密地整合起来，实现企业资源的优化配置和共享。因此，川菜企业业务流程重组可以在 ERP 系统的实施过程中适时介入，不仅可以提高业务流程重组的成功率，还可以彻底构建起以消费需求为中心的现代企业管理模式。

（4）选取关键的业务流程作为重组的突破口

选取那些能够满足消费者的关键需求、满足经营目标、满足竞争需求的最关键的业务流程进行重组，可以起到以点带面、事半功倍的作用。表 5-11 列出了某研究机构对 248 家企业在业务流程重组的不同阶段所开展工作的调查结果，包括开展业务流程重组的阶段及各个阶段的活动内容。①

表 5-11　业务流程重组不同阶段的相关活动

阶段	相关活动
计划和启动	识别准备变革的关键业务并评估如果不进行变革将产生的结果 识别重组的关键流程 任命高级主管并成立专门委员会 获得高层管理者对业务流程重组项目的支持 准备一份项目计划书：定义项目范围，确定可以量化的目标、精心挑选的实施方法以及详细的项目进度计划 与高层管理者在项目的目标和范围上取得一致 经过挑选的咨询顾问或外部专家 排除会议干扰 向小组主管传达项目目标，并开始与企业进行沟通 训练业务流程重组小组 开始（业务）变更管理行动并有一个精心准备的沟通（交流）计划

① 陈荣秋，马士华. 生产运作管理［M］. 北京：机械工业出版社，2017：380-381.

表5-11(续)

阶段	相关活动
调查研究	对其他公司进行基础性研究 通过与顾客面谈，核心小组识别当前需求及未来需求 与员工及管理者交流，了解业务实际并通过头脑风暴获取业务变更的灵感 研究相关文献，了解行业发展趋势并寻找最佳实践方法 在要给较高的层次记录“As-Is”流程及相关数据，寻找差距 回顾技术改造及可选项 与委员会主管及关键的高级管理者交流 深入现场或参加学术交流 从外部专家和咨询顾问那里获取有用的信息
设计	创新设想（头脑风暴、灵机一动），创造性思维 进行“如果——那么”设想，吸收其他公司的成功经验 由领域专家形成 3 至 5 个模型，吸收不同模型的长处形成综合模型 建立理想的流程场景 定义新的流程模型并用流程图描述这些流程 设计与新流程适应的组织结构模型 定义技术需求，选择能够支持新流程的平台 将短期成果与长期效益分开
审批	收益与成本分析报告，明确的投资回报 对顾客及员工影响的评估，对竞争地位变化的评估 为高层管理者准备实际案例 争取评估会以向委员会和高层管理者展示并获得批准（项目实施）
实施	业务流程及组织模型的详细设计，详细定义新的任务角色 开发支撑系统 实施的导航方案及小范围的实验 与员工就新的方案进行沟通，制订并实施变更管理计划 制订阶段性实施计划并实施 制订新业务流程和系统的培训计划并对员工进行培训
后续工作	定义关键的衡量标准，进行周期性的评估 评估新流程的效果 对新流程实施持续改进方案 向委员会和高层管理者发出最终报告，以获得认可

5.3.2 川菜企业设备管理

设施和设备是川菜企业生产和服务运作的基础，良好的设施设备状态直接关系到川菜企业的生产效率和市场竞争力。川菜企业的设施设备种类杂、数量多，如何保证设备的完好度，是生产运作管理中需要关注的重要问题。

5.3.2.1 川菜企业的综合设备管理

川菜企业需要根据顾客需求状况和生产运作状况设置经营目标，并根据此目标制定设备需求计划、维护计划、维修计划。根据设备计划进行设备的选用、购买、安装调试。对员工进行设备使用培训，保证设备正确、合理使用。根据设备计划检查、维护和保养，及时发现问题，保证设备正常使用。根据设备计划及时改造和更新设备。

川菜设备已经逐渐从传统的手工操作过渡到高度的机械化、自动化、智能化，菜品的品质和生产效率也因为设备的现代化而逐步提升。但在高度机械化和自动化情况下，设备一旦发生故障，就可能导致川菜企业生产与服务的停滞，带来巨大的损失。同时，由于川菜设备往往处于高温、高湿和相对密闭的环境中，很容易出现腐蚀和磨损现象，必须高度重视川菜设备的安全状态和完好状态。川菜企业必须建立起完整的设备管理体制和方法，提高设备综合效率。

5.3.2.2 川菜企业的设备故障处理

从设备的磨损周期来看，川菜设备从投入使用到磨损报废会经历三个阶段：初期磨损、正常磨损和急剧磨损。初期磨损是设备进入正常使用的必经阶段，也称“磨合”阶段，其周期与设备的制造精度负相关，设备制造精度越高，磨合周期越短。在这个阶段主要是维持设备的中低负荷运行，以使设备尽快达到正常使用状态。正常磨损是设备正常使用而产生的磨损，在这个阶段主要是加强设备的维护、保养，延长设备的使用寿命。急剧磨损一般出现在设备使用的后期，在设备的维护保养中，一旦发现设备寿命接近急剧磨损期，要及时更新，不允许设备进入急剧磨损期，避免急剧磨损造成的设备停止运行或发生安全事故。

同时，设备故障也会有一定的规律，主要包括初期故障、偶发故障和磨损故障三类。初期故障主要是由于操作人员对设备的基本性能和操作方式不熟悉而产生的。这类故障一般不属于设备本身的问题，需要加强员工的培训，使其尽快熟悉设备的运行规律。偶发故障一般是由于维护保养不到位而造成的，也有操作不规范的原因。偶发故障的预防和排除一般需要严格执行设备管理制度，严格按期维护保养，严格按规程操作。磨损故障是由于设备的零件磨损造成的，磨损故障如果没有被提前发现，有可能造成较大的损失。因此，需要明确磨损故障的原因，属于零配件磨损的及时更换相关部件，属于设备寿命接近结束的要及时更新设备，严格按照设备的更新、维护保养计划进行操作。

5.3.2.3 川菜企业的设备维护维修机制

设备管理的目标是保证生产和服务的正常运行，设备的维护维修在设备管理中处于中心地位。川菜企业必须时刻做好设备的维护维修工作，保证设备时刻处于完好的状态。一旦设备发生故障，要及时查找原因，并举一反三，预防类似事件的再次发生。川菜企业的维护维修机制可以采取以下方式：

（1）计划预防维修机制

计划预防维修机制是对设备的维护维修实施计划管理，主要包括日常维护、定期检查维护、计划修理等。计划预防维修重点在于“计划”和“预防”，有计划的检查、维护、维修作业将极大地降低设备的故障率、延长设备的使用寿命。传统川菜企业往往不重视设备的维护维修，一般是设备出故障后进行维修，既耽误生产又增加成本开支。川菜企业应首先制定设备的维护维修管理制度，要求相关部门或负责人按照计划进行设备的强制修理、定期修理和检查后修理。强制修理一般用于涉及安全及可能对企业造成重大影响的设备维护维修，不管设备是否已经发生了实际磨损和出现故障，都强制进行维修，以保证设备的正常运行。定期修理是根据设备的磨损周期和故障周期，制定修理时间表，根据时间表进行维护修理。检查后修理只规定设备的检查计划，根据检查结果进行修理，由于每次修理都是根据检查结果来确定，设备出故障前不一定会有问题征兆，可能出现未及时发现问题并进行维修的情况，因此一般用于简单、不重要的设备。

（2）全面生产维修制

全面生产维修制（TPM）是指全员参与、以提高设备综合效率为目标、以设备寿命周期为对象的生产维修制度。体现了全效益、全系统、全员参与的基本思想。其主要内容包括日常点检、定期检查、计划修理、改善性维修、故障修理、维修记录分析、开展5S（整理、整顿、清洁、清扫、教养）活动七个方面。

川菜企业可以根据自身的情况选择维护维修机制，目标就是以较低的成本，进行较完善的设备维护维修，防患于未然，保证生产与服务的正常进行。

5.3.2.4　设备维护业务外包

业务外包在川菜企业的日常运营中经常可以见到，是川菜企业利用外部资源，分担自身成本和精力投入，提升核心竞争力的重要方式。随着竞争的日趋激烈和社会分工的日益加深，川菜企业采用的设备也日益先进，维护和维修过程越来越复杂，成本也越来越高。由于聚焦主业的要求，川菜企业只能对大型、专业化设备进行日常维护，大型维护和维修只能寻求外包来完成，而专业化的设备维护由于具有技术水平高、专业性强、维护周期短及收费合理等特点，对川菜企业的设备管理吸引力逐渐增大。

(1) 设备维护外包决策

川菜企业在保证正常运营的基础上，根据企业设备、维护业务、内外部维护能力的实际情况，有选择地将部分维护业务通过合适的外部交易方式来完成，通过外部资源的有效利用来实现企业战略目标。川菜企业外包决策主要涉及两个问题：选择正确的外包对象、选择适合特定外包对象的交易方式。其中外包对象的选择以设备及其维护业务为基础，交易方式的确定由外包对象以及设备维护市场的发展状况共同决定。设备维护外包决策需要考虑如下因素：

①设备维护需求分析。川菜企业的设备复杂多样，各种类型的专业设备在生产运作过程中起着不同的作用，也有着不同的重要等级。随着设备资产专用性的提高，设备维护外包的风险也相应增大，因此首先要对川菜企业设备进行分类研究。设备的维护层次可以分为日常维护、小修、项修、大修，不同的维护层次需要的人员、技术力量、相应的管理能力都有显著的区别。因此，川菜企业设备维护需求要从维护对象（设备）和维护内容（维护业务）两个角度综合考察，全面分析不同设备对川菜企业运营的影响以及设备不同层次维护业务的需求特征。

②设备维护能力识别。设备维护能力识别是川菜企业通过外部服务商的维护能力分析获得整个维护市场发展状况的信息，并与企业自身维护能力相比较，为川菜企业做出合适的设备维护外包决策提供支持。在进行设备维护能力识别时，应考虑川菜企业的特色菜品、服务及对应设备状况，将设备维护外包业务的确定、交易方式的选择与最终外包服务提供商的确定进行整合分析。对外包服务提供商的考察一般分为技术、成本、财务状况和管理能力四个方面。

③设备维护业务外包决策过程。川菜企业设备维护业务外包决策首先应从分析设备类型开始，即分析哪些设备适合外包，哪些设备不适合外包。其次，从设备的专用资产程度、对核心业务的影响程度、维护的难易程度、对企业关键业务流程的顺畅和安全运行的影响程度、外部维护市场成熟程度等方面确认适合外包的维护业务。第三，对那些不适合外包的设备或维护业务，结合对企业内部业务流程的分解，对业务流程中可能外包的维护业务环节进行识别。与选择第三方物流的原则类似，在进行维护业务外包时，如何能够维护川菜企业的核心竞争力是进行外包决策的首要考虑因素。对川菜企业的特色菜品和服务，也就是核心业务影响较大的设备，以及对川菜企业安全生产和业务流程顺畅进行影响较大的设备，一般应该选择自行维护。通用设备、外部维护市场成熟、外部可选维护提供商多、外包提供商维护能力有较大优势、外部提供商规模经营效果好、外包成本低，同时维护外包又不会对川菜企业的核心竞争力产

生不利影响等情况下，川菜企业可以选择外包。川菜企业的外包决策是随着川菜企业生产运作业务流程的变化和设备技术水平的变化而不断变化的，企业外包决策必须以满足消费需求和生产运作需求为中心，为获取川菜企业在竞争中的核心竞争优势而不断改进。

（2）设备维护外包管理

川菜企业在进行了设备维护是否外包决策后，需要进行外包业务过程的管理和控制，以及对外包结果进行评估反馈。川菜企业的维护外包管理主要包括：

①设备维护业务提供商评估和选择。川菜企业应综合考虑设备维护提供商的技术能力、维护质量、管理能力、服务、价格、商誉，选择适合企业生产与运作流程的设备维护提供商，并与之签订合作协议。一般来说，设备维护外包合作协议包括设备维护的外包范围、外包期限、外包内容、外包服务水平、外包费用及相应的奖惩条款等。签订协议主要是为了明确双方的权利与责任，保证川菜企业设备的正常运行。

②设备维护外包执行过程管理。川菜企业并不能认为协议签订后就一劳永逸，还需要对外包业务的执行过程进行监督与管理。设立专门的设备维护外包监督管理组织，由该组织专门监测与评价设备的维护状况，监督维护业务供应商对协议内容的执行情况，并在外包业务执行过程中在川菜企业内给予一定程度的协调及资源调配，保证外包商充分履行协议并保证其充分履行协议所需的条件和环境。

③设备维护外包评价与反馈。川菜企业需要评测设备维护外包的执行效果，特别是评估设备维护外包是否达到了保证川菜企业内设备正常运作，保证川菜企业业务流程顺畅运行，降低川菜企业设备维护成本，提升川菜企业对核心能力的关注等效果。同时，对设备维护业务提供商做出是否达到协议要求，并根据协议奖励或惩罚的决定，为是否继续采取设备维护外包的决策提供反馈依据。

5.3.3 川菜企业全面质量管理

质量和特色是川菜企业生存与发展的关键，也是川菜产业转型升级的基础。川菜企业实行全面质量管理就是企业内所有部门和所有人员都以产品质量为重心，把专业技术和管理过程结合起来，构建一套科学、严密、高效的质量保障体系，控制菜品制作与生产、服务运作过程中影响质量的因素，以优质的工作和经济的方法，提供满足消费需求的川菜产品和服务的全部活动。

5.3.3.1 川菜企业全面质量管理的内涵

（1）全面的质量管理

川菜企业全面质量是指菜品、制作与生产过程、服务过程、工艺规范等全方面的质量，而不仅仅是传统意义上的产品质量。川菜企业应以保证菜品的高质量水平为切入点，以优质的制作与生产过程、服务过程和工作质量来保证菜品质量，有效改善影响菜品质量的因素，达到全面提高菜品质量的目的。

（2）全过程的质量管理

川菜企业要把质量管理理念贯穿于从采购管理到生产与制作，再到服务和消费者反馈的全过程，也就是价值链创造的全过程。在质量管理全过程中，以预防和预先处理为主，保证川菜企业生产运作全过程的顺畅进行，把不合格的食材或原材料、不合格的菜品及其制作生产过程、不合格的服务都消灭在呈现给消费者之前，做到防患于未然。

（3）全员参与的质量管理

菜品和服务质量的好坏，取决于川菜企业全体员工的工作质量水平，而不仅仅取决于厨师和服务人员的工作。因此，提高菜品和服务质量必须川菜企业全体员工共同努力。川菜企业业务流程中的任何一个环节及每一个环节中的工作和人员，都在一定范围和一定程度上影响最终菜品和服务的质量。川菜企业应在业务流程重组的基础上，将全面质量管理理念贯穿于业务流程的构建中，让每一个员工都具备质量意识，承担质量职能，积极关注菜品和服务的质量。

5.3.3.2 川菜企业全面质量管理的主要内容

全面质量管理是川菜企业生产与运作管理全过程的质量要求和质量控制，其中的主要内容包括以下几个方面：

（1）市场调查

川菜企业对质量的全面管理要从对消费者的满足开始，质量要求不是绝对的，而是相对的，只有满足消费需求的产品和服务才是符合质量要求的。市场调查就是有针对性地发现和挖掘消费需求，将其作为川菜企业一切活动的基础。

（2）菜品和服务设计

菜品和服务设计是川菜企业满足消费者流程的起点，也是影响菜品和服务质量的关键环节。市场营销部门不能将超出川菜企业生产和服务能力的消费需求提供给设计部门，设计部门也要根据符合企业实际的消费需求进行菜品和服务设计，并制订相应的工作规范和质量标准。菜品和服务的设计原则是在保证产品质量并提升质量的基础上控制成本。

（3）采购

食材或原材料、半成品的质量对菜品质量有显著影响。因此，川菜企业需要在供应链管理的基础上，建立战略合作伙伴关系，协调供应商，保证供应商根据川菜企业的采购要求按时、按数量、按质量地提供食材或原材料及半成品。

（4）制作与生产

制作与生产是川菜企业提供菜品的关键流程，制作与生产流程的质量管理主要通过控制影响菜品质量的各种因素，即厨师的技术熟练水平、设备、食材或原材料、工艺规程、检测手段和制作环节来保证菜品质量。

（5）检验

川菜企业的特点在于检验工作和制作和生产工作高度相关，只有在制作与生产过程中贯穿检验工作才能及时发现问题，起到把关并且预防损失的作用。因此，全面质量管理要求川菜企业将检验工作贯穿于采购、制作和生产及服务的全过程。

（6）服务

服务是满足川菜消费者消费需求的关键环节，川菜消费需求的一个方面就是对服务的需求，即心理满足。因此服务质量的高低直接关系到消费者满意度，应将全面质量管理的理念贯穿于服务人员和服务过程中，使每一个服务环节都体现高质量。川菜企业在评价服务质量时，可以考虑六个方面的质量特性：

①功能性。指川菜企业提供的服务所具备的作用和效能特性，即能够满足消费者川菜消费心理。

②经济性。指川菜消费者得到的服务与其心理预期的符合程度。川菜服务价格没有绝对的高低之分，而与消费者心理感受高度相关。消费者在寻找信息、订餐、到达、获得服务、售后服务的全过程中支付的成本费用与消费者心理预期的差距就是服务经济性的体现，如果心理预期大于或等于实际付出，则消费者满意，如果实际付出大于心理预期，则会产生不满。

③安全性。指消费者在接受川菜企业服务的过程中，身体健康和精神健康不受损害、财产不受损失的质量要求。

④时间性。川菜餐饮服务的一个重要质量因素就是时间约束，即消费者是否能在合适的时间内接受服务。排队管理、服务人员素质、制作和生产过程、物流配送过程都是川菜消费服务时间性的影响因素，必须进行全过程的控制。

⑤舒适性。餐厅的装修装潢、氛围营造、照明和色彩、服务人员素质都会

影响消费者的消费舒适性，到达过程、排队过程、离开过程的某些因素也会影响消费者的舒适性，应该以质量管理的理念进行全程舒适性控制。

⑥文明性。文明性属于川菜餐饮服务过程中消费者精神满足的质量特性。川菜消费者希望得到一个自由、亲切、受尊重、友好、自然的用餐氛围以及和谐的人际关系，以体现消费者的消费层次和消费品位。

综上，川菜企业需要在采购、制作与生产、服务等流程中贯穿全面质量管理的理念，做到全面、全过程、全员参与的质量控制与管理，不断提升菜品和服务质量。

5.4 川菜企业绩效管理系统设计

绩效（Performance），又称业绩，是企业在管理活动中经常涉及的最为重要的概念之一。对于这个概念，管理学界有着不同的界定。一种思想认为，绩效是在特定的时间内，由特定的工作职能或活动产生的产出记录。这种思想对绩效的界定来源于工作的角度。另一种思想对绩效的界定来源于行为的角度，如著名经济学家坎贝尔认为："绩效是人们所做的同组织目标相关的、可观测的事情"。博曼和穆特威德鲁认为："绩效是具有可评价要素的行为，这些行为对个人或组织效率具有积极或者消极的作用。"由这两种对绩效的界定我们可以看出，绩效是一系列行为的直接或间接的结果。仅仅关注行为或结果都是对绩效片面的理解。因此对绩效的界定必须包括两个方面，即兼顾行为和结果。

绩效管理是对行为和产出的管理。它以企业的战略任务和目标为依据，制定适合上至企业整体下到各个部门和员工的绩效指标。这些绩效指标通过一系列的因果关系环环相扣，然后通过定期或不定期的绩效考核，对行为与产出做出客观、公正、综合的评价，再将评估结果应用于企业的绩效改进中，以连续提高企业的绩效水平。

川菜企业生产经营活动的出发点和落脚点都是企业绩效的提升。同时，由于绩效管理的科学性关系到如何衡量川菜企业的绩效，以及如何衡量川菜职业经理人的工作业绩，绩效管理系统的设计和应用对川菜企业尤为重要。本部分重点讨论川菜企业绩效管理系统的设计和应用。

5.4.1 绩效管理与目标管理的结合

目标管理（Management by objective）是美国管理学家 Peter F. Drucker 于

1954 年在其所著的《管理实务》一书中提出的，它的本质就是研究如何确立组织的正确目标以及如何成功达成目标。其基本精神一是从企业运行的各个方面提高企业绩效，二是提高员工个人能力。企业要实现预定的目标，必须从企业每一名员工入手，他们有明确的奋斗目标后，才有可能发挥最高的效能，并为了目标的实现而努力提高自身能力。这样，企业的运行效率自然就提高了，从而提高企业的绩效。

自从德鲁克倡导目标管理理论后，目标管理很快得到了管理学界的广泛关注，并逐步形成了倡导目标管理的管理程序学派。目标管理虽然是近年来新兴的理论，但根源于法约尔的管理理论，并将计划、组织、指挥、协调、考核等方面加以综合与简化。目标管理得到了欧美以及日本企业的大力推广并产生了巨大的成效。

若干年来，目标管理以其对资源合理的配置、充分的授权以及同企业战略和企业业绩的紧密联系，已经成为企业降低成本、提高工作效率的重要工具。实施目标管理的最终目的就是为了提高企业绩效水平。川菜企业在进行绩效管理系统设计时，应将目标管理的理念融入其中，因为目标对川菜企业绩效有着决定性的影响。绩效是行为与结果的统一体。而川菜企业可以通过目标来影响员工和部门的行为，从而影响最终的企业绩效。

制定川菜企业目标实质上是绩效管理的一个核心步骤，使川菜企业内所有员工都将注意力集中到目标上，用最适当的方法，最短的时间，最小的费用，取得最佳成果。目标有几个核心要素，就是“目标是什么”“如何实施”“实施到什么样的程度”“什么时候能完成目标”“目标是否能被很好地完成”。目标对绩效管理的作用如下：

一是以目标为核心的绩效管理可以调动员工的积极性，有利于发挥各方面的能力。

二是有利于川菜企业实施灵活机动的经营策略，随时应对外部和内部的变化。

三是员工工作态度的转变。员工的工作有了目标，也就有了动力。可以有效地改变长期以来人浮于事，员工上班无所事事、不知道该做什么的情况。员工完成了目标后，满足感也会提高，对企业吸引和留住人才有极大的作用。

四是思考方法和行动方法的合理化。企业管理者与员工思考的问题已经不再是固定的财务指标，而是企业的价值是否增加，企业的竞争力是否增强。全体员工都向着有利于提高企业整体绩效水平的方向共同努力，避免短期行为对企业长期发展的不利影响。

五是促进双向沟通。沟通在企业中的作用日益明显，目标的制定、目标的执行、目标执行过程中出现问题的解决、目标执行的结果以及未来努力的方向和方法等都需要一个双向的沟通，企业内部也就自然地形成了反馈的机制。

综上所述，对于川菜企业而言，目标应该是激励所有管理者和员工的重要方式。并且川菜企业应将战略融入绩效管理系统，这样能够更好地执行战略，因为他们能正确地在企业内传达目标和目标值。这样就使目标在绩效管理中起到了核心的作用，我们可以通过为川菜企业制定目标并辅之以可以衡量的各种衡量指标来对企业绩效进行有效管理，从而达到通过控制企业的行为来影响企业绩效的目的。

5.4.2 构建基于战略的川菜企业绩效系统

战略指明了企业前进的方向，且战略的制定是个复杂而艰巨的工作，原因就在于虽然企业的目标可以界定得非常清楚，但实现这些目标的途径和方式却不是显而易见的。并且即便企业目标在刚刚界定的时候很清晰，但企业所处的竞争环境是不断变化的，企业先前制定的目标可能跟不上形势，甚至竞争的加剧可能使企业目标的实现遇到巨大的障碍。此时企业又必须适时更新自己的目标。所有这些目标的制定和更新都要围绕企业的战略来进行，否则就有可能偏离正确的轨道。战略涉及并影响川菜企业经营管理的各个方面，从领导到财务，从营销到文化。川菜企业的经营业绩与战略是息息相关的，战略制定的好坏直接关系到川菜企业绩效的好坏，而企业绩效状况就是对战略制定和执行情况客观而全面的反映。把川菜企业战略和目标管理结合在一起就可以得到川菜企业绩效管理的主体构架。如图5-8所示，川菜企业愿景和任务决定了企业战略，企业的总体目标由对企业战略的分析以及对企业战略的细化而来，是企业战略落实到行动上的首要前提。绩效管理就是要从目标的制定、实施和结果几个方面来考虑。绩效管理过程就是总体目标细化为具体作战目标的过程，具体作战目标可以划分为对绩效影响最大的三个方面：财务、客户和业务流程。在这三个方面为川菜企业制定绩效目标及衡量指标，使之既能指导执行的过程，又能衡量执行的结果。再通过解决执行过程中以及结果中所暴露的问题，对企业的总体目标进行由上而下的改进，继而提高川菜企业的总体绩效水平。

5.4.3 川菜企业绩效管理的有效实施

绩效是行动和结果的统一体，川菜企业绩效管理既要关注如何评估企业过去的绩效水平即通常所说的成果指标（滞后指标），更要关注的是如何提高企

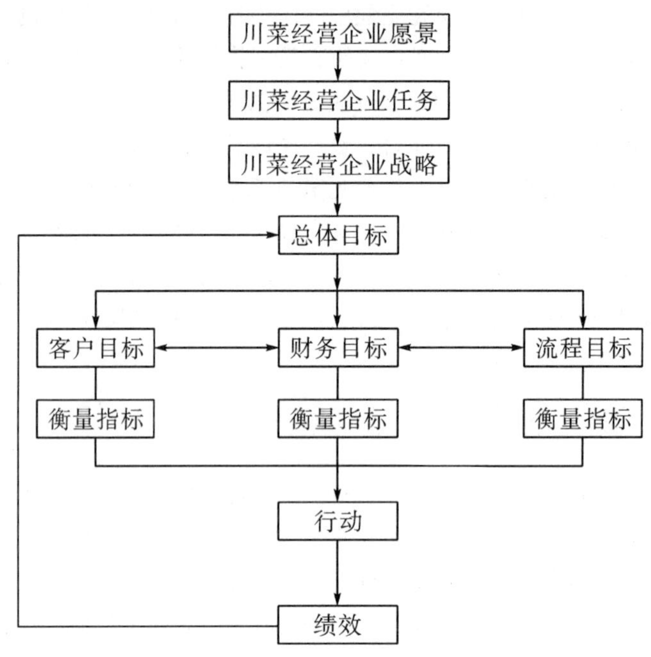

图 5-8　川菜企业目标分解图

业的绩效水平。这就需要明确企业的绩效从何而来，哪些因素是影响企业绩效的重要方面，这些就是关键驱动因素（领先指标）。再为这些关键驱动因素设立目标及关键绩效指标，这样就可以将绩效管理落实到行动上。因此，川菜企业的绩效管理系统是成果指标和关键驱动因素的适当组合。我们设置关键绩效指标时将参考一套比较成熟的理论体系，即罗伯特·卡普兰的平衡计分卡方法。

平衡计分卡其实就是一个衡量组织绩效的工具。而平衡计分卡是以战略为导向的，因此，平衡计分卡成了很多企业一个有效的战略工具。1992 年，哈佛商学院教授罗伯特·卡普兰（Robert Kaplan）和复兴方案公司总裁戴维·诺顿（David Norton）合作发表了第一篇主题文章，标志着平衡计分卡的诞生。

平衡计分卡方法的核心是：以财务、客户、业务流程和学习/成长这四个领域的企业战略和目标为基础，开发出企业层面的包含有关键绩效指标的平衡计分卡，再把这些目标逐层分解、落实到各个部门和每个员工。本书就将最利于川菜企业绩效管理及考核的三个方面即财务、客户、业务流程单独列出来建立绩效管理的框架体系。

对于同绩效管理紧密结合的目标管理。过去，有很多企业实行绩效管理时采用过目标管理的方法，但成效甚微。究其原因主要体现在：①注重结果，忽视过程特别是流程的改进和长期目标的实现，缺乏通过业务流程的优化来提高企业绩效的意识；②目标过多、过少或过于僵化，不足以反映企业实际状况。很多企业关注的目标有所偏差，关注着一个或者几个自认为非常重要的指标，或者若企业采取职能部门制度，其职能部门仅仅关注自己部门内部的指标，并且为了达到自己的目标而不择手段。这就导致了一个经济学意义上的局部最优，而衡量一个企业整体绩效不应该鼓励任何一个指标和层面的局部最优，因为一个指标和层面达到局部最优的时候可能另外的指标仍处于比较差的阶段。最后的指标博弈很有可能以零和告终，我们需要的是整体绩效的最大化，所以我们必须关注那些重要的目标，并对这些目标事先进行缜密的研究。

5.4.3.1 财务目标

财务目标由企业战略分解而来，而要衡量财务目标就需要一系列的财务指标。通常认为，企业的财务指标好企业的绩效就好，财务指标差企业的绩效就差。虽然以财务指标衡量企业绩效有点以偏概全，但从一个侧面仍然反映了财务指标的重要性。良好的绩效管理是为了促使各业务单位把自己的财务目标同企业的战略相联系，财务目标就成为企业内所有目标和指标的核心。每个指标都是因果关系中的一个环节，其最终结果都是以财务绩效来表示。因此，财务目标和指标必须起双重作用：确定战略的预期财务业绩，成为所有其他层面的目标和指标的最终目标值。处于核心地位的财务目标自然就成了整个绩效管理系统的始终。

5.4.3.2 客户目标

客户是企业收入的来源，企业要想取得长期的卓越财务绩效，就必须创造并提供客户青睐的产品和服务，这已经成为处于竞争中无数企业的共识。川菜企业制定客户目标及指标就是为了企业收入的增长，最终达到并提高企业的财务目标。通过川菜产品及服务满足消费需求，达到企业的各种财务绩效指标，成为川菜企业必须关注的重要内容，也是财务目标可以付诸行动的重要因素。

5.4.3.3 业务流程

任何战略、任何目标，归根结底都要通过业务流程来实施。因此，将绩效管理付诸行动最终就是将绩效管理付诸业务流程。川菜企业制定内部流程目标和指标时考虑的是如何满足财务目标以及如何满足目标客户的期望。川菜企业的业务流程不是以业务部门为中心的，而是以满足消费需求和内部价值链运行为中心的。川菜企业必须努力去构建一套完整的内部价值链，这样就可以从价值链的每一个节点找出需要努力的方向以及可以改进的节点。这样建立起的业务流程绩效管理系统才能实实在在地符合川菜企业的战略要求。

5.4.4 川菜企业财务目标设定

总体目标涉及川菜企业对任务和战略的理解，是川菜企业将战略落实到行动的首要工作。总体目标是企业管理层和所有员工通过努力可以达到的目标，因此是企业员工始终为之奋斗的起点和终点。总体目标是企业战略的细化，企业制定总体目标必须对企业外部环境和内部环境有充分的认识。根据权变的理论，总体目标是根据环境的变化而变化的，不能制订以后就完全不变，必须时刻适应川菜企业自身状况和外部环境。

将企业战略转化成能真正反映战略意图的目标，并将这些目标分解为可以衡量的指标，是使用平衡计分卡的基础和关键。设定目标就是要把战略融入一个衡量系统，这样才能更好地激励企业所有员工成功地贯彻战略。目标的形成过程就是链接平衡计分卡和战略的过程。设定目标从财务、客户、流程、学习和成长四个角度展开，以财务角度为中心，其余三个角度通过一系列的因果关系同财务角度联系起来，因为财务是最易量化和衡量的指标。平衡计分卡也就是要通过这一连串的因果关系，阐明各个指标同企业战略之间的关系。

企业的财务目标是股东最为关心的指标。管理者越来越把工作重心放到价值的创造上，并把价值的创造作为评估公司绩效最为重要的标准。因此平衡计分卡的其他三个角度的最终目的仍然是财务目标的完成，以股东价值为核心不但对股东有好处，而且对整个经济和其他的利益相关群体都有好处。

川菜企业财务目标分为反映企业经营成果的盈利能力、运营能力、偿债能力三个方面。它们反映了不同的战略角度，根据其在战略中的重要程度，可为其设定相应的权重。

5.4.4.1 盈利能力

盈利能力是企业获取利润的能力。利润是经营者经营业绩和管理效能的集中体现，是投资者取得投资收益、债权人收取利息的资金来源，也是职工集体福利设施不断完善的重要保障。因此盈利能力是企业经营管理者、投资人、债权人共同关心的一个重要指标。但是由于利润指标没有包含企业资本占用成本，比如权益资本的综合成本，所以利润指标有一定的片面性。经济增加值（EVA）就是对利润进行诸多改进的一个经济利润指标。因此我们认为企业的盈利能力集中反映在企业的经济增加值上而不是单纯的利润指标上，经济增加值等于经过调整后的税后营业利润扣除企业现有资产经济价值的机会成本后的余额。该指标从股东角度重新定义企业的利润，考虑了企业的权益资本成本。

利用该指标进行绩效评估可以促使管理者对资本的有效利用负责，对资本的期望收益负责，使得企业经营管理者在追求增长的同时注意资金的使用效率。因此，川菜企业在关注财务数据的时候更关注经济利润而非会计利润。

EVA 指标的作用主要体现在以下四个方面：

一是评价作用。EVA 对川菜企业的绩效评估将更为准确，它反映了新经济时代财务绩效评估的新要求，将会计利润转换为经济意义上的利润。如 R&D 费用，一般来说此项费用是作为当期发生的费用在当期摊销的，这部分投资对于职业经理人来说是不明智的，因为他们的薪酬来源于财务数据，他们可能减少或终止对项目的投资，最终的结果就是企业失去了长期发展的机会，尽管当期利润显得非常高，在未来的几年内可能在市场上失去战略竞争力。EVA 给了企业所有者和高层管理者一个实用的工具，因为 EVA 的思想是要求川菜企业先将这部分支出予以资本化，在以后的会计期间内进行摊销。

二是管理作用。在川菜企业传统的绩效管理中，一个很难解决的问题就是目标和指标过多，体现不出川菜企业的重点，容易使管理者迷失决策的方向，从而使川菜企业可能丧失长远发展的机会。除了使用平衡计分卡来解决这个困扰川菜企业多年的问题，也将 EVA 指标融入平衡计分卡的使用当中。所有目标和指标的目的都有机地统一在一起，这样川菜企业的管理层就更能及时、完整、准确地了解企业经营状况。

三是激励作用。川菜企业职业经理人的薪资及奖金都是经过与股东讨论和协商确定的，而此时股东并不知道职业经理人能为其带来多大的价值，这个矛盾的前提就导致了这种薪资水平不可能过高或过低，这不利于川菜企业激发高层管理者的积极性。在川菜企业高层管理者的积极性都不能调动起来的情况下，川菜企业的激励机制也就无从谈起，最终必将影响到企业长远的发展。EVA 就是要使高层管理者和川菜企业的各级员工的薪资都同企业所创造的价值挂钩，川菜企业的价值提高了，薪资就高。当然这里所说的价值不是利润指标而是让股东财富确确实实增加了的经济增加值。这样，川菜企业从高层管理者到普通员工的目标就同股东财富最大化的目标结合起来，使得川菜企业的决策时刻都会考虑到股东的利益。

四是沟通作用。在平衡计分卡中，EVA 作为一个核心的评估指标，也起到了传承企业文化的作用。这样有利于管理者与员工之间、部门与部门之间建立起共同语言，共同为企业的目标而奋斗。

EVA 的缺陷是它依然关注的是企业的财务目标，没有对企业的其他方面做完全的评估。因此，EVA 作为平衡计分卡中的一个指标，恰恰弥补了这一缺陷。使得两种系统可以充分融合在一起。

以下是与 EVA 有关的关键驱动因素（CSF）和关键绩效指标（KPI）：

一是收益。收益是川菜企业在一个会计期间内销售川菜产品和服务而获取的销售总额。以下流程对川菜企业增加收益有直接的联系：

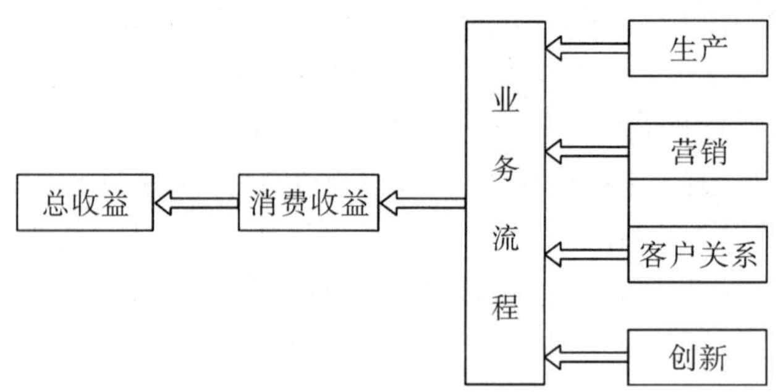

图 5-9　收益的产生流程

由图 5-9 可以看出，企业总收益来源于消费者，企业运行中的各个方面诸如生产、营销、客户关系、创新都是为了满足消费需求从而获得消费者的消费费用。在产品方面，增加新产品的数量和开发现有产品的新用途可以开发新的消费群体以及稳定老的消费群体使总收入增长。同时，开发新消费群和新市场、提高消费者满意度和采用新的定价战略使总收入增长。

二是成本费用。使用成本指标的目的是提供有关川菜企业内部各种经营活动、生产和销售产品的成本以及提供服务的成本等方面的信息。首先要以预测未来可能发生的成本为基础编制成本预算，再通过比较实际成本与预算成本之间的差异来确定实际发生的成本是否处于可控状态。最后分析是哪些非成本指标对实际成本产生了影响。直接成本是指那些可以全部追溯到发生成本的产品、服务或部门的成本。间接成本是指那些在生产产品、提供服务和经营某部门的过程中发生的，不能直接完整地追溯到产品、服务或部门的成本。成本费用利润率用来反映企业成本费用情况。

三是利润。利润等于收益减去成本。其计算相当简单，但对川菜企业的绩效评估非常有意义，如果利润为正，企业的经营就有价值。

表 5-12　衡量盈利能力的指标（1）

目标	衡量指标		计算公式
利润	经济增加值（EVA）	EVA 为正还是负	
	净资产收益率	反映企业或部门资产收益状况	净资产收益率＝利润÷企业净资产
	投资回报率（ROI）	反映企业或部门投入的资本所产生利润大小的能力	ROI＝（利润÷运用资本）×100%
	资产保值增值率	反映企业资产保值增值情况	资产保值增值率＝本年末资产÷上年末
	主营业务利润率	反映企业主营业务盈利状况	主营业务利润率＝主营业务利润÷总利润

仅仅掌握企业总利润是不够的，还需要了解企业的各个分部的盈利能力，这个分部可能是一条川菜产品线、一个生产或服务部门、一个销售区域或一个消费群，可以通过表 5-13 观察衡量盈利能力的指标。

表 5-13　衡量盈利能力的指标（2）

目标	衡量指标	
利润	产品线盈利能力	产品利润率、销售利润率
	客户盈利能力	消费者满意度、消费单位收益
	部门盈利能力	投资回报率

5.4.4.2　运营能力

运营能力是企业资金的利用效率，它表明企业管理人员经营管理、运用资金的能力。运营能力是财务目标实现的物质基础，提高企业资金的使用效率，也就提高了企业的盈利能力。反映川菜企业运营能力四个关键绩效指标为人力资源利用率、总资产周转率、固定资产周转率和流动资产周转率（表 5-14）。

表 5-14　衡量运营能力的指标

目标	衡量指标		计算公式
运营能力	人力资源利用率	反映企业人力资源的利用效率	人力资源利用率=主营业务收入÷平均职工人数
	总资产周转率	反映企业全部资产的利用效率	总资产周转率=销售收入÷资产平均总额
	固定资产周转率	反映企业固定资产利用效率	固定资产周转率=销售收入÷固定资产平均净值
	流动资产周转率	反映企业流动资产利用效率	应收账款周转率=主营业务收入÷平均应收账款余额 存货周转率=主营业务成本÷存货平均余额 流动资产周转率=主营业务收入÷平均流动资产总额

5.4.4.3　偿债能力

偿债能力是企业偿还到期债务的能力。对于企业来说，良好的财务状况是以良好的偿债能力为基础的。外部环境对企业实力的分析往往也是基于对企业负债状况及资产状况的对比而得出的。因此，偿债能力是一项重要的财务指标。

表 5-15　衡量偿债能力的指标

目标		衡量指标及计算公式
偿债能力	短期偿债能力	流动比率=流动资产÷流动负债
		速动比率=速动资产÷流动负债
		现金比率=（现金+有价证券）÷流动负债
	长期偿债能力	资产负债比率=负债平均总额÷资产平均总额
		股东权益比率=所有者权益÷资产总额
		权益总资产率=资产平均总额÷平均所有者权益

5.4.5　川菜企业客户管理绩效系统设计

川菜企业的绩效同消费者息息相关。消费者对于川菜企业的重要性在新经济时代被提升到一个前所未有的高度，因为川菜企业一直认为企业发展的原动力是企业的管理人员或企业的员工，而忽略了一个基本的问题，那就是企业生产出来的菜品品质再好，如果消费者不认可，不能满足消费需求，就不能形成购买，企业的利润就无从谈起。还有一个原因在我国是相当长一个时期内资源相对短缺，产品市场供不应求，企业生产出来多少就能卖出多少，消费者也不会注重产品是否完全适合自己，只要产品的基本功能保证就可以了。企业在这种情况下的战略都是产品导向的。而供不应求的时代已被供过于求所取代，买方市场要求川菜企业将目光从产品导向转为消费者导向，从关注产品转为关注需求和引导需求。消费需求是个性化、多样化的，川菜企业要想满足消费需求就必须做到不仅要满足消费者的现实需求，而且要满足消费者的潜在需求。满足消费者的现实需求和潜在需求还不是川菜企业要做的全部，川菜企业还必须关注消费者自己都不明确的需求，就是要为企业自己创造需求，引导消费。消费者是川菜企业收益的重要来源，川菜企业必须通过自己的菜品和服务使消费者满意也就是为消费者创造价值，继而建立起消费忠诚，这样才能够达到川菜企业预期的财务目标。因此，客户角度应该作为川菜企业所有工作的出发点和归宿点，也就是川菜企业商业运行的关键所在。

川菜企业的一切活动以消费者为中心，这正是客户满意战略（CS）的指导思想。客户满意战略由理念满意（MS）、行为满意（BS）、视觉满意（VS）三个方面构成，其实质是通过改善和提高每一个消费者接触点的质量来彻底实现消费者满意。客户衡量指标作为平衡计分卡的一个部分，可以从客户满意战略以及客户价值等方面来制订客户综合衡量与管理体系。

对客户满意战略的理解主要有两种观点①：

第一，预期理论。预期理论认为消费者满意程度与其获得的产品或服务售后表现与售前预期相比较的结果相关，并且消费者满意程度将会导致三个基本结果：客户流失、客户投诉和客户忠诚。这种理论的概念模型可以用以下函数关系来表示：

$CS = f($售前预期，售后表现$)$

客户忠诚度 $= f($客户满意度，转移障碍，客户口碑$)$

第二，预期愿望理论。该理论认为消费者满意程度与他获得的产品或服务的品质与预期的愿望的综合比较相关，CS 并不局限于产品或服务本身，还与他实现获得的信息有关。它与预期理论的区别就是预期理论忽视了一个决定因素——愿望。期望和愿望的区别在于：期望是客户对产品的服务属性、利益或产出所持信念的一种可能性，而愿望是产品或服务的属性、利益或产出导致一个人对价值层次的评价。期望是未来导向性的，相对易变；而愿望是现实导向

① 尤建新. 质量管理学［M］. 北京：科学出版社，2003：30.

性的，比较稳定。

5.4.5.1 客户贡献率

客户贡献指消费者为川菜企业的生存和发展所创造的持续性的原动力。衡量客户贡献率主要从消费者为企业带来了多少收入和满足这个消费者的需求川菜企业所付出的成本两个方面来考虑。与贡献率相关的一个重要因素是对消费者的分类，不同类型的消费者会对川菜企业的利润带来不同的影响。通常我们根据消费者为川菜企业带来的利润大小将其分为高端客户、中端客户、普通客户、潜在客户。根据20/80原则以及一直以来的经验，川菜企业收入的80%来源于20%的高端消费者，并且这部分的消费者利润率往往超过100%。随着消费者满意度的提高，高端消费者的绝对值会随之增大，企业的盈利能力也随之提高。

（1）客户人均利润

计算客户人均利润首先要计算平均每个消费者带来的销售收入及因其消费发生的成本。我们发现，为了赢得消费者，所耗费的成本主要包括三个方面：为了影响单个消费者的购买行为而产生的商业成本，为了影响消费群的购买行为所耗费的商业成本，营销流程中所耗费的管理费用。客户的销售收入根据消费者的不同分为高端人群销售收入、中端人群销售收入和普通人群销售收入。客户人均收入就是将某类消费者的销售收入除以这类消费者的人数得到的。因此，在计算客户人均利润的时候不仅要计算总的人均利润，还要将消费者类型进行划分后计算分类消费者的人均利润，以便我们了解以后针对该类消费者是否应该采取进一步的措施。这样我们可以计算出企业在哪类消费者上盈利，而在哪类消费者上亏损以及如何提高客户盈利率。比如经过我们的调查，大客户的投资回报率竟然超过2 000%。

（2）分销商和分销渠道绩效

川菜企业在营销过程中选择特定的消费群体，就必然要求我们选择特定的分销渠道。因此必须重视分销渠道的绩效企业，因为其直接关系到企业对相关客户的盈利能力。主要的衡量指标是每个分销商和分销渠道带来的收入。对其进行衡量后，还要根据该渠道所针对的消费群体综合考虑该渠道的盈利能力，再同其他分销渠道进行比较得出结果。

（3）新客户利润

虽然根据调查大约60%至70%的收入来源于现有消费者，但是企业要想发展，必然会开发新客户，因为产品有其固有的生命周期，消费也会有其生命周期，消费者不会对相同的产品永远保持不变的购买欲望。要计算新客户带来了多少利润，仍然需要衡量新客户带来的收入和该客户所耗费的成本。

（4）目标市场客户绩效

川菜企业为了达到一定的财务绩效目标，必定会针对不同的市场采取不同的措施。因此，对该目标市场的绩效衡量最为重要的就是对目标市场消费者的吸引力。我们所采用的指标为目标市场新客户带来的收入比例以及目标市场占有率。

表 5-16　衡量客户贡献率的指标

目标	衡量指标
客户贡献率	每个客户带来的收入及发生的成本（人均利润）
	特殊客户群体的人均利润
	每个分销商和分销渠道带来的收入
	新客户带来的收入及发生的成本
	目标市场新客户带来的收入比例
	目标市场占有率

从上表中我们可以看出，客户贡献率与营销、生产及客户关系都有密切的关系，因为任何一个环节都代表了消费需求的一个方面。营销流程肩负着发现现实需求与潜在需求，并创造消费需求的重任。生产流程运行的好坏直接关系到川菜企业能否为消费者提供高品质的川菜产品和服务。客户关系流程时刻关注着客户的反馈和变化，为消费者做出适当的反应并为企业的下一步行动提供准确的依据。

5.4.5.2　客户满意度

对于客户满意度，已经有很多学者进行了大量深入细致的研究。比较著名的有早期的 PE（Perception-Expectation，认知-预期）模型、EP（Evaluated-Performance，性能-评估）模型和 NQ（Norm Quality）模型。目前在客户满意度的度量模型中，最为权威的是 ACSI（America Customer Satisfaction Index）模型，即美国客户满意度指数模型。以下对 ACSI 模型做简单介绍。

ACSI 模型是由美国密歇根大学商学院质量研究中心费耐尔（Fornell）博士等总结提出的，被国内外广泛使用。如图 5-10 所示，费耐尔博士认为，客户满意度同客户在产品或服务购买前的期望和在产品或服务购买过程中及购买后的实际感受有密切的关系，并且客户满意度的高低将会导致两种可能的结果：客户抱怨和客户忠诚。ACSI 模型中蕴含了 6 种变量，即客户期望、客户对质量的感知、客户对价值的感知、客户满意、客户抱怨和客户忠诚。前 3 种为前提变量，后 3 种为结果变量。也就是说客户满意、客户抱怨和客户忠诚根据前 3 种前提变量的变化而变化。然而，ACSI 模型指出，这 6 种变量都是不可以直接进行测量的隐性变量。必须对他们每一个变量都衍生出一系列可以方便直接测量的指标，从而构成我们客户满意度的测量体系。在这个体系中，客户满意度指数（CSI）是核心指标，称之为一级指标；上述 6 种变量为二级指标；根据不同的产品或服务以及企业或企业所处行业的特点，再将这 6 种指标分解为三级指标；最后是四级指标，就是将这些指标分解到我们的问卷调查中，便于直接测评。

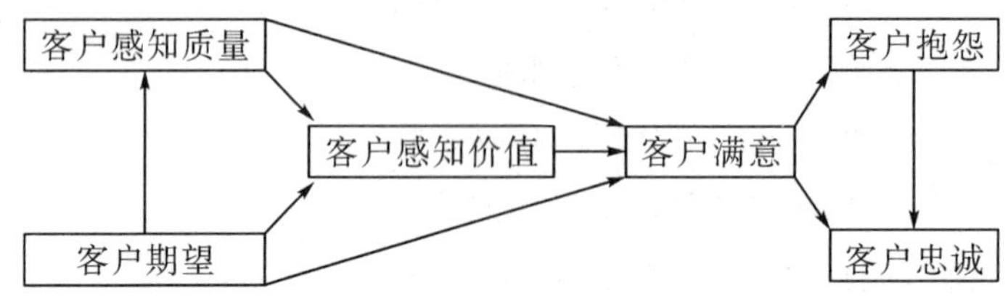

图 5-10　客户忠诚的产生

（1）客户感知价值

根据 ACSI 我们可以看出客户期望、客户感知质量和客户感知价值是客户满意度测评的起始点。客户满意度本身就是客户从单纯重视产品质量转向看重厂商能否满足他的个性化需求及能否为他提供高质量与及时的服务后，用以衡量消费价值选择的指标。因而，我们必须首先衡量哪些因素构成了客户感知价值。

客户感知价值是客户期望从某一特定产品或服务中获得的一组利益。客户感知价值之所以重要，原因是客户购买产品或服务的最终目的就是满足自己的需要，购买品质优良的商品永远是客户的第一需求。川菜企业的客户感知价值包括：产品价值、服务价值、人员价值和形象价值。

①产品价值。川菜产品或服务本身的价值，也就是指消费者在所购买的川菜产品和附加服务时所获得的满足程度。川菜产品所含有的基本功能和附加服务构成了产品本身的价值。消费者购买的主要原因就是满足生理和心理的餐饮需求。对川菜产品价值的衡量可以从菜品的色、香、味、形、意及其附加服务等方面去衡量，因此川菜产品价值与企业的生产部门和 R&D 部门有密切的联系。

②服务价值。服务价值指消费者购买川菜产品或服务后，还能持续地从川

菜企业得到的服务。在产品竞争日益激烈的今天，产品本身的竞争已经达到了白热化的程度，川菜企业纷纷转向附加服务的竞争，以创造企业的持久竞争力。对服务价值的衡量可以从客户满意度入手。因此服务价值除与产品本身价值相关外，客户服务等各种因素也直接影响着客户满意度。

③人员价值。川菜企业员工的形象及行为对企业来说至关重要。员工在工作中及工作以外所体现出来的道德水平和专业知识，能集中体现人员价值。人员价值也是客户满意度的重要影响因素之一。

④形象价值。主要是消费者对品牌和企业形象的信赖。川菜企业如果具备与其他企业相区别的品牌及形象，也就容易在竞争中形成特有的竞争力。因此企业品牌及形象的衡量指标对川菜企业至关重要。

提高客户感知价值必须从以上四个方面入手。如果川菜企业提供的客户感知价值越高，同时消费者消耗的客户成本（货币成本和便利性成本）达到最低，这样就可以提高客户满意度，直至培养出客户忠诚，以达到保留原有的客户甚至创造出新客户的目标。

（2）客户满意

这里所说的客户满意并不是客户满意度指数，而是客户相对期望得到的价值的满意程度，主要体现了客户主观上的感受。我们将其分为：对川菜产品质量或服务的满意程度、对人员服务的满意程度、对人员水平的满意程度、对形象的满意程度几个方面。

（3）客户忠诚

企业开展客户满意度研究的动机就是要改善客户关系。拥有客户满意度较高的川菜企业长时期内赢利丰厚。客户满意战略的最高目标是建立客户忠诚，而客户忠诚是建立在客户满意的基础上的，因此我们反映客户忠诚的指标又是反映客户满意度的重要方面。客户忠诚高自然客户达到的满意度就高。而忠诚度高的客户通常会增加购买，推荐新的客户给企业，并且愿意为他们信任的产品和服务付出更大的溢价。Reichheld 和 Sasser（1990）的研究表明，利润率的主要决定因素不是相对市场份额，而是客户忠诚。他们发现，客户忠诚度提高5%将使利润增长 25%到 85%。忠诚可以从态度和行为两个层面分析，态度着眼于情感因素，行为则描述了重复购买事实。客户对企业的忠诚可以体现为以下三个层次：客户对企业的企业忠诚、客户对企业的品牌忠诚和客户对本企业员工的忠诚。

（4）客户抱怨

川菜企业应尤其重视对消费者的抱怨的处理。客户抱怨主要反映在两个方面，一是正式的抱怨，二是非正式的抱怨。正式的抱怨称之为客户投诉。客户投诉必须引起川菜企业的重视，投诉有助于川菜企业衡量过去的绩效，也有助于企业对失误进行有效的改进。非正式的抱怨主要反映在消费者私下表示的或不通过生产方销售方而公开表示的对于产品或服务的不满。川菜企业必须时刻注意这类客户抱怨，因为这类抱怨是在企业不知情的情况下进行的，并会对企业的声誉造成极坏的影响。这类抱怨通常是在客户投诉渠道不畅通的情况下发生的，企业客户服务部门必须派专人收集这类信息并及时处理。

（5）企业品牌及知名度

企业品牌及知名度同客户满意度之间的关系是相互的。事实上，川菜企业品牌及知名度的提高可以使客户满意度增加，从而为企业带来额外的经济利润。客户满意度的增加又可以使企业品牌及知名度提高。因此企业品牌及知名度是客户满意度中一个重要的衡量指标。企业和客户的接触分为无数的触点，即与客户发生关系的若干业务流程，每一个这样的流程都对企业品牌及形象的建立有着重要的作用。

（6）客户关系

客户关系的建立就是要吸引和保持那些可能为企业带来持续价值的客户。可能产生价值的客户就是指能不断产生收入流的个人、家庭或企业，其收入应超过企业吸引、销售和服务该客户所花费的可接受范围内的成本。川菜企业不用追逐和满足每一位消费者，因为著名的 80/20/30 规则告诉我们：在顶部的 20%的客户创造了 80%的利润，但其中一半的利润被底部 30%的非盈利客户消耗了。因此川菜企业应该“剔除”其最差的客户以提高利润收入。客户关系流程就是分析客户的性质，对其采取不同的措施。而问题的关键是找出那 20%的客户。

5.4.6 企业流程绩效目标设计

哈默（Michael Hammer）博士将企业流程定义为“企业流程是一个或多个输入转化为对客户有用的输出的活动”。参考文献也就是业务流程涉及企业拥有了相应的资源，怎样将其转化为特定的产出。企业的战略指明了企业发展的方向，即企业如何用自己的资源去选择适合自身具体情况的产品和服务，战略通过业务流程得到实施，客户通过业务流程得到满足。业务流程就是找到正确的方法和途径去完成企业战略。企业流程包含了活动、活动间逻辑关系、活动的承担者和活动的执行方式四大要素。内部流程是企业的根本，是提高业绩最有力的驱动因素。业务流程决定了产品和服务的质量、效率、周期和成本。

企业的业务流程是有生命周期的，可以分为4个阶段[①]：识别需求、设计流程、执行并优化流程、流程重组。识别需求就是要清晰地定义客户的需求，由此开始企业基本流程的策划。设计流程就是企业依据自身的资源，设计实际运行的企业业务流程。执行并优化流程就是严格执行流程，进行流程优化，实施流程管理。流程重组是当客户需求发生变化，或者企业自身的资源配置发生根本变化时，原有流程已经不再适用，企业必须进行流程重组。川菜企业的基本业务流程如图5-11所示。

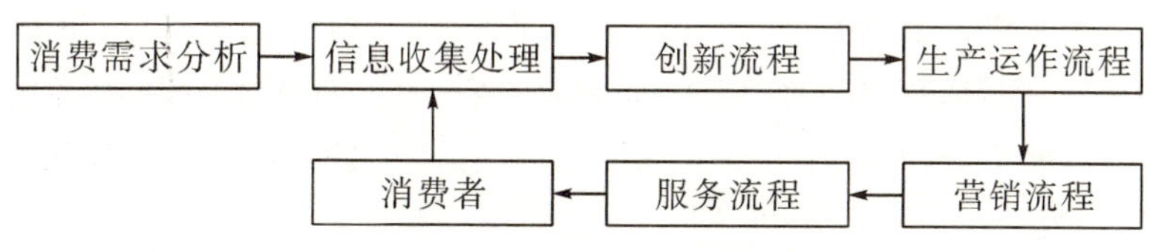

图5-11　川菜企业业务流程

川菜企业可以对业务流程生命周期的各个阶段制定有效的绩效管理手段。要保证业务流程的运行质量和效果，川菜企业必须对流程的绩效指标进行测量和评估。评估的重点就是川菜企业的关键业务流程，因为这些流程直接关系到川菜企业的核心竞争力。通过对这些流程及其支持流程的能力、运营费用、周期时间、准时交货率等指标的评估，使流程的运行符合川菜企业的资源现状和消费要求。可以从对川菜企业至关重要的三个基本流程设置目标和衡量指标，即生产与运作流程、营销流程、创新流程。客户满意是所有业务流程的中心，所有的业务流程都是为了满足客户而存在，因此客户满意是流程质量的最终评价标准，基于客户满意的绩效目标和衡量指标是流程质量的评估标准。

5.4.6.1　营销流程的绩效管理

如图5-11，营销流程在整个业务流程占有相当大的比例，出现的频率非常高。因为发现消费需求、收集和处理信息、引导和创造消费需求都需要营销流程来完成，川菜产品和服务的销售仍然要通过营销流程来进行，对销售的反馈也需要通过营销流程。

（1）销售状况分析

①横向比较。川菜企业的绝对销售额并不能表明企业的经营状况，也不能表明企业相对于竞争者的绩效。应首先采用市场份额分析即总市场占有率来评估川菜企业在目标市场上的总体绩效状况。市场占有率的计算有两种方法，即采用销售额或销售量来代表市场占有率，销售额代表川菜企业的综合绩效，而

① 蒋志青. 企业业务流程设计与管理［M］. 北京：电子工业出版社，2004：12.

销售量代表了某类川菜产品的绩效状况，即某类特定川菜产品在市场上的销售状况。其次采用相对市场占有率来评估川菜企业相对于竞争对手的绩效状况。就是评估本企业销售额与三个最大的竞争对手销售额的比值。

②纵向比较。川菜企业的销售额与企业历年历周期的比较。通过比较可以分析企业是在进步还是退步，并可以进一步分析企业进步和退步的原因。可以采用收入增长率作为纵向比较的衡量指标。

（2）品牌及形象的建立

川菜企业品牌及形象的建立不是一朝一夕的事，它是企业各部门长时间共同努力的结果。营销部门作为企业面对消费者的第一线，自然对品牌和形象的建立负有重要的责任。销售状况可以作为川菜企业品牌知名度的一个重要体现。

（3）销售人员素质

销售人员作为营销流程的参与者，其素质对营销流程绩效的好坏有着决定性的作用。因此销售人员的素质必须作为营销流程绩效的一个衡量指标。有了销售人员素质的衡量指标，销售人员也可以明确自身的优点和不足，加以保持或改进。对销售人员制定目标和衡量指标主要从川菜企业和部门的销售增长目标来分解，个人销售增长额是企业的营销目标在个体身上的集中体现。而个人仅仅关注销售额的增长是不够的，销售人员的行为状态时刻关系到企业的形象。因此，作为一个约束指标，客户投诉率是衡量销售人员的重要手段。对于客户投诉率的处理需要同客户服务部门共同完成，因为针对某些销售人员的投诉可能是善意的也可能是恶意的，这就需要客户服务部门对投诉的问题分门别类列出，以利于企业进行科学考核，并提出整改建议。

（4）信息收集及反馈

作为与消费者接触的第一触点，营销流程自然就肩负起了收集消费者及市场信息的重任。营销流程必须收集的信息包括消费需求信息和消费者对本企业行动的反应。消费需求信息必须与创新部门密切联系，因为新的消费需求很有可能成为川菜企业新的利润增长点，任何不同以往的消费需求都必须及时准确地反馈到创新流程。因此，信息反馈速度可以衡量营销流程信息收集及反馈的绩效。信息的准确性也是一个重要的方面，经调查确实有发展潜力和发展可能的信息，即可证明该流程工作的有效性。

（5）需求预测

需求预测与信息收集及反馈不同，需求预测是营销流程根据已经掌握的消费者及市场信息，对市场未来的走向做出明确的预测，并向企业报告预期的销售额。该预测直接关系到川菜企业提高产品和服务的品类、数量。因此需求预测需要的准确性就更高，对其的绩效评估也要更为严格，主要使用排队情况和生产服务能力利用率来衡量。排队情况可以对预测的准确性进行评估，需求预测越准确，排队现象越少，川菜企业的生产服务能力利用率越高。

（6）成本费用

营销流程的成本费用是川菜企业的盈利能力的一个重要指标，营销流程是川菜企业一个巨大的资金消耗流程，不管是广告还是促销都需要巨大的资金投入，因此对这些资金投入的有效性必须有一个清醒的认识。川菜企业还必须对营销流程中的成本费用利润率进行控制，也就是企业有多大实力才能办多大事。我们可以通过品牌形象认知度和客户忠诚度来衡量广告的有效性和促销的有效性指标。

表 5-17　衡量营销流程绩效的指标

目标		衡量指标
营销流程绩效	销售状况	市场占有率=本企业销售额÷市场销售总额 目标市场占有率=本企业销售额÷目标市场销售总额 市场占有率=本企业销售量÷市场销售总量 目标市场占有率=本企业销售量÷目标市场销售总量 收入增长率=本期销售额÷上期销售额
	品牌及形象建立	销售状况、品牌认知度、客户忠诚度
	销售人员素质	个人销售增长额、客户投诉率
	信息收集及反馈	信息反馈速度、信息的准确性
	需求预测	需求预测准确率=本期销售额÷预测销售额 库存增长额
	成本费用	成本费用利润率=利润总额÷成本费用 广告有效性 产品促销有效性

5.4.6.2　创新流程的绩效管理

创新流程从广义上讲包括产品创新和管理创新，在此处，我们仅研究川菜产品创新流程的绩效管理程序。创新能够为川菜企业带来高额的回报。尽管如此，由于创新过程通常是充满风险和不确定性的，许多川菜企业出于对风险和自身实力的考虑不愿意进行创新。在竞争如此激烈的市场中，川菜企业唯有持续不断地进行产品和工艺的创新，才有可能生存和发展，这是一个关乎川菜企业未来命运的抉择。

产品创新流程主要指川菜产品和服务的开发，其主要目的是根据营销及客户部门对市场的反馈，研究和开发满足市场需要的川菜产品和服务，以保持川菜企业在竞争中的优势，同时给企业创造良好的经济效益①。在川菜产品或服务开发中，存在市场导向和技术导向两种动力模式。对于这两种动力模式必须用不同的绩效管理手段。技术导向型是以技术为先导，从最初的科学探索出发开发新产品，以供给的变化带动需求的产生和变化。市场导向型是从餐饮消费需求出发进行新产品的开发。

（1）市场导向型创新流程

和营销流程密切相关的就是市场导向型产品开发。由营销流程发现餐饮市场的需求，而后反馈到创新流程，随之开发出新产品和服务。产品的创新主要有两个方面：一是开发现有川菜产品的新消费方式及改进现有产品以适应新的消费需求，二是开发全新的川菜产品和服务。创新流程可以表示为图 5-12：

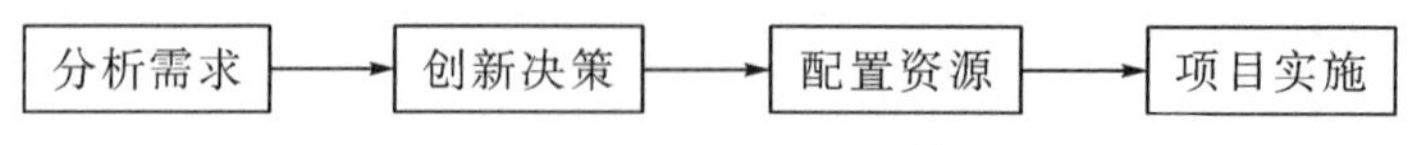

图 5-12 川菜企业基本创新流程

市场导向型创新流程最为重要的就是对市场需求的响应，经过认真细致的分析，结合川菜企业所处环境和自身实力，抓住消费需求，做出相关的创新决策，创新活动由此开始。资源的有限性要求川菜企业必须认真分析资源如何配置才能以最低的成本获得最高的收益，还要考虑付出的成本是否能得到应有的回报。项目实施的结果是对过程最好的考核。因此如何对实施结果进行科学的分析是川菜企业衡量创新指标应该考虑的内容。

（2）客户满意度

川菜产品和服务的开发及改进是为了满足消费需求。所以，消费者对新产品和服务的反映应该作为产品及服务创新性绩效的衡量标准。因此，客户满意度指标中应该加入客户对新产品各项指标的满意程度。如果消费需求没有得到完全的满足，还需要了解客户哪些方面的需求没有得到满足，然后创新流程再根据这些建议进行改进或开发全新的川菜产品或服务。

（3）市场认可度

市场指标可以反映消费者对新产品和服务的认可程度。主要反映在新产品占市场总销售额的比例、新产品占本企业销售额的比例以及新产品的盈利能力。

（4）新产品的品质

川菜新产品的品质决定了其生命力，川菜产品品质包括产品的设计、产品的材料、新产品的工艺质量，以及所对应的菜品色、香、味、形、意。这些都

① 武振业，周国华．生产与运作管理［M］．成都：西南交通大学出版社，2000：56.

是市场检验的范围，一旦其中一个环节出现问题，将直接影响到企业的形象。因此，在推出川菜新产品之前必须对新产品的品质进行全面的检验，并在小范围内试制及试售，发现问题立即整改。在量产之后，更要时刻跟踪新产品的销售，做到出现问题立即妥善解决。因此，客户投诉率及客户反馈应该作为新产品品质的衡量标准。

（5）新产品开发的时间

川菜新产品的开发与推出必须突出一个“快”字。“时间就是生命”对川菜尤为现实。新产品的开发是一个过程，这个过程的快慢取决于创新流程工作的质量和效率。要缩短新产品的开发时间就必须提高创新流程的工作质量和效率，使其做到有的放矢，少做无用功，衡量指标是新产品的开发周期。

（6）创新的成本费用

创新流程是容易发生质量问题的流程，而一旦发生问题，就会造成较大的损失。对于这方面的成本要防患于未然，如果发生问题，所发生的成本是评估创新流程的一个重要指标。可将其分为：①开发设计前的市场调研活动失误所发生的成本，也就是说调查活动没有切合市场的实际需求；②开发设计本身失误导致的菜品的质量、工艺质量所发生的成本；③开发设计过程中所发生的非技术失误所发生的成本。

创新流程还要达到两种降低成本的效果：川菜产品自身成本的降低和创新流程本身成本费用的降低。川菜企业必须清晰地了解投入到创新流程中的资金是否能通过新产品的销售回收，并产生利润。因此，除了降低成本本身指标之外，新产品的利润率应该作为成本费用的一项衡量指标。

表 5-18　衡量创新流程绩效的指标

目标	衡量指标	
创新	客户指标	客户对产品创新的认可程度，客户满意度
	市场指标	新产品占市场总销售额的比例，新产品占本企业销售额的比例，新产品销售增长速度， 新产品的盈利能力
	质量指标	创新流程要有助于产品质量的稳步提高，因此，生产流程中的质量指标在这里也能起到衡量作用。
	时间指标	新产品的开发时间必须适应市场需求
	成本指标	创新流程要有助于产品成本的稳步下降和利润的稳步提高，因此，财务角度中的直接及间接成本指标可以衡量创新流程对成本的影响。
		创新流程的成本可以用直接及间接成本来衡量

5.4.6.3 技术导向型创新流程

技术导向型的创新可以研究出新产品，创造出新需求，如果川菜企业能开发出其他竞争对手想不到做不到的产品，那企业必定得到丰厚的回报。然而，这种导向的创新流程所需要的企业实力和时间都是相当大的。川菜企业对于这种导向产品开发必须有详细的可行性分析报告，从投入到产出的整个过程都必须清晰。其次市场导向型创新流程的所有绩效衡量指标都可以在此使用。

5.4.7 川菜企业生产与运作流程绩效系统设计

川菜企业生产与运作流程的基本任务是：在一定的时期内，按照市场及企业的需要，按规定的产品质量和限定的产品成本，高效率地生产出必要数量的产品，提供符合消费需求的服务。川菜企业对消费需求的满足主要体现在，在适当的时间和方便的地点，以适当的价格使消费者获得高质量的产品或服务，使其获得最大的客户价值。对生产与运作流程的绩效管理采取以下几种方式：

一是产品质量管理。根据 ISO9000 系列认证的定义，业务流程是使用资源将输入转化为输出的活动系统，产品是该过程的结果，质量是产品、体系或过程满足客户和其他相关方要求的能力。所谓特性就是指可区分的特征，如物理方面的特征、感觉方面的特征、组织或行为特征、功能性特征等。产品的质量涉及消费需求的满足程度，生产与运作流程的核心目标之一就是对产品质量的保证。只有良好的流程绩效管理，才能确保产品的质量。流程绩效的管理有两层含义。首先是对产品质量的事后检验，而更为重要的是对影响产品质量的各种因素进行预先的控制，防微杜渐，使得产品的质量始终处于企业的控制范围之内。对产品质量的衡量指标主要分为客户对功能的满足程度和客户对产品品质的要求两个方面。因为客户购买商品主要就是为了满足某种需求，如果这种需求得到很好的满足，客户对产品就有一个良好的印象。而产品的品质关系到产品是否能很好地完成它的使用功能，在使用过程中不会出现不可预见的问题。这两者都是生产与运作流程必须关注的问题。我们利用次品率来反映产品品质的好坏，次品率的衡量方式采用我们在客户一章中所用到的随机抽样统计分析。客户对功能的满足程度我们可以利用调查问卷的形式，也可以从客户满意度方面来考虑。川菜餐饮企业目前可以申请认证的是生产、安装和服务的质量保证模式，即 ISO9002 质量认证。通过 ISO9002 质量体系认证意味着川菜企业把“消费者中心”的经营理念融入规范、完整的现代体系之中。

二是产品生产管理。菜品生产的一个重要目标是按时生产。在当今瞬息万变的市场中，是否能按时生产决定了川菜企业能否保证消费需要得到及时的满足，也就是说时间直接关系到川菜企业的兴衰成败。按时生产包含了两个范畴，一是川菜产品的开发时间，一是川菜产品的生产时间。这就需要生产部门和创新/开发部门密切配合，尽量缩短新产品的开发时间和产品的交货时间。企业是否能按时生产出产品，还关系到企业是否能降低决策风险和库存成本。我们对产品的开发时间和交货时间都有明确的绩效目标和衡量指标。

三是产品成本管理。低成本关系到消费者能否以较低的价格满足自身的生理和心理需要，川菜企业应该通过一定的方式降低产品和服务的成本。产品的成本包括了食材或原材料的成本、菜品的设计成本、厨房及前厅的管理成本、菜品的质量成本。对生产与运作流程及管理中所出现的成本问题，可以采用以下几个绩效衡量指标来衡量：生产过程中出现问题的解决率，生产过程中所出现问题对成本的影响率，改进流程的成本降低率。产品的质量成本①是由美国质量管理专家 A. V. Feigenhaum 在 20 世纪 50 年代初提出的，将企业中质量预防和鉴定活动的费用与产品质量不合要求所引起的损失一起考虑，形成质量成本报告，成为企业高层管理者了解质量问题对企业经济效益影响并与中层管理者之间沟通的桥梁，是进行质量决策的重要依据。质量成本由两部分组成：一部分是为确保满意的质量而发生的费用，即预防成本，一般将这部分质量成本看作投入；另一部分是由于没有达到质量要求所造成的损失，即内部和外部损失成本，有时统称为质量损失成本。对川菜企业而言，将第一部分质量成本控制在合理的范围内，将第二部分质量成本降到最低是降低总体成本的有效方式。

对川菜企业生产与运作流程成本的控制主要包括采购流程成本控制、菜品生产流程成本控制两个方面。

a. 采购流程中所发生的成本

采购流程中所发生的成本主要包括：由于采购食材/原材料质量问题所发生的成本，由于采购流程不符合操作规程及技术规范所发生的成本，由于市场变化所发生的成本，由于采购流程中合同及供货商出现的问题所发生的成本，由于采购不及时所发生的不能满足生产和经营过程所造成的成本损失。

b. 菜品生产流程所发生的成本

菜品生产流程所发生的成本主要包括：由于设计开发缺陷所造成的成本损失，由于菜品生产流程不符合操作规程及技术规范所造成的成本损失，由于菜品不合格所造成的成本损失。

对川菜企业的这两种成本损失的解决方式如下图所示：

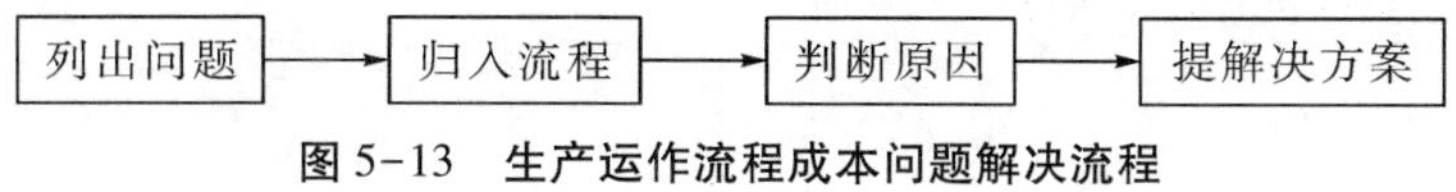

图 5-13　生产运作流程成本问题解决流程

① 尤建新. 质量管理学 [M]. 北京：科学出版社，2003：39.

四是生产制作效率管理。生产制作效率是个永恒的主题，早在工业革命时期，企业所解决的问题就已经涉及生产效率问题。因此，在各种文献中生产效率的衡量指标非常多，主要是质量、成本、时间指标。

表 5-19　衡量生产与运作流程绩效的指标

<table>
<tr><td colspan="3">目标</td><td colspan="2">衡量指标</td></tr>
<tr><td rowspan="6">生产与运作</td><td colspan="2">按时</td><td colspan="2">根据企业战略及交货时间所制定的生产时间</td></tr>
<tr><td rowspan="3">按量</td><td rowspan="2">质量</td><td rowspan="2">质量是产品或服务的特色和品质的总和，这些品质特色将影响产品去满足各种明显的或隐含的需要的能力。产品的质量关系到企业与客户的关系，也就直接关系到企业的盈利水平。产品质量直接反映了客户对产品要求的质量特性，客户的满意与否成为产品质量的重要衡量标准。</td><td>客户对功能特色的满意程度</td></tr>
<tr><td>客户对品质的要求（次品率）</td></tr>
<tr><td>数量</td><td colspan="2">根据企业战略及营销流程的需求分析所制定的产品或服务数量</td></tr>
<tr><td colspan="2">低成本</td><td colspan="2">根据财务角度中直接成本与间接成本衡量</td></tr>
<tr><td colspan="2">高效率</td><td colspan="2">高质量、低成本、准时</td></tr>
</table>

5.4.8　建立基于绩效管理的川菜企业文化

业务流程对于企业而言是制度化的，也就是我们通常所说的“硬管理”。业务流程不可能犹如搭积木一样生硬地组合在一起，而是通过一定的软联系，也就是“软管理”。通过将川菜企业中硬环境和软环境巧妙结合，可以达到更有效的组合效果。只有建立起基于绩效管理的企业文化，才有可能将企业业务流程有机、高效地联系在一起。

川菜企业文化的建立必须通过对企业中最为重要的资源——人力资源的整合才可能实现。基于绩效管理的企业文化主要从川菜企业长远发展考虑，为企业创造一个长期能力发展框架，使企业通过对绩效方面的重视创建不断学习的文化。可以把学习的文化的分为员工能力、信息系统能力和激励授权协作。

员工对川菜企业的作用是核心的，企业的价值要靠员工来创造，企业必须调动员工的思维和创造力来达到企业的目标。员工能力的大小必然对川菜企业利润产生重要的影响，如图 5-14 所示①：

① 麦克尔·约翰逊. 忠诚效应——如何建立客户综合衡量与管理体系［M］. 上海：上海交通大学出版社，2002：10.

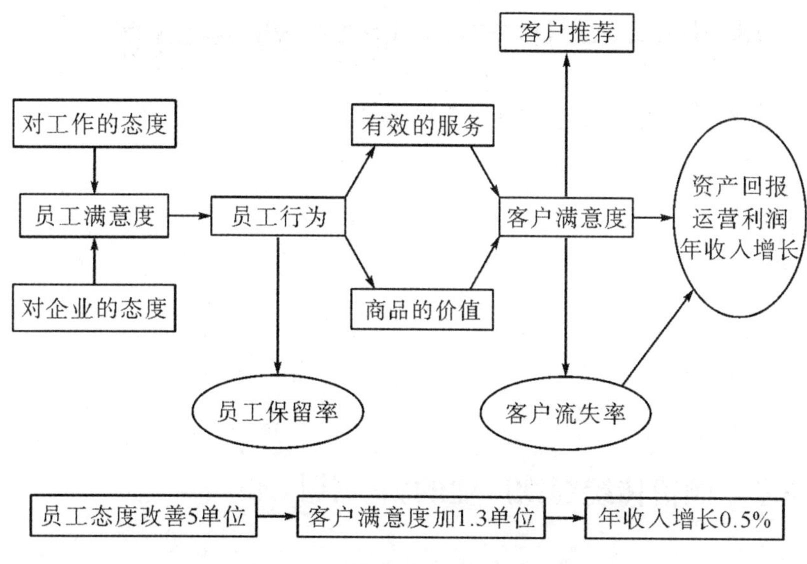

图 5-14　员工满意度对企业绩效的作用

其中员工满意度反映员工士气及员工对工作的整体满意度，员工满意是指提高生产率、反应速度、质量和客户服务的必要前提。员工保留率反映挽留那些与企业长期利益息息相关的员工的情况。长期而忠诚的员工，不但拥有企业价值和企业流程知识，而且很可能拥有对消费需求的敏感度。员工生产率是指提高员工技能和士气、加强创新、改善内部业务流程以及满足客户需求等综合因素，目的是寻求员工生产的产品和生产这些产品所耗费的员工人数之间的关系。

表 5-20　衡量员工质量的指标

目标		衡量指标
员工能力	员工满意度	参与决策
		工作表现优良时是否得到肯定
		是否能得到胜任工作所必需的充足信息
		企业是否积极鼓励员工的创造性和主动性
		行政职能部门是否给予足够的支持
		对企业的整体满意度
	员工保留率	关键员工流失率
	员工生产率	与 EVA 相关的人均增加值
		人均收入

6 技术——川菜产业转型升级的技术集成路径研究

6.1 颠覆传统餐饮产业的新一代技术

数字化经济时代，技术集成和技术升级已经成为企业提升经营绩效的必由之路。正如《哈佛商业评论》中某文章所言：“如今整个产品线、整个市场都可能在一夜之间被创造或毁灭。颠覆者随时可能出现，他们无处不在。颠覆者一旦出现，传统企业是很难对付的。”美团、饿了么已经开始对餐饮产业进行颠覆，这种颠覆不会就此停止或放缓，只会随着技术的快速变化而愈演愈烈。对于川菜产业这一传统产业而言，如果不跟上技术进步的步伐，就很难对颠覆者有任何招架之力。因此，川菜产业的转型升级不可避免地需要技术集成路径的支撑。

与以往技术仅仅被认为是企业管理的手段之一不同的是，移动互联、大数据、人工智能、云计算、物联网等新技术已经成为驱动企业创新发展的原动力。川菜产业必须思考一个关系着生存和发展的问题：如何在企业运营与管理的各个环节，实现与新技术的深入融合，使新技术成为驱动各环节要素价值挖掘与创造的动力，因为时代已经不同了。

6.1.1 移动互联

《中国互联网络发展状况统计报告》显示，2018 年我国网民通过手机接入互联网的比例高达 99.1%。移动互联网络聚集和传递了海量的信息，随时随地在线已经成为人们的生活状态，人们已经不可避免地成为现实社会之外第二社会——网络社会成员，随之而来的是人们信息边界和思维边界的不断扩大。移动互联的网络化、信息化、移动化特征使人们生活的便利性、安全与归属性、分享与娱乐性大为增加，人们的生活方式随之发生深刻变化。可以说移动互联在重新定义人们生活方式的同时，正在重新定义餐饮企业与市场的联系方式，进而重新定义餐饮企业的管理方式。

6.1.2 大数据

大数据正在全面影响社会的运行方式，工业制造、商业零售、医疗健康、金融保险等产业已经成为大数据应用的重点产业。大数据的挖掘、分析和应用已经成为现代服务业的显著特征，以大数据为基础的服务随处可见。无论是智慧运营、数字营销，还是智能风控、智慧服务，大数据都已成为现代服务业的核心基础能力。川菜企业在大数据发展的浪潮中，如果不具备用数据分析顾客行为、改进顾客体验进而创新商业模式和风险管控的能力，则必将失去未来基于数字化的巨大市场。

6.1.3 人工智能

人工智能是近年来最具颠覆性的行业应用。人工智能在可以预见的将来，会颠覆性地改变人们的生活，进而改变企业的运营方式。不久以前，谷歌的AlphaGo击败了人类顶级的棋手，预示着人工智能时代正以无法预估的速度接近着市场。各大技术巨头都在布局人工智能的设计和制造，在华为2019开发者大会上，华为消费者业务CEO、华为技术有限公司常务董事余承东称，AI全场景智能时代正在到来。随着人工智能的日益成熟，人工智能开始可以胜任一些通常需要人类智能才能完成的复杂工作，其应用领域也不断扩大，应用范围已经涉及计算机科学、金融贸易、交通运输等诸多行业。由于人本性原因，现代服务业更是人工智能未来的重点领域。如果在人工智能来临并广泛应用的时代，川菜产业没有适时地抓住这个时代的特征，就将失去向现代服务业转型的最佳时机。

6.1.4 云计算

近年来，伴随着IT服务业的发展，云计算已经成为世界主要发达国家竞争的主要领域。云计算主要是通过介入互联网中海量的计算机设备及服务器进行数据的分布式计算。在互联网高度发达的时代，云计算正以极高速的发展创新着产业的应用，其所具有的运算能力强大、系统运行稳定、虚拟化程度高、服务精准度高、综合成本低等特点，使企业可以根据客户的实际需求，从云系统中调取服务资源，进而为客户定制个性化的服务方案，并实施高效的服务流程，保证服务于用户需求的精准匹配，最大限度地满足消费需求。云计算已经在社会经济发展中得到了广泛的应用，如公共信息平台、企业财务优化、农业信息管理、人工智能、大数据等。云计算对于川菜企业来说，是一个很好的选择，因为川菜企业自身信息资源不足、运维能力弱，川菜企业可以根据市场需求的大小和消费者特征选择合适的云服务提供商，进而提高业务处理能力，提高服务消费者的能力。

6.1.5 物联网

物联网本质上是基于互联网和通信技术的信息承载体，通过广泛的网络接入，实现物与物、人与物的泛在链接，实现对物品和流程的智能控制管理。5G 技术的高速、泛在和低延时性将使物联网的应用大大加速，在工业、农业、环境、交通、物流、安保等领域的应用逐渐成熟。物联网在川菜产业中的应用也将快速发展，主要表现在，通过对川菜食材或原材料等物品的智能识别，以实现对物品现实状态的实时感知、定位、跟踪、监控和管理；通过对厨师和消费者状态的实时感知，以实现川菜企业与消费者的快速交互，智能化地完成对消费者的整体服务。

技术的快速发展和应用，将为川菜产业的发展带来巨大的机遇与挑战。川菜产业向现代服务业转型必将伴随着技术的集成与深度应用。本书将进一步探讨川菜产业的技术集成实现路径。

6.2 川菜企业的数字化营销

随着现代信息技术的广泛应用，传统商业模式和营销方式正受到极大的挑战，电子商务和线下经济融合发展已成趋势，传统产业与知识经济、虚拟经济和网络经济全面结合的时代已经到来。以互联网为代表的现代信息技术对营销的影响首先体现在消除信息的不对称方面，消费者获得了前所未有的信息对称能力，成本变得更为清晰可见，竞争也变得更加激烈。市场竞争已经由价格取胜、速度取胜的阶段逐步过渡到以消费者为中心、以柔性生产为基础、提供定制化的产品全面服务消费者的阶段。在这样的背景下，川菜企业要想生存，就必须重构营销模式，以现代信息技术和数字化思维为依托，通过柔性生产、定制化服务，满足消费者个性化、多样化的需求。

6.2.1 数字时代消费特征

在数字经济时代，消费特征发生了显著变化。消费者并不是独立存在的，甚至在独立思考前加入了群体思维。群体思维、场景思维、移动思维已经成为消费者在数字经济时代的显著特征。

6.2.1.1 群体思维

大多数人都属于兴趣各异的各种群体，当人们积极地参与到某一特定群体活动时，这个群体将成为参照群体。数字经济时代的本质是移动化和网络化，而移动互联网络社会就是基于移动化和网络化的第二社会时空。社会是共同生活的个体通过各种各样的关系联合起来的集合，这种关系称为“社会关系”。移动互联网络社会是在移动互联网的技术基础上，整合了人们的生产、工作、娱乐、教育、沟通等社会功能而形成的一种较为稳定的结构。移动互联网络社会的形成与发展必将比移动互联网络技术本身更能影响人们的生活。同时，消费亚文化具有可辨认的等级结构、共同的信念和价值观、独特的用语和表达方式等特征。在互联网络社会中，这种消费亚文化的存在将更大程度地影响消费行为。

6.2.1.2 场景思维

虽然线上消费已经成为一种主要的商业模式，但线下消费仍然表现着相当的活力，主要原因一方面在于有些产品的消费必须是线下有形消费，产品的生产与服务具有同一性，消费者在购买产品时同时享受服务，这就是餐饮消费的典型特征。另一方面，消费者已经不仅仅局限于满足使用产品的初级需求，而更多地追求产品及服务为其带来的情感满足。场景消费的出现就是满足了消费者的此类需求，将产品和服务纳入一定的消费场景中，既刺激了购买，又更大程度地满足了消费需求，这也是消费者为什么选择线下各种主题餐厅的原因。在数字经济时代，互联网已经成为不同场景同时在线的合理载体。无论是人工智能带来的影像、声音场景，还是某 App 带来的链接场景，抑或是线上线下一体的体验式场景，都是为了顾客在某一时点能够感受到自己的内心需求，从而刺激消费者为了满足需求而消费。

6.2.1.3 移动思维

2019 年 8 月 30 日，中国互联网络信息中心（CNNIC）发布了第 44 次《中国互联网络发展状况统计报告》。数据显示，截至 2019 年 6 月，我国网民规模达 8.54 亿，较 2018 年底增长 2 598 万，互联网普及率达 61.2%，较 2018 年底提升 1.6 个百分点。其中，农村网民规模为 2.25 亿占整体网民的 26.3%，较

2018 年底增长 305 万；城镇网民规模为 6.30 亿，占整体网民的 73.7%，较 2018 年底增长 2 293 万。同时，手机网民规模达 8.47 亿，较 2018 年底增长 2 984万，我国网民使用手机上网的比例达 99.1%，较 2018 年底提升 0.5 个百分点。智能手机广泛应用和移动互联技术的快速更迭，使得以前只能在 PC 客户端及有线互联网上才能完成的消费行为，能够在手指间快速完成，商业模式正在移动消费和移动支付的思维下发生根本性的变化。

6.2.2 数字时代川菜餐饮消费的变化

川菜餐饮消费特征正在数字时代发生着深刻的变化，对川菜餐饮消费特征的掌握，将有利于川菜企业跟随市场变化，做出快速反应和改变。

6.2.2.1 全天候消费

由于消费需求的多样化以及现代信息技术的发展，餐饮消费已经从时间上发生了较大的改变，一日三餐的节奏已经发生了根本性的变化，很多顾客希望能随时随刻购买到产品。购买产品已经从定时购买变成了随时购买，餐饮消费从早晨、上午、中午、下午、晚上，一直持续到深夜甚至凌晨，变成了 24 小时需求。这样的全天候消费通常来源于现代信息技术的发展，消费者可以随时掌握餐饮消费的信息。同时，川菜企业通过营造餐饮消费的场景来刺激消费者的味蕾，最终使得餐饮消费具有全天候特征。

6.2.2.2 多渠道的消费者

过去的川菜餐饮消费多局限于川渝地区的消费者，而数字化时代的消费者呈现出两种趋势，首先是消费信息已经不仅仅来源于传统信息渠道，各种移动客户端及社交平台都不停地向消费者推送和传递着消息，消费者也在各类平台上评价自己所购买的产品和服务，即自媒体营销。消费者信息来源渠道的多样化使得川菜企业的消费者来源也更加多元化。其次是由于消费信息逐渐对称，川菜企业已经不仅仅服务于本地顾客，其他地区的顾客可能会慕名而来。米其林红色指南将餐厅分为三个星级，其中三星级代表出类拔萃的菜肴，是“值得特别安排一趟旅行”去造访的餐厅，很多人会专程坐飞机去品尝菜肴，二星级代表厨艺非常高明，是“值得绕远路”去造访的餐厅。米其林餐厅的成功说明，餐饮消费者完全可以不仅仅来源于本地，只是由于过去信息的不对称，很多消费者不知情、不知晓。这种情况将在数字化时代得到极大的改观，川菜企业所应做的就是打造那类“值得特别安排一趟旅行”去造访的餐厅。

6.2.2.3 个性化的消费者

川菜餐饮消费正在进入个性化时代，一日三餐，果腹吃饱的年代已经过去，餐饮消费正向满足消费者自身个性化需求转变。很多深受大家喜爱的餐厅所提供的正是那种个性化而非大众化的餐饮服务，甚至针对特定的消费群，专门定制与众不同的食材、原材料、就餐环境、服务人员。这些都与数字化时代消费者所掌握的信息不断膨胀有关。因为信息的膨胀会使消费者不停思考自己的消费。消费者不仅是消费者，更是设计者和实践者，这对川菜企业的营销将提出极大的挑战。

基于消费者特征变化，川菜企业需要顺应时代潮流，重新设计自身的消费体验，以适应消费者对新餐饮产品和服务的认知，即充分利用互联网的信息优势，将传统的时空体验提升为基于数字的时空变换体验——线上线下混合式体验，从而符合消费者全天候、多渠道和个性化的用餐特点。消费者通过线下体验，线上浏览、选择、预订等方式拓展了时空上的自由度。同时，通过线上线下混合式营销，川菜企业可以更精准地将定制信息推送给目标客户，形成良好的消费体验，以提升消费者黏度。

6.2.3 数字时代川菜企业面临的挑战

数字经济时代，由于消费特征变化及餐饮消费行为变化，新的电子商务商业模式不断涌现，传统川菜餐饮思维已经无法适应消费者的新需求。川菜企业主要面临以下三方面的挑战：

一是营销成本更高。数字经济时代消费属性及餐饮消费的变化所带来的是消费者随时随地在线，也就是说消费者随时随地都处于购物的可能中。传统的川菜产品及服务设计理念、定价方式、营销渠道和促销手段都受到了来自数字经济的挑战，川菜企业的营销需要更具有时效性、互动性和针对性，为了应对如此多的改变，川菜企业的营销成本正在急剧增加。

二是产业边界模糊。数字经济时代的消费者更加关注产品和服务带来的体验，而不关注这种产品和服务的提供商是谁。同时，随着经济的日益发展，产业边界不断进行着重新界定。产业边界的模糊和游移已经成为数字经济时代的重要特征。这就使得不同的供应商都开始涉猎传统川菜企业的经营领域，通过采取不同于以往川菜企业的思维和运作方式赢得了消费者的关注，产业上下游界限日益模糊，产业间界限日益模糊。

三是产业门槛降低。数字经济时代的到来，使传统经营模式遭受挑战及营销成本上升的同时，也使新进入者的进入门槛大幅度降低。原有被认为高高在上的进入障碍，逐步被互联网越过，如线上销售、线上预定、第三方配送使得进入者能够以较少的投入进入川菜产业，口碑销售、网红销售能够使新进入者绕开商誉的原始积累快速实现销售，这些都使得厂商成为川菜产品和服务的提供者变得更为容易。

综上所述，传统川菜企业的经营模式正受到前所未有的挑战。川菜企业必须寻找基于数字经济的新营销方式，重新定义消费需求、消费场景和生产模式，构建以消费者为核心，以互联网为纽带的数字营销体系。

6.2.4 数字时代川菜产业营销变革路径

6.2.2.1 以消费需求为核心的营销体系

川菜产业的本质是满足消费者对川菜产品和服务不断变化的需求，而市场营销的本质是发现和挖掘消费需求。市场营销经历了生产观念、产品观念、销售观念、整合营销阶段后，进入了数字化营销阶段。在既有整合营销的基础上，数字化营销注重更贴近消费者、更精准发现和挖掘消费者、更有针对性地满足消费需求。因此，在数字经济时代，川菜企业需要从以下几个方面重塑满足消费需求的营销体系：

一是利用全程跟踪系统重塑消费体验至上的观念。“顾客至上”的观念由来已久，但传统企业的顾客至上很多基于消费信息的不对称。但在数字经济时代，消费者所获得的信息空前丰富，任何产品或服务上的差异都有可能造成消费体验的下降。川菜企业应在数字经济时代重塑消费体验至上的观念，通过全程跟踪系统将其建立在透明的信息来源基础上，并将与消费者的沟通贯穿于川菜产品生产和服务提供的全过程，保证消费体验保持在较高水平，并时刻关注导致消费体验下降的因素。

二是利用网络社区重塑消费者参与。与传统的递进式营销不同，数字经济时代的川菜企业可能在一夜之间成为“网红”，这得益于“互联网+”的粉丝经营模式，消费者参与到实质上的品牌建设中。消费者通过网络社交媒体、网络社区进行品牌的快速推送和传播，川菜企业只需要构建一个品质过硬的川菜产品和服务，并充分利用社交媒体和网络社区等互联网手段，以及充分挖掘移动互联、随时随地在线的用户感知，争取更多的忠实网络拥趸，使其成为自己免费且高效的营销渠道，进而提升企业和产品知名度，提升川菜产品和服务的溢价。

三是利用大数据重塑客户关系管理体系。数字经济时代，消费数据对川菜企业的价值不言而喻。川菜企业可以通过对大数据的搜集、挖掘和分析，精确且直观地了解消费行为，识别并有针对性地对待目标消费者，同时有针对性地研发川菜产品和服务内容，精准地运用营销手段，更大程度地满足消费需求。

川菜企业可以通过各种交易数据、平台数据、社交媒体数据、机器和传感器数据获得大量的消费者有效数据，并利用相应的工具建立分析和预测模型，将数据加工为对自己获取消费者和取得消费者偏好的有用信息。

四是利用创意重塑消费者关注。消费者关注很容易在数字经济时代被稀释，消费者不断被各种信息打断和拦截。传统的为了填饱肚子而外出吃饭的历史已经过去，数字经济时代的消费者对于餐饮的消费往往存在一种仪式感，对这种仪式感的满足往往需要川菜企业创造一种既具有川菜本质特征，又具有娱乐性、趣味性、仪式感、体验感、参与感的产品和服务。只有满足了以上特征的川菜产品和服务才能在数字经济时代众多的信息中取胜而出，赢得消费者的关注，成为数字经济时代的创意川菜。

6.2.4.2 线上线下整合的营销渠道

以电子商务为载体的数字营销对传统营销方式产生了巨大的冲击，产业供应链也随着发生着根本性的变革，一种涵盖供应链、营销、川菜产品设计、消费者服务、物流等配套体系的全新川菜商业体系正在发展和成熟。由于消费者对互联网及移动终端的依赖已经远远超过以往任何一个时候，任何试图绕过互联网的营销渠道都注定会失去大量的潜在消费者，甚至会失去既有消费者的关注。同时，场景化营销使得线下和线上营销渠道拥有了同等的效用，二者已经不是孤立或对立的，而是构建起了相互依存和相互补充的关系。因此，对于传统川菜企业而言，重塑营销渠道体系，构建基于互联网的整合营销渠道是数字经济时代的最佳选择。川菜企业应主要从以下方面构建线上线下整合营销渠道：

一是重塑价值链和运营模式。数字经济时代的重要特征之一是共享利益，川菜企业应摈弃利益独享的封闭思维，以更开放的眼光去审视合作伙伴，特别是提供数字和信息的伙伴，以及在互联网中提供平台整合功能的伙伴。“共建、共享、共赢”的理念必须贯穿于川菜价值链体系中，川菜企业应以数据分析为基础，以提升消费者价值为导向，整合价值链中一切与消费者价值提升相关的资源，特别是传统川菜企业所忽略的数据运营商，与之充分合作，在数据搜集、挖掘、分析、共享方面互相支持，提升产业价值。同时，将“数据”思维写入企业运营过程，立足当前业务和流量，对企业自身数据进行充分的挖掘和利用，从中找出改进提升的思路，并投入到川菜企业的运营变革中。

二是构建全渠道运营体系。川菜企业需要在数字经济背景下全力布局线上营销渠道，在线上开通消费者“入口”，提升线上的“存在感”和“显示度”，使消费者能够迅速准确地“找到”企业。同时，充分利用移动互联的发展，将移动终端作为与消费者建立联系的关键载体，通过位置服务和社交功能，赢得移动购物、社交购物的数字经济红利。进而利用信息化技术，打通线上线下渠道的分隔，利用场景改善川菜产业线上渠道的生硬体验，同时提升川菜产业的线下体验。

三是构建川菜产业 IT 技术平台。

川菜企业可以充分利用现代信息技术的发展成果，构建一个高度集成且具有高度适应能力的 IT 技术平台，实现川菜企业内部数据与外部数据的交换，打通企业内外部的信息和业务阻隔，进而实现对消费需求的快速响应，同时整合上下游供应链企业，提升生产和服务能力。该 IT 技术平台可以实现财务、供应链管理、客户关系管理、物流管理等多部门的数据互通、流程管理和决策支持。在此基础上，实现平台的云端化，将大数据、分布式计算、机器学习、物联网、人工智能等技术融入平台的建设和运营，最终精准、高效、快速地响应和满足消费需求。

6.2.4.3 基于互联网思维的运营模式优化

托马斯·弗里德曼（Thomas Freidman）提出，当今世界改变的速度已与过去不同，每当文明经历一个颠覆性的技术革命，都给这个世界带来了深刻的变化。数字经济带给社会经济体系高度的不确定性，动态、复杂的环境使得川菜企业必须时刻保持应对挑战的适应性，做出快速而准确的决策。川菜企业是否能够在数字经济时代做出精准决策，根本在于全面导入互联网思维，借助互联网、大数据、云计算等新技术，对市场、客户、产品、价值链甚至于整个产业生态进行重构，整合现有渠道、优化组织结构和运营模式，最终构建整合的数字化运营体系。该体系首先要求川菜企业拥有扁平化的组织结构，能够充分发挥组织的创新能力、学习能力和自我管理能力；同时保障员工利益，承认和尊重人的价值，使其时刻保持创新精神；并且根据市场的变化进行组织变革，动态地适应环境的变化。

6.2.4.4 精准营销和柔性生产

数字化经济时代要求川菜企业能够洞察消费需求的变化并进行精准营销和柔性生产，以消费需求驱动企业内部管控结构和营销模式的升级，进而形成以消费者导向为核心的 C2B 运营体系，实现实时精准、低成本、可控的柔性化生产经营方式。实现该运营体系，首先要求川菜企业通过现代信息技术将单向的信息传递通道变革为双向的信息沟通渠道，不再仅仅将消费者视作消费主体，更视为价值创造的协同者；实现多渠道的信息整合和数据挖掘，及时准确地响应消费需求，推动以消费者为导向的运营模式转型。其次是要求川菜企业运用大数据思维、平台思维、社会化思维等互联网特性实现现代化转型，并实现跨行业的信息整合和传递，整合产业间信息和资源。第三是应用大数据等技术应用，深度挖掘消费需求，根据消费需求进行柔性化定制川菜产品和服务，随后调整优化营销组合，构建以消费需求为导向的营销体系，从而增加消费者黏性。

6.2.4.5 构建基于互联网的川菜产业新生态

未来的川菜产业竞争不再是川菜企业与川菜企业之间的竞争，而是平台与平台之间的竞争，甚至是生态圈与生态圈之间的竞争。从苹果生态圈、华为生态圈、小米生态圈的竞争可以看出，生态圈已经在数字经济时代体现了巨大的价值，其对价值链的无限扩展，使得企业以及产业边界无限扩大。川菜企业应在内部平台化和全渠道价值链构建的基础上，形成跨产业的价值链传递。同时，为了实现更长远的发展及现代化转型，川菜企业需要更深入地探索和挖掘互联网特性，从而构建新型的产业生态体系。以消费需求为核心的营销体系，以互联网和现代信息技术为载体的信息传递和整合渠道，实现相关产业运营模式和价值链传递的整合，进而构建完整的、闭合的新型数字经济生态体系。

6.2.5 川菜企业数字化营销 IT 技术构架与路径

数字经济时代，大数据、全渠道营销、动态沟通机制给川菜企业的营销带来了前所未有的挑战。工业企业数字化转型给了川菜企业数字化转型很好的启示（如图 6-1 所示）。川菜企业可以通过数字化营销体系的构建来应对环境的变化，而数字化营销体系的基础是企业 IT 系统。川菜企业 IT 系统的构建主要包括两个部分：外部建设和内部建设。外部建设主要解决与消费者相连接的接口问题，主要包括川菜企业网站、微博、微信公众号、各大平台接口等，是川菜企业对消费者“可见”和“可进入”的通道。内部建设包括硬件建设和软件建设两个部分，硬件建设主要包括智能设备、网络构架、数据库、信息管理系统及自动化设施，软件建设主要包括信息机构、信息主管、信息运行工作机制。

通过 IT 系统的构建可以推动立体营销平台的建设。立体营销平台由前端电子商务系统和后台业务处理系统、供应链管理系统、客户关系管理系统、分析决策系统等构成。立体营销平台的整合推进可以对消费需求实现快速响应，对企业运营实现精准决策，能够使川菜企业在日益复杂的竞争中培育核心竞争力，进而获取竞争优势。

电子商务系统主要实现与消费者的无缝连接，也就是让消费者“发现”

和“进入”，将消费需求转化为标准化的数字信息向后台进行传递，特别是业务处理系统（TPS）。业务处理系统负责对订单进行统一的分配和处理，协调各系统的相互协同，实现各系统的有机整合。客户关系管理系统将不同的消费者进行分类管理，分析不同类型消费者的价值，并采取有针对性的营销措施，进而实现与各类消费者的动态沟通，密切关注消费者的各项需求。供应链管理系统通过优化供应链流程，缩短响应时间、提高响应质量，在餐饮消费日益个性化、多样化的今天，立体营销平台的建设可以有效促进供应链管理，以消费需求为中心，有效提升效率，提升川菜餐饮消费的满意度与消费者黏度。分析决策系统贯穿了立体营销平台的始终，借助传统统计方法和大数据分析方法，为川菜企业提供实时消费数据分析，挖掘消费者价值，提供有针对性的决策建议，提升决策质量，实现营销决策的数据化和科学化。

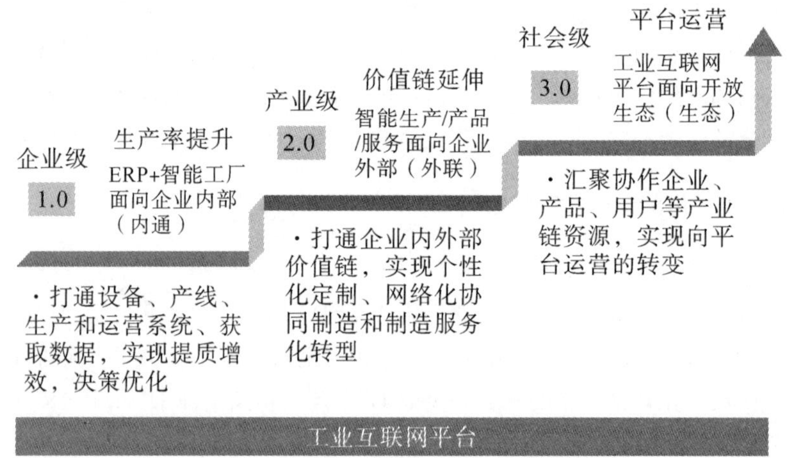

图 6-1　工业企业数字化转型路径

资料来源：《用友工业互联网平台及智能制造解决方案》

川菜企业数字化营销 IT 构架的核心是如何整合前台和后台，将前端电子商务系统和企业信息管理系统进行深度融合。2015 年，以阿里巴巴为代表的电商平台提出了“大中台、小前台”的 IT 构架中台战略。中台基于企业运营数据、产品技术能力等相关信息，以及资源高度整合的 IT 系统平台，对前台业务提供强有力的支撑。自此基于 IT 系统的营销中台逐步成为企业营销数字化的核心转型路径之一。营销中台的核心在于借助数字技术实现营销中的“线上、线下、物流”互联互通，从而实现经营思路从以产品为中心到以消费者为中心的转变，客户互动从只交易时互动到交易前、中、后全程互动的转变，营销渠道从传统媒体到覆盖社交网络等全域媒体的口碑传播的转变，经营模式从原来规模化、标准化生产到个性化、定制化生产的转变①。

在川菜企业实现以消费者为中心的业务流程重组的基础上，川菜企业营销中台可以实现业务流程领域的有机整合，包括食材或原材料管理、菜品及服务管理、预订和排队管理、供应链协同、全渠道营销、统一会员管理等六大业务领域。借助互联网大数据和企业内部数据系统，实现精准营销，包括精准的菜品定义、精准的菜品制作、精准的餐厅布局、精准的消费服务、精准的广告投放等。

①食材和原材料管理。以消费需求为中心，构建信息化的食材和原材料管理机制，有效获取食材和原材料运营信息和过程管控，进行以大数据分析为基础的采购预测，保证食材和原材料的及时、新鲜供应，保证川菜产品的及时生产制作，保证川菜服务的正常进行，保证川菜产品开发创新的实时性。

②菜品及服务管理。川菜企业可以通过营销中台大数据分析，了解消费者的消费习惯，预测消费行为的发生，进而精准地选择目标消费群，进行精确的市场定位，实现精准的菜品和服务定义，将消费需求与菜品和服务价值紧密地联系起来，最终提升消费者满意度。

③预定和排队管理。通过对消费订单的全局化、统一化处理，川菜企业可以通过营销中台形成的订单中心，实现业务流程作业的协同和快速生产交付，在不增加服务台的情况下，提高业务流程生产和服务效率，减少排队现象的发生。

④供应链协同。通过对订单的内部处理和业务流程协同，川菜企业可以通过营销中台来发布采购、委外、半成品加工等任务，实现供应链体系的信息共享。同时实现对供应链伙伴的优化、评价、淘汰管理，实现供应链体系的全方位协作。

⑤全渠道营销。通过对营销新结构、关系与协同逻辑的管理设计，实现川菜企业在不同的发展阶段、不同的市场区域、不同的消费群体中及时响应的营销管理体系，最终实现优化的渠道布局和渠道结构调整。

⑥统一会员管理。统一会员信息，实现会员资源共享，使会员与川菜企业之间充分互动。对会员数据进行分析，展开会员精准营销，使川菜企业的产品和服务更具市场竞争力。

---

① 用友网络科技股份有限公司．企业数字化：目标、路径与实践［M］．北京：中信出版社，2019：77.

6.3 川菜企业的数字化生产

川菜产业转型升级的重要方面就是川菜企业的数字化生产，即餐饮制作与生产的技术集成。对于传统川菜烹饪来说，原材料和菜品的多样化、烹饪工艺的复杂化，以及多菜品制作全过程的高要求都是川菜菜系屹立于餐饮市场的关键因素。然而，这些也是制约川菜餐饮走向现代服务业的主要因素，川菜产业必须在现代信息技术及加工技术不断发展的今天，走出一条适合于自己的制作与生产技术集成路径。

6.3.1 餐饮商业模式现状分析

川菜产业集实时加工制作、商业销售和服务型劳动于一体，向消费者专门提供各种菜品、酒水、消费场所和设施。川菜产业的最新发展趋势为“餐饮+线上+线下”，即传统川菜产业的互联网化、互联网餐饮的实体化、传统餐饮企业通过互联网工具实现线上线下融合后的全渠道营销销售、支付的闭环以及客户管理体系的打通，最终实现信息化管理，提高整体营收。餐饮商业模式的发展主要基于以下几个关键词①：

第一，餐饮信息透明化。互联网时代如雨后春笋般的手机 App 给了消费者大量的信息获取渠道，消费者可以在这些网络终端中获取想要的一切信息。网络评论者通过给每家商户及服务的数字分数、简短的描述段落、典型价格和其他信息来定义级别。评论者的考察领域包括菜品、餐厅布置、人员、服务和成本，而餐馆是否有促销、是否支持预订、是否支持团购及优惠、评论条数和地理定位导航都有详尽说明。信息的透明化为川菜企业带来了前所未有的挑战，现在的川菜企业商业模式都是伴随着这类信息生存和成长的。可以说信息的透明化使川菜企业不再有更多的秘密可言，特别是价格上的秘密。因此，川菜企业必须在菜品、餐厅布置、人员、服务上做出可以足够吸引消费者的特色。

第二，餐饮团购。团购（Group purchase）就是团体购物，指认识或不认识的消费者联合起来，加大与商家的谈判能力，以求得最优价格的一种购物方

① 李小双. 互联网+餐饮的 20 种商业模式［OL/DB］. 2016-03-30，https：//www. iyiou. com/p/25682. html.

式。根据薄利多销的原理，商家可以给出低于零售价格的团购折扣和单独购买得不到的优质服务。团购作为一种新兴的电子商务模式，通过消费者自行组团、专业团购网站、商家组织团购等形式，提升消费者与商家的议价能力，并极大程度地获得商品让利，引起消费者及业内厂商、甚至是资本市场的关注。

目前团购的主要模式为消费者在团购网站购买代金券或餐厅餐品，预约或非预约到店消费，可以以更便宜的价格享受到同等的餐饮服务。第二种模式为团购的升级版，即闪惠，用户可以到店前查看该店是否有优惠，再决定是否就餐，就餐后可直接在支付环节享受优惠待遇。这解决的是商户的引流和营销需求。由于团购吸引的消费者多是价格敏感型用户，且团购平台强调与餐厅签订独家合作协议，较为强势和垄断，大部分商户并不希望消费者真的到店用餐，而是利用团购平台进行品牌曝光和推广，使用团购模式的餐厅多为实体新店开张或生意受阻的餐厅。

第三，餐饮外卖。外卖服务，大家一般理解为快餐的外卖服务，这是普遍意识上的理解。实际上，从广义来讲，一切通过提供外出服务和商品的都可以说是外卖服务，包括送水、送花、送气、送药、上门修理等所有商品及服务。

外卖的兴起，源于实体店铺对营业额增量的需求和消费需求，前期是闲时零散地外送。随着消费者越来越“懒”，商家为追求消费者满意，满足消费者节约时间成本和精力成本的需求，外出送餐逐渐形成习惯。2009 年前后，外卖 O2O 网站逐渐兴起，“饿了么”和“点我吧”开始经营餐饮外卖服务。2010 年，“到家美食会”和“生活半径”成立。在此之前，于 2007 年成立的“饭是钢”已于 2011 年淡出用户视线，多数的外卖 O2O 平台在成立之初都经营艰难，在几乎没有融资的情况下与订餐电话竞争，扭转用户订餐习惯，随着团购玩家在此之前对市场的引导，逐渐养成了用户网上订餐的习惯。2012 年以后，移动互联网和智能手机的普及，让外卖 O2O 顺应用户习惯从 PC 端向手机端转移。2013 年 5 月后，美国两大外卖 O2O 网站 Grubhub 和 Seamless 合并，其 IPO 提上日程。之后中国外卖 O2O 正式进入资本市场的视野。2013 年 6 月以后，阿里、京东、美团、大众点评、百度先后布局外卖市场。

对于外卖行业，业界一直谈论的问题是其最后一公里的物流、入驻平台的商家食品安全以及边际成本难降低带来的无盈利模式等。对商家而言，外卖为餐厅带去增量，但无法解决时间和空间的难题，餐厅在用餐高峰期前厅和后厨的能力均已饱和，无暇顾及外卖订单，用餐时间虽可前后错开 1 个小时但效果不佳。因此，知名川菜企业为了保证菜品和服务的质量以及消费者满意度，通常不愿意采用外卖的形式进行销售。

第四，餐饮预订。预订，即事先订约购买东西，一般要交一定预付款，甚至全款。餐厅预订的目的在于：一是可以节约用户到店点菜时间，在用户还未到店前即点好菜，付好款，到店即食；二是可以大幅减少排队现象的发生，并做好应对排队的预处理；三是可以根据预售的方式，提前收集用户端的需求，特别是一些个性化、定制化的需求，然后再进行较为精准的采购，可以控制店面的采购量和库存量，减少损耗，提高采购效率。

该种模式此前多出现在大型连锁餐厅及店面的采购环节，和数字经济时代的技术集成，以及消费者对时间的高要求、高约束情况下。消费者可以在美团、大众点评及淘宝等电商平台提前预约时间，餐饮企业也可以通过平台提供更精准的服务。

第五，点菜排队。传统的餐饮经营模式中，点菜是重要的组成部分。信息化时代，智能终端已经给传统点菜模式带来了新鲜的空气，逐步取代了传统的点菜方式。信息化点菜方式集排队、信息查询、点菜为一体，不但节约了消费者点菜的时间、扩大了其点菜的针对性，也利用点菜、排队的时间差为后厨提供了较为充足的准备时间，拉近了商户与消费者的距离，最终提升了消费者满意度。同时点菜的数据也被以大数据的形式储存起来，成为商户进行数据分析、菜品调整的基础和依据。

第六，餐饮代买。代买的商业形态最早出现于同城即时物流配送，其业务范围除了餐饮代买，还可以扩展到鲜花、商超、药品等。随着消费者个性化、多样化需求的增多，社会服务的分工也越来越细，代买服务也更多地倾向于按需出动。然而，代买服务最大的问题就是物流成本无法降低，餐饮这类小件低值物品的物流如何做到盈利还无法预期。

第七，餐饮半成品。餐饮半成品是将菜品原材料进行粗加工，甚至细加工，使其达到可以直接烹饪的状态，省去了消费者购物及加工的时间及精力成本，消费者可以在线订菜，提高家庭用餐效率。然而，餐饮半成品最大的问题是成本和质量。首先，半成品的制作成本和物流成本较高，产品到达终端消费者时成本附加过高可能会导致消费者无法接受，其消费群体将只能锁定高端客户，而部分高端客户有家庭服务员（保姆），并且极其重视产品的卫生及质量状况。其次，半成品的物流过程一旦脱离了冷链，将无法保证餐饮产品的卫生和品质。这两点均阻碍了餐饮半成品模式的发展。

第八，餐饮准成品。餐饮准成品是餐饮半成品的升级，餐饮准成品最大的优势在于附加值较高而卫生质量也有较好的保证。消费者也更易于接受这种餐饮准成品，俗称“三分钟快餐”。伴随着智能电器的盛行，消费者可以通过这些智能电器进行菜品的烹饪。餐饮准成品提供者大规模地进行产品的分拣、加工、烹饪，即少品种、大批量生产，这样将有利于产品成本的降低。同时，餐饮准成品对物流质量的要求没有餐饮半成品高，成本也相对较低。

第九，代做。对于个性化、多样化的消费者而言，餐饮消费已经不仅仅局限于外出就餐或自己制作。在消费者口味和要求越来越高的情况下，私厨代做应运而生。其操作模式为：用户通过平台进行信息搜集，预订订单（如四菜一汤），托付厨师代买食材；厨师通过电话联系用户进行自我介绍，并询问饮食习惯、禁忌、厨房灶台情况、调料等细节，继而按约定时间带着食材、做菜工具（包括帽子、鞋套、围裙、厨包等）上门做餐。这类餐饮商业模式是满足消费者个性化、多样化需求的最高层次，也是溢价最高的一种形式，不具有大规模普及的可能，因此，成本也不可能大幅降低。

6.3.2 川菜制作与生产的技术集成路径

川菜产业向现代服务业转型升级，就是由传统的“粗放型、模糊型、经验型经营”向“精细化、流程化、连锁规模化经营”转型。将信息化管理技术及工艺技术融入川菜制作与生产中，使产业具有高科技与技术密集的特征是技术集成路径的核心。

6.3.2.1 合理选择川菜产品品种

川菜菜系的品种优势主要体现在食材、调料、味型、菜形和烹调方法上的多样性上。川菜产业在产品品种上有着其他菜系产业无法比拟的优势，但这也恰恰是川菜菜系进行工业化生产及技术集成和附加的难点。川菜制作与生产的技术集成必须建立在科学地选择川菜产品品种的基础上，把部分加工过程易于流程化、规范化并具有一定代表性的菜品，通过技术研发，进行产品的标准化，进而实现用自动化、智能化的技术设备代替人的操作。这样可以既能够保证菜品的一致性，又能够更好地利用现代技术设备，最后实现工业化生产。对于一些暂时无法进行工业化的产品，可以通过生产过程的分类和优化，将其中一个部分先以技术设备的形式进行半成品化，提高半成品的质量，降低半成品的成本，最终实现菜品品质的提升。

6.3.2.2 深化生产工艺的标准化

量化的标准是现代技术的关键，川菜生产工艺是否可以标准化，是川菜产业是否能够向现代服务业转型升级的关键。因此，需要川菜技术工作者跟踪川菜原材料的采购到消费者对川菜产品消费结束的全过程，观察每一个环节的量化标准，科学合理地分析出川菜菜品的生产工艺标准，给出不同条件下的生产方案，最终运用现代技术设备，通过自动化、智能化的生产，制作出高品质的产品。在这个过程中，所有食材、原材料、配料的化学指标、物理指标及营养指标，生产过程的温度、湿度、压力、重量指标，都必须用准确、真实、可靠的数据来支撑，做到制作和生产有规范可循，质量控制有标准可依。

6.3.2.3 研发和使用先进的技术设备

采用具有现代信息技术标准的技术设备是川菜生产制作过程技术集成的手段。随着电子技术的不断发展和应用，餐饮技术设备已经开始转向数字化、自动化、智能化和人性化，具备了语音、人工智能和移动互联属性。川菜企业必须时刻跟踪餐饮技术设备的发展趋势，通过跨学科、跨部门的合作，不断研发适合川菜产品制作和生产的先进设备，与合理的菜品品种选择、标准化的工艺相配合，提升川菜制作过程的技术集成性。

6.3.2.4 建立科学的质量管理体系

在现代企业管理中，有很多成熟的质量管理和控制体系。质量管理体系（Quality Management System，QMS）是指在质量方面指挥和控制组织的管理体系。质量管理体系是组织内部建立的、为实现质量目标所必需的、系统的质量管理模式，是组织的一项战略决策。它将资源与过程结合，以过程管理方法进行系统管理，根据企业特点选用若干体系要素加以组合，一般包括与管理活动、资源提供、产品实现以及测量、分析与改进活动相关的过程，可以理解为涵盖了从确定消费需求、设计研制、生产、检验、销售、交付之前全过程的策划、实施、监控、纠正与改进活动的要求，一般以文件化的方式，成为组织内部质量管理工作的要求。针对质量管理体系的要求，国际标准化组织的质量管理和质量保证技术委员会制定了 ISO9000 系列标准，以适用于不同类型、产品、规模与性质的组织。HACCP 确保食品在消费的生产、加工、制造、准备和食用等过程中的安全，在危害识别、评价和控制方面是一种科学、合理和系统的方法。川菜餐饮企业目前可以申请认证的是生产、安装和服务的质量保证模式，即 ISO9002 质量认证。通过 ISO9002 质量体系认证意味着川菜企业把“消费者中心”的经营理念融入规范、完整的现代体系之中。在 HACCP 管理体系原则指导下，食品安全被融入设计的过程中，而不是传统意义上的最终产品检测。GMP 要求制药、食品等生产企业具备良好的生产设备、合理的生产过程、完善的质量管理和严格的检测系统，确保最终产品质量（包括食品安全卫生等）符合法规要求。川菜企业应利用适宜自己的质量管理体系来加强产品生产制作过程的质量控制，确保产品的安全可靠。

6.3.2.5 科学合理地配置关键技术人才

川菜之所能成为四大菜系之一，与其独有的饮食文化、特有的食材、独特的烹饪方式、众多懂得川菜美食的关键技术人才不无相关，其中关键技术人才可谓是川菜制作和创新的灵魂，产业发展的核心。因此，需要加强关键技术人才的现代理论及管理知识学习和现代技术应用能力培养，这样才能发挥其创造力，加快川菜生产制作的技术集成性，加快川菜产业的现代服务业转型。

6.3.3 川菜制作与生产的智能制造转型

智能制造的发展伴随着信息化的广泛应用，智能制造就是将现代信息技术与先进制造技术深度融合，在产品设计、制造、服务等全过程体现信息技术和制造技术的融合成果，不断降低次品率，提高产品质量，提高生产效率和效益，推动制造过程体现创新、绿色、协调、开发、共享的理念。

川菜制作与生产的智能制造转型，主要是以大数据、云计算、移动互联、工业互联网的综合应用为基础的。特别是工业互联网的应用，将直接体现在川菜的制作与生产智能化上。工业互联网通过构建连接川菜企业、机器、食材或原材料、人、信息系统的基础网络，实现川菜制作与生产数据的全面感知、动态传输、实时分析，进而形成科学决策与智能控制。川菜企业可以构建基于工业互联网平台的三层级转型。第一层级是内部智能制造系统的升级，以提升制作与生产效率；第二层级是实现外部供应链的拓展延伸；第三层级是构建产业生态，实现平台化运营。

第一层级主要是通过 ERP 系统的应用，实现食材或原材料、设备、人的有机整合，通过业务流程重组的方式，打通业务之间的阻隔，打破局部业务的信息孤岛，进而实现 ERP、川菜制作与生产、川菜智能装备之间的无缝连接，同时实现各业务模块间的信息共享、数据互联，进而提高川菜企业的生产效率和管理效率。

第二层级主要是川菜企业外部供应链上的拓展延伸，实现川菜制作与生产和消费者服务的智能化、网络化、协同化，进而实现以满足消费需求为中心的柔性生产。

第三层级主要是龙头川菜企业凭借供应链优势，借助工业互联网平台来构建产业生态圈，将生态圈中协作企业的产品、消费者、供应商、业务流程、信息、数据互通起来，实现向平台化运营的商业创新与业务转型。

在实现智能制造的过程中，川菜企业可以采取设计、制作、服务一体化的思路，利用互联网协同和自动化设备提高川菜制作生产效率，利用智能管控系统进行质量控制，利用管理会计进行决策支持，利用共享平台使服务增值。在生产和服务过程中，处处体现数字化的融合。同时，结合移动互联网技术、工业物联网计划，实现川菜制作与生产的智能排程、智能调配、智能物流、智能作业、智能监控，构造智能厨房，最终通过数字化生产提升消费者满意度。

6.4 川菜物流配送体系的技术集成路径研究

推动川菜产业向现代服务业转型升级对川菜物流配送体系提出了严峻的挑战，需要进行新的技术集成及流程再造。我国关于食品餐饮产业的一系列法律法规的出台，进一步促进了餐饮物流行业的整体进步。如 2015 年施行的《食品生产通用卫生规范》进一步细化了食品生产过程控制措施和要求，新增了原材料采购、验收、运输和贮存、产品追溯与召回等要求，这一系列的要求引发了相应餐饮物流的技术及成果和流程再造。2019 年 12 月 1 日起施行的《中华人民共和国食品安全法实施条例》提出食品生产经营者应当依照法律、法规和食品安全标准从事生产经营活动，建立健全食品安全管理制度，采取有效措施预防和控制食品安全风险，保证食品安全，这对川菜物流配送体系的转型升级也提出了更为严格的要求。

6.4.1 川菜餐饮物流的内涵及发展趋势

川菜餐饮物流是依托物流设备、技术和物流管理信息系统，对川菜餐饮食材或原材料等进行采购、运输、仓储以及对半成品和产成品的配送、流通加工等作业活动的集合，以达到提高川菜餐饮产品和服务质量的目的。广义上的川菜餐饮物流包含了餐厨垃圾的回收与处理等逆向物流活动。川菜餐饮物流管理是在川菜企业经营计划、市场开发和客源组织的基础上，灵活应用管理的基本原理和方法，充分有效地整合人力、物力和财力等资源，组织川菜餐饮产品生产的各项物流活动。

随着经济发展、社会进步以及数字经济时代的到来，川菜产业已经开始由传统生产经营方式向现代化经营转型，川菜连锁企业的出现更是体现出走向产业化、连锁化、集团化和现代化发展的方向。川菜餐饮物流作为川菜产业发展的重要支撑，随着消费者结构转型、消费习惯转变、技术革新、餐饮业态多元化呈现出新的发展趋势。

一是传统现货采购模式向电子化采购转型。川菜餐饮企业采购商品品种繁多、频率密集、流程复杂，容易形成管理漏洞，造成成本失控。因此，传统的现货采购模式已无法满足未来集团化、连锁化、现代化的川菜产业发展。

通过电子化采购，川菜企业能快速寻找到理想的供应商，获得安全（质量）、安心（交货及时）的食材或原材料供应，并有效地降低企业采购成本，提高竞争力。同时使得采购过程更加透明，供应商也希望通过这一途径，便捷地寻找到购买者。自2009年国内首家餐饮业电子采购管理平台建成，目前大型川菜企业采购已逐步进入电子化时代。餐饮电子采购在国外发展更为成熟。在日本，餐饮采购98%是通过电子平台实现的；在欧洲，餐饮企业大宗采购100%通过电子平台完成。因此，川菜产业传统的现货采购模式向电子化采购将成为必然趋势。

二是川菜餐饮物流运营模式更加多元化。川菜企业尤其是川菜连锁餐饮企业的专业化分工日趋合理，这使得川菜餐饮物流的运营模式更加多元化，从以往的完全自营模式，发展到将部分不擅长、不核心的物流业务模块外包给第三方，由专业的餐饮物流公司负责。同时，川菜产业还存在供应商服务模式，由供应商来提供相应产品的物流服务。因此，目前餐饮物流呈现自营模式、第三方物流服务、供应商服务模式和第四方平台模式。

三是川菜餐饮物流信息化程度要求越来越高。当前新兴技术在川菜产业，尤其是川菜餐饮物流中的应用越来越广。从电子商务平台、团购网站的兴起，到电子点菜系统、电子管理软件和管理平台的推广普及，甚至包括炒菜机器人的出现，都让我们看到技术的力量已经在改变我们的传统川菜产业。另外，网络营销技术已经从平台营销、搜索营销，走到了社交营销，如微博营销、微信营销，进而走到立体整合营销。以信息平台为媒介的销售模式变革以及智能烹饪手段的出现，对川菜餐饮物流信息化水平提出了更高的要求。

四是川菜餐饮物流集约化水平越来越高。受当前餐饮经济放缓的影响及顺应餐饮业食品安全和环保节能的发展趋势，中央厨房在川菜产业正受到前所未有的重视。中央厨房是一种标准化、工业化的餐饮运营模式，它体现了集团化采购、标准化操作、集约化生产、工厂化配送、专业化运营和科学化管理的餐饮业发展特征。在产品品质管控、资源综合利用、食品安全保障和环境保护等方面的作用已受到业界一致认可。未来川菜产业发展的重心将向大众餐饮转移，方便快捷、营养卫生、价格实惠的大众餐饮将会蓬勃发展。川菜企业可以通过建立食品统一加工配送中心、发展连锁经营、开发中式快餐等形式，进一步提高大众餐饮工业化、规模化水平。中央厨房恰恰是能满足这一发展趋势的业态。随着川菜产业的发展和产品细分，中央厨房未来会升级成为专业服务于川菜企业的工厂。目前中央厨房正从快餐业逐步进入川菜业、火锅业，产业覆盖面不断增大。

四川火锅行业最先尝试打造标准化的“中央厨房”。成都“味道江湖”在都江堰市投建了一家占地2 000多平方米的“中央厨房”专业制作火锅底料。在那里，火锅底料的配方、原料、制作工艺、生产流程等都实行统一标准。成都麒麟餐饮在双流航空港经济开发区投资近3 000万元建成“中央厨房”，火锅底料实行工业化、标准化生产，多元化发展，工作人员根据各门店的订单，在“中央厨房”及时完成配送，新鲜的菜品就能通过公路、航空运到全国的门店，甚至通过海运运至北美消费者的餐桌上。

中央厨房的出现，使得川菜餐饮物流的采购、仓储、配送、流通加工等环节作业集约化程度不断提升。

6.4.2 川菜餐饮物流的特点

一是物流对象种类丰富。这是由个性化、多样化的消费需求和购买内容决定的。消费者的川菜餐饮消费需求是多方面的，包括物质、精神需求等。为满足消费需求和购买内容，川菜餐饮产品应该是由设施设备、服务环境、服务用品、餐饮食品和劳务服务等要素有机融合的一个整体。

二是物流活动环节复杂。从市场调研开始，经过选择经营菜品品种、菜单设计、食材或原材料采购、验收、保管发放、粗加工、切配、烹调、餐桌服务、送走客人，直到餐厨垃圾回收处理为止，所有环节都是物流管理的重要内容，哪一个环节缺失或损失都可能造成川菜企业生产服务质量的下降。

三是物流参与主体众多。大型川菜企业往往涉及行政总厨、餐厅部经理、宴会部经理、酒水部经理以及送餐部经理等，各类餐厅、厨房的工种多，岗位复杂，要保证川菜餐饮服务顺利进行，必须协调、调动各部门，使其相互支撑和积极配合。

四是物流需求差异性大。川菜餐饮产品种类繁多，特性复杂。要满足各种类菜品、半成品或产成品的独特特性和质量，对配送的方式、条件、速度、范围要求都十分复杂。同时，由于消费需求、川菜企业类型以及地域文化的差异性等，即使是同一川菜餐饮产品，由于消费的满意程度不尽相同，川菜餐饮产品也会表现出差异性，进而川菜餐饮物流服务也呈现较大差异。

五是物流柔性化管理要求高。川菜餐饮消费的客源广泛、需求各异、市场变化频繁、竞争激烈，餐厅类型多，菜品品类复杂。因此，川菜餐饮物流管理需要具有较大的灵活性，主要体现在两个方面。首先，川菜企业的营业收入弹性大。营业收入水平的高低主要取决于客流量和人均消费额，而客流量和人均消费额又受市场环境、餐饮服务质量和经营策略等影响。因此，应采取灵活的经营策略，提高竞争能力，提高餐厅上座率和人均消费水平，以保证营业收入稳定地提高。其次，销售限制条件多，风险不确定，如川菜餐饮产品的生产、销售量难以预测，消费者对餐饮产品和服务需求的季节性波动较明显，随机性较强等。川菜餐饮经营活动的灵活性使得餐饮物流须具有较高的灵活性，以满足其物流需求。

6.4.3 川菜餐饮物流的目标

川菜餐饮物流总目标是以低成本或可接受的成本提供高质量的餐饮物流服务，实现消费者满意，即让消费者在恰当的时间、合适的地点，以上乘的质量、合理的价格，获得满意的川菜产品。主要包括下列功能目标：

首先，高效与敏捷。高效指用较少的资源，如人力、空间、设备和时间等进行各种操作，有效组织食材或原材料的流通，杜绝浪费。敏捷指对不同的或变化的环境迅速做出反应，向消费者提供高品质服务的能力。它有两方面的含义：一是反应的速度，即能否及时满足消费者服务需求的能力；二是根据不同消费需求差异化提供物流服务的能力。

其次，保障供应与最低库存。川菜餐饮物流系统的有效运行必须能够保质保量并及时地将食材或原材料供应到餐饮加工生产的需求点。同时，由于川菜食材或原材料的特性，不允许川菜企业有较大规模的库存，对于某些食材或原材料要求零库存，即需即运。因此，必须按照生产和流通的需求变化对库存进行控制，提高周转率，把存货配置减少到与消费者服务目标相一致的最低水平。

再次，价值增加和质量改善。这里所说的价值是从消费者角度考虑的，可通过增加时间和空间的使用，或对川菜产品和服务进行更多的流通加工来增加价值。同时，物流本身必须履行质量标准，寻求持续的质量改善。

最后，提高生产率和降低成本。在承载力范围内，最大可能地利用资源和设备。川菜餐饮物流是物流实体的流动，人、财、物的消耗将产生物流成本。有效的物流活动就是要在保障供应、生产和服务顺利进行的前提下，做到效率最高、成本最低。

6.4.4 川菜餐饮物流流程及操作要求

川菜餐饮物流管理活动主要对以川菜企业为核心，食材或原材料供应商和消费者共同组成的供应业务流程的管理。根据国家标准《餐饮冷链物流服务规范》的要求，餐饮供应链主要分为食材采购、仓储保管、生产加工、销售与服务和逆向物流五个阶段，具体包括食材采购、流通加工、仓储、装卸搬运、配送、回收处理等物流活动。川菜餐饮物流作业流程如图 6-2 所示。

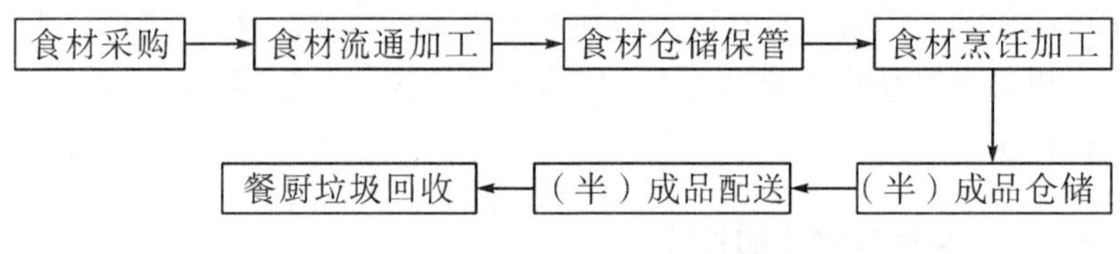

图 6-2　川菜餐饮物流作业流程图

川菜餐饮物流各作业活动的具体要求如下：

一是食材或原材料采购，主要指对川菜餐饮活动中烹饪加工所需的主料、辅料和配料进行采购。采购要做到以下三个方面：第一，提供不间断的原料流，使整个川菜餐饮制作与生产流程正常进行；第二，使库存投资和变质损失保持最小；第三，减少原料采购的运输成本，实现整合运输。目前连锁型川菜餐饮企业多依托中央采购中心集中采购，区域公司或物流中心仅具有订货权。

二是食材或原材料流通加工，主要指进行分拣，为延长保鲜期或保质期的预处理和包装，便于食材或原材料的仓储保管，延长保质期。

三是食材或原材料仓储保管，是为了保证食材或原材料正常供应，确保川菜餐饮产品质量，是川菜企业节约成本的重要管理对象。仓储过程的管理原则是保证需要、保证质量、节约库存成本。仓储活动的管理内容包括仓储设施设备的管理，验收入库，库存盘点与控制，物品申领与发放等。

四是食材烹饪加工，为川菜产品制作与生产阶段，由一系列生产工序及相关的过程控制组成。为了取得川菜制作与生产的最佳效果，需对该阶段进行协调统一的物流管理。此阶段具体包括食材或原材料粗加工及其控制、食材或原材料细加工及其控制、配份控制及其烹调控制四个内容。

食材或原材料粗加工及其控制是菜肴生产的第一道工序，其加工的好坏直接影响以后工序的生产。因此，需加强对食材/原材料粗加工的控制。首先，制定食材或原材料领用制度，以生产任务量为基础确定领用量，严把质量关。其次，科学组织加工，实行分类分区作业。最后，采用正确加工程序和加工方法，提高粗加工的净料率，降低损耗。

食材或原材料细加工及其控制指按照烹调的要求，运用刀工技法，将原料加工成具有一定规格形态的操作过程。应符合的要求主要有：便于食材入味，便于烹调，便于食用，便于配菜，便于菜肴的标准份额控制等。

配份又称配料、配菜，配份是使菜肴具有一定质量、形态和营养成分而进行的各种原料搭配过程。它影响着菜肴的内在质量、感官质量、份额量和成本，为此需加强配份控制。首先，标准化控制，根据菜单制定并实施标准菜谱。其次，配份顺序控制，即配菜师按照餐厅传来的消费者点菜单先后顺序，进行合理配菜。

烹调控制首先要控制烹调前的准备。烹调是川菜餐饮制作与生产的一线工作，烹调工序需要厨房各个环节提供可靠保障，才能使烹调有序和操作正常。其次是成品放置控制。菜品质量与放置时间和环境有密切关系，应尽可能缩短成品放置时间，并要求餐厅尽快走菜。

五是成品或半成品仓储，主要对经过烹饪加工的半成品和成品进行短暂仓储，是衔接配送作业的过渡阶段。成品或半成品的仓储须注意存储温度适宜，卫生环境达标，防止食物污染。

六是成品或半成品配送，主要包括川菜餐饮连锁企业将中央厨房生产的成品或半成品向各门店配送以及由各门将店成品向消费者配送两种模式。此活动应做好配送调度计划，选择合适的配送环境条件，合理安排配送车辆，优化配送路线，提高配送效率，提升服务水平。

七是餐厨垃圾回收，川菜企业每天产生的餐厨垃圾回收与处理是餐饮逆向物流的重要内容，是发展循环经济的重要体现。餐厨垃圾的回收处理需配置专业的回收车辆，优化回收路线，构建科学的逆向物流回收网络。

6.5 基于技术集成的川菜餐饮商业模式

6.5.1 数字经济时代的川菜商业模式变革

由于川菜企业消费者数量的增加和消费需求的复杂化、个性化、多样化，川菜企业迫切希望营销活动能够朝自动化、科学化、精细化方向发展。在川菜产业转型发展的过程中，川菜企业需要将销售、市场和服务有机地结合在一起，形成一套完整的并融合现代信息技术的生产和服务体系。而在这个体系中，销售人员可以迅速、准确地掌握客户的动态，同时可以与预期消费者保持紧密的联系，并与其建立起稳定、畅通的沟通渠道。市场营销部门也可以通过此体系定位到真正对企业产品和服务感兴趣的消费群，并迅速、准确地掌握其需求、态度、习惯、行为模式以及对营销活动的反馈。消费者服务人员也能通过这个体系减少对消费者的过多询问，有计划性和预见性地与消费者形成有效沟通，及时了解消费者需求和建议。然而，面对庞大的消费者信息量，如何实现消费者信息的收集、处理和共享已经成为川菜企业建立这一生产和服务体系的关键问题。将诸如 TPS 模型等现代技术集成于商业模式已经成为川菜企业改变传统经验模式的一种重要的方向，这样可以建立统一的客户管理、生产管理、物流管理和服务管理接口，更大程度地提高消费者满意度。

德鲁克曾指出："当今企业间的竞争是商业模式的竞争"。Magretta（2002）发现新的商业模式就是隐藏在所有商业活动下一般价值链上的变量，包括所有与生产有关的活动和所有与销售有关的活动。Mitchell 等（2003）以竞争战略视角为基础发现大多数企业所应用的竞争战略不外乎四种：建立在低成本基础上的低价格、更吸引人的产品和服务、更多的选择和信息、密切的客户关系。Rappa（2004）认为，商业模式就其基本的意义而言，是指做生意的方法，是一个公司赖以生存的模式：一种能够为企业带来收益的模式。商业模式规定了公司在价值链中的位置，并指导其如何赚钱。Pateli（2005）等利用权变理论分析技术创新引发的商业模式变革。Esbrough（2007）提出企业从新兴的技术中获取效益，必须将技术集成到企业现有的企业宗旨、目标市场、管理模式及效益成本结构中，研究相应的商业模式并从中获取经济利益。Osterwalder（2007）认为在商业模式这一价值体系中，企业可以通过改变价值主张、目标客户、分销渠道、顾客关系、核心能力、价值结构、伙伴承诺、收入流和成本结构等因素来激发商业模式创新。Johnson 等（2008）研究认为当市场上现有的解决方案因成本太高或者太复杂而未满足一部分顾客的需求时，就需要应用一种新的商业模式将新技术市场化或者要将一种经过测试的技术推向一个全新的市场，进而对竞争环境改变做出反应。Lindgardt 等（2009）也认为商业模式创新可以通过商业模式组成要素的创新来实现。Amit 和 Zott（2011）研究认为商业模式是一个由互相联系的若干活动所组成的系统，这个系统可能越过了企业的边界，并使企业和它的商业伙伴能够共同创造价值，企业从中分享一部分价值。商业模式主要包含以下结构：顾客需求、供求关系及结构、企业资源、企业在价值链中所处的位置及企业盈利模式（Timmer 1998，Amit and Zott 2011，Magretta 2002，Henry Chesbrough 2001）。

田志龙（2006）通过对商业模式的主要要素及环境进行研究，形成了六个商业模式创新的一般途径：重新定义顾客、提供特别的产品和服务、改变提供产品和服务的路径、改变收入模式、改变对顾客的支持体系、发展独特的价值网络。其中重新定义顾客，就是要识别及筛选出与企业远期目标相一致的客户。这项研究为商业模式的研究提供了一个新的思路，即筛选什么样的客户以及为这些客户提供什么样的产品，是商业模式的一个重要目标。罗珉（2009）在对国内外商业模式已有成果进行梳理的基础上研究了商业模式的结构性维度，将商业模式分为八个维度：价值主张、核心战略、资源配置、组织设计、价值网络、产品与服务设计、经营收入机制和赢利能力。中国经济升级版提出的重点是“推动工业化、信息化高度融合，加快信息等高新技术的推广应用，在高起点上做强先进制造业、战略性新兴产业，带动传统产业升级，提升中国在全球产业链和价值链中的位置”，这也为商业模式的创新指引了方向。因此，在当今的中国，商业模式的创新很多都和技术创新以及技术创新能为特定消费者带来什么样的利益联系在一起。

商业模式的实质在于将顾客感知价值、技术诉求、业务结构、利益结构融合入一个互动的框架结构中（Voelpel 2003）。综合企业创造价值活动的过程，原磊（2007）提出了商业模式的“3-4-8”体系，如图6-3所示。

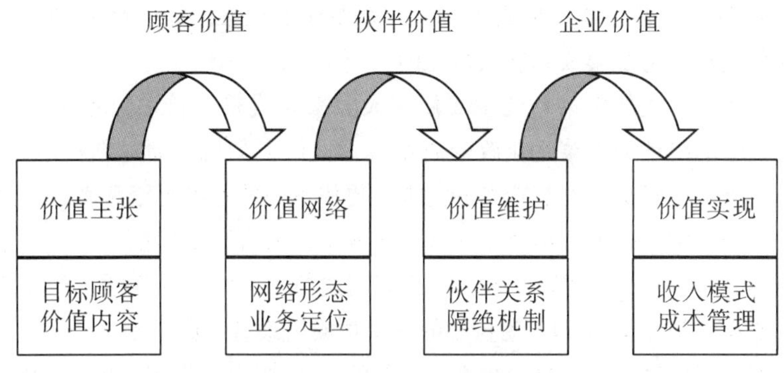

图6-3　“3-4-8”商业模式体系

推进川菜产业商业模式变革的是消费者的需求转变。消费者在数字经济时代的餐饮消费有三大特征。首先，在日常生活中，消费者并不太注重餐饮口味上的特色，并且在大批量生产的时代，想做出与众不同的口味需要付出更多的时间成本和货币成本，这对于消费者的日常消费而言是不划算的。其次，随着生活节奏的不断加快，快餐化的生活方式正逐渐取代以往的传统生活。消费者的一大需求就是快速、便捷，在市场上出现了各种产品都是以快捷为卖点的，如各种快捷酒店、便利商店、快捷运输、快餐等等。第三，网络、手机、智能终端正在成为消费者选择产品的必备手段。城市的消费者在决定进行餐饮消费之前，首先会在网络上进行搜索比较，产品信息比以往任何时候都更为透明化。因此，电子商务已经成为传统商务有力的竞争者，任何厂商都不敢疏忽对电子商务的重视，实体运营和电子化运营已经成为大多数厂商无法回避的课题。因此，生活方式的快节奏变化催生了新的就餐方式，消费者希望在工作的同时享受便利而丰富的美食，这就对传统的川菜产业商业模式提出了新的要求，要求对传统的餐饮商业模式进行不断变革和创新。

6.5.2 基于技术集成的川菜餐饮商业模式构建

业务处理系统，又称事务处理系统（Transaction processing systems，TPS），该系统在数据（信息）发生处将它们记录下来，通过 OLTP 产生新的信息，将信息保存到数据库中供其他信息系统使用，提高事务处理效率并保证其正确性。TPS 存在于企业的各个职能部门，它是进行日常业务处理、记录、汇总、综合，分类，并为组织的操作层次服务的基本商务系统，因此是企业联系客户的纽带，也是其他信息系统的基础。

基于技术集成的川菜餐饮商业模式就是将现代技术融入传统川菜餐饮模式中去，而 TPS 模型为技术集成提供了一个整体的框架，能够将以 TPS 模型为核心的相关技术系统集成到餐饮行业的整个价值链条中。

传统经营模式的川菜企业主要依靠人力来完成整个价值链条中的各项工作，新技术的出现为川菜企业改变商业模式提供了契机。通过新技术的使用，川菜企业可以更好地了解消费者的需求，更快更精准地满足消费者，更大程度地提升消费者满意程度。川菜企业技术集成主要表现在现代信息技术在企业中的应用，通过电脑、手机、互联网与消费者进行第一时间的沟通，掌握其最新动向。图 6-4 显示了以 TPS 为核心的技术集成川菜餐饮商业模式。

该商业模型将餐饮事物处理系统（TPS）、餐饮生产管理系统（PMS）、餐饮物流配送系统（LS）、餐饮客户关系管理系统（CRM）整合到了一个餐饮企业中，并且该商业模型以餐饮事物处理系统（TPS）为核心。该模型的运行机制分为七个阶段。第一阶段，消费者产生消费的动机，通过电话以及接入互联网的电脑、手机寻求餐饮服务企业，有购买意向后向川菜企业发出购买需求。第二阶段，TPS 系统全面接管消费者需求，接受消费者咨询及订单，向消费者提供服务，同时根据客户关系管理系统已有的信息向消费者提供必要信息和协助，如在客户关系管理系统中无法找到客户信息，则在客户关系管理系统中建立新客户相关资料。第三阶段，TPS 系统根据消费需求及订单向餐饮生产管理系统发出生产指令或预生产指令（根据消费者是否前往餐厅用餐决定是否开始生产），同时向餐饮现场服务系统或餐饮物流配送系统发出等待服务指令。第四阶段，PMS 系统开始根据消费订单进行生产计划的安排，同时将客户关系管理系统提供的消费者偏好信息添加到生产计划中，以使消费者能从特定产品中获得最大的满足，如无信息则建立新客户相关信息。第五阶段，TPS 系统根据消费者是否到餐厅消费向餐饮物流配送系统发出送餐指令或向餐饮现场服

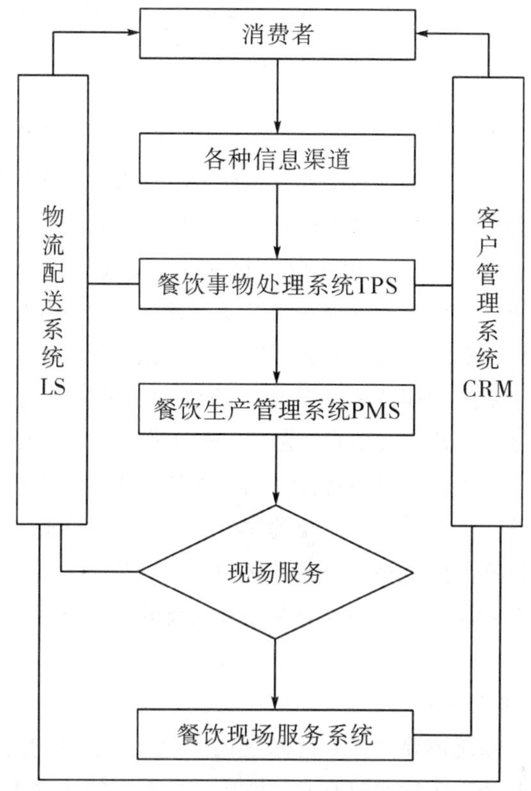

图 6-4　基于技术集成的川菜餐饮商业模式

务系统发出等待服务指令。第六阶段，TPS 指令客户关系管理系统提供相关物流配送信息或消费者偏好等信息，如无信息则建立新客户相关信息。第七阶段，向客户关系管理系统发出客户反馈信息指令，搜集消费者满意度方案，提出相关改进意见。从该商业模式的流程上看，TPS 已经成为整个业务流程的中心，相当于餐饮服务体系中的中央处理器（CPU）。以下详细分析基于技术集成和面向川菜餐饮服务的商业模式构成模块，主要包括业务宣传推广系统、业务处理系统、客户关系系统、物流配送系统和人力资源管理系统。

6.5.2.1　业务宣传推广系统

对于川菜产业来说，让消费者知晓并使其产生消费欲望是首要工作。将现代信息技术集成于川菜餐饮服务的首要切入点就是宣传推广工作，同时要考虑宣传推广工作之后的消费可达性，也就是既要让消费者产生购买欲望，又要让消费者能够很容易地找到厂商并进行消费。川菜产业的特征使得川菜企业无法使用大规模的传统媒介进行宣传，而传统媒介业仅仅起到宣传作用，可达性不高。互联网媒介将是川菜产业技术集成的重要组成部分，电脑和手机终端的普及已经使消费者使用互联网的频率大大提高，利用互联网媒介进行宣传推广具有很高的现实价值。

无论是情感上的需求还是工作上的需要，都促使消费者频繁访问各类网站，使用诸如网络社区、即时通讯软件和社交软件等渠道进行日常沟通。互联网媒介的使用将会使川菜餐饮服务接触到大量经常上网的消费者，而这里所指的业务宣传不仅仅是让消费者知晓相关业务，而是要让消费者产生消费的欲望，并通过相关网站和软件进行现实的消费。餐饮行业具有生产和消费的统一性，在消费者进行消费的同时企业进行生产。而技术集成的川菜餐饮服务模式致力于使消费者消费过程和过程的分离，即消费（付款）时并不立即进行享受，而厂商可以接收这些在线信息，随后开始生产。生产与消费的不同时性可以降低厂商的生产成本，并提高餐饮产品和服务的质量。因此，对于川菜餐饮服务业务宣传系统有两个关键点需要关注：一是宣传媒介的合理选择及宣传手段的灵活使用，这样将使更多的消费者接收到信息并产生消费欲望；二是和业务处理系统的无缝对接，只有做到业务处理系统的无缝对接才能使生产和消费达到有机的统一。

6.5.2.2 业务处理系统

业务宣传推广系统需要业务处理系统的无缝接入才可能达成预期的效果，消费者的消费愿望和现实消费只有通过业务处理系统的处理才可能正式进入川菜企业的业务流程。业务处理系统主要处理消费订单、业务分配、应付账款和应收账款管理等业务。业务处理系统的目的是对消费者的餐饮需求进行自动化处理，降低业务处理系统的成本，提高处理速度和准确度，提高服务水平，为客户关系系统提供决策数据。对于川菜产业而言，业务处理系统犹如川菜企业业务体系中枢，将业务宣传推广系统所推送的数据进行必要的整理，分析后再分配、发送给相关系统进行处理，起到承上启下的关键作用。

对于川菜餐饮业务处理系统而言，首先需要有良好的人机交互体验，挖掘用户习惯和审美观念，同时进行个性化需求的定制，采用友好图形用户界面（GUI）并强调精致、细腻、大方的餐饮特点，使进入到业务处理系统的消费者能够直观地了解到该系统是为川菜餐饮系统定制的，快速找到自己所需要的，明确自己该做什么和有什么可以做的，能够快速下单消费，并且得到快速准确的搜索和订单服务。其次，具有良好的业务组织能力，即把整个川菜企业的业务流程都纳入业务处理系统的控制范围内，使各个业务部门能都在得到订单的同时迅速反应，从而以最快的速度和最高的质量满足消费者的川菜餐饮服务需求。

6.5.2.3 客户关系系统

消费者是川菜企业最为重要的资源。与其他很多行业不同，川菜企业对老顾客的依赖非常大，同时需要在不丢失老顾客的基础上开发新顾客。因此，需要基于业务处理系统建立起完善的客户关系管理系统。该系统具有分析消费者行为、发现重点消费者、评估营销策略效果等作用。川菜企业在建立客户关系管理系统时需要特别关注五个方面的问题。首先，逐步建立整个地区的客户数据库，该数据库应该包括消费者的职业、年龄、性别、教育背景、爱好及习惯偏好等相关基础资料。特别是消费者在首次进入业务处理系统时已经留下了相对丰富的资料，这些资料对了解消费者及其周边人群的餐饮偏好有极大的关系。其次，开发该系统在消费者分组、消费者差异分析等方面的功能。面向川菜餐饮服务的客户关系管理系统的一个重要功能就是致力于客户的分组，任何川菜企业都无法满足所有消费需求，了解客户的差异并且根据一定的原则将具有不同特征的客户分为不同的组，详细研究每一个组群的特征数据，为开发针对特定群体的营销策略奠定数据基础。第三，开发重要客户的发现、跟踪功能，实现区分现实的重点客户、交叉的销售客户、销售增长潜力客户、忠诚客户、重要潜在客户的功能，并针对不同的客户进行该客户的购买欲望、购买能力和购买决策权等相关数据的跟踪。第四，在系统中设定相应规则，自动发现客户级别、忠诚度、信用度、满意度、大客户价值的变化，对符合条件的客户进行自动升级或降级，完成对客户等级的动态管理。第五，针对不同的用户群，准确制定市场策略和策划市场活动。

6.5.2.4 物流配送系统整合

与其他产业不同的是，川菜餐饮物流配送体系所配送的是食品，而食品在生产的质量标准、卫生标准、营养标准甚至颜色香味口味方面都有严格的要求，在任何一个环节出问题都有可能导致整个餐饮业务流程的失败，进而引起客户不满。川菜餐饮物流配送系统主要包含两种类型：川菜企业自有型物流配送系统和第三方物流配送系统。这两种物流配送系统从构成、设计、运营等方面都有较大不同。两种物流配送系统的特征本书前部分已做详细分析，此处不再赘述。

川菜企业应根据顾客个性化、多样化需求合理地选择自有物流配送系统或第三方物流配送系统。但总的来说，川菜菜品和服务的特性决定采用自有物流系统才能更加保证消费者能够得到高品质的满足。同时，即便是选择第三方物流，川菜企业也必须与专业的第三方餐饮物流配送系统建立紧密的协作关系，以改善餐饮企业的成本状况和服务质量。

在以业务处理系统（TPS）为核心的川菜餐饮商业模式中，TPS 已经成为连接客户关系系统（CRM）、物流配送系统（LDS）、人力资源系统（HRM）、生产管理系统（PMS）的纽带。在此系统中，物流配送系统的选择直接取决于TPS 系统和其他系统的整合：

（1）TPS——LDS 系统选择。

TPS 系统在川菜餐饮商业模式中处于核心地位，LDS 系统在川菜餐饮商业模式中处于基础地位。TPS 的实质就是第一时间接受并处理消费需求。LDS 系统的实时响应直接关系到了整个川菜餐饮商业模式的运作。首先，TPS 接收信息进行处理并发出指令，LDS 开始为此次工作做准备，LDS 有两种选择：a. 如果需要外部配货则立即开始，如果不需要外部配货则等待作业系统的产品；b. 如果不是第三方物流配送系统，而是自有系统，同时需要在接受指令的同时开始运输，在运输的过程中进行产品的生产，这种流程即客户→TPS（PMS）→LDS→客户。其次，LDS 系统等待作业系统生产产品，在产品生产的同时准备配送工作，当产品生产完毕，立即进入物流配送程序，即客户→TPS→PMS→LDS→客户。最后，由于物流配送系统与客户的直接关系，LDS将扮演客户关系系统的角色，力求使客户满意，即客户→TPS（CRM）→CRM。

在 TPS 为核心的川菜餐饮商业模式中，企业可以选择自有物流配送系统，也可以选择第三方物流配送系统。但是第三方物流配送系统的选择取决于第三方物流配送系统是否能达到川菜企业的技术要求，即与川菜企业的 TPS 拥有完美的接口。同时，第三方物流配送系统需要具有良好的客户服务功能，使客户感受到的服务没有差异。最后，第三方物流配送系统可以形成规模效应，如果若干家川菜企业都选择同一专业物流配送系统，将可以达到多方共赢的效果。

川菜餐饮第三方物流配送系统的发展要求有：①专业的餐饮物流配送设施及系统，②专业的餐饮物流配送经验，③专业的餐饮物流配送服务人员，④完善的客户信息处理系统。

（2）LDS——TPS——其他系统整合

在此种结构下，LDS 与川菜企业的其他业务系统并不发生联系，而是通过TPS 产生联系。LDS 有任何需求，则向 TPS 发出指令，等待 TPS 处理。即 LDS→TPS→CRM→LDS，LDS→TPS→HRM→LDS，LDS→TPS→PMS→LDS 等系统。因此，如果采取自有物流配送系统，则不会有太大的问题；但如果采取第三方餐饮物流配送系统，则第三方系统与川菜企业的 TPS 接口需要进行技术上的研究，达成无缝对接。

因此，川菜餐饮物流配送系统的可选方案是：自有物流配送系统和第三方物流配送系统，这两种系统可以通过餐饮企业的业务处理系统达成有效的统一，即 TPS 系统。在 TPS 系统中，川菜企业可以自我选择物流配送系统，建立基于 TPS 模型的餐饮物流配送体系，同时完成研究过程中所需的技术接口。川菜企业应进一步研究技术集成的问题，即开发各种基于 TPS 系统的软硬件系统，建立现代、高效的现代餐饮物流配送系统。

6.5.2.5 人力资源管理系统

川菜产业一直以来都被认为是劳动密集型行业，川菜企业也不重视高层次员工的招聘和培养。而要达到川菜餐饮服务技术集成的要求，就必然要改变川菜企业的人力资源战略，将人才的引进与培养作为餐饮企业未来发展的第一要务。首先，技术集成在业务宣传推广系统、业务处理系统、客户关系管理系统和物流配送系统中都需要相关的专业性人才。对高技能专业人才的招聘、培养、使用与劳动密集型企业中劳动者有较大不同，不能再延续过去那种粗放型管理。因此，需要将川菜企业的人力资源部门提高到与市场营销、后厨管理、前厅管理相同的高度，进行与新的技术集成的川菜餐饮服务模式相对应的人才资源规划、招聘与配置、培训与开发、绩效管理、薪酬与福利等管理。同时，在整个管理系统中秉承以人为本的理念，充分调动各大系统、各个层级、各种背景员工积极性，并提高其满意度。其次，技术集成的川菜餐饮服务模式相较传统餐饮运营模式的一大特点就是每一个系统都以消费者满意为出发点和落脚点，每一大系统都直接面对相关系统的接口，也面对消费者。因此，川菜餐饮服务的人力资源系统不仅要致力于传统人力资源管理所需要关注的重点，还要关注整个川菜产业的业务流程。同时，不仅仅关注川菜企业内部的人力资源系统，还要关注企业与企业之间、川菜产业与技术相关行业之间的人力资源系统交互。

6.5.3 基于技术集成的川菜餐饮商业模式评价

基于技术集成的餐饮商业模式是国内外学者的研究成果和餐饮行业的服务特征整合而来的新模式，是否适用于川菜企业，川菜企业在何种条件下可以采用这种模式，以及对川菜企业能有多大的效益，需要进行科学的评价。因此需要创建基于技术集成的川菜餐饮商业模式评价体系。

李时椿，常建坤（2011）整理了国内外已有的商业模式评价文献，提出了创新性、盈利性、客户价值、风险控制、整体协调性、行业促进性、稳定性、业务增长性、未来发展性九个方面的评价体系。综合了相关学者在商业模式评价中的一系列成果以及川菜企业的特征，本书提出适用于川菜餐饮商业模式评价的相关指标体系。该体系主要包括创新性评价、价值主张评价、资源配置及协调性评价、盈利能力评价、风险控制评价、行业发展性评价、稳定性评价、组织设计评价、未来发展性评价、产品和服务设计评价 10 个一级指标和 20 个二级指标。

6.5.3.1 创新性评价

创新性主要指川菜餐饮商业模式技术集成的程度以及川菜餐饮行业内是否有竞争对手采用了该种商业模式。川菜企业已经逐步从粗放型向集约型转变，现代信息技术等元素已经逐步体现在川菜餐饮经营体系中，但并没有成体系地进行技术应用。在商业模式的创新性评价中，主要进行现代信息技术在该商业模式中的应用比例评价以及现代信息技术是否成体系地贯穿到了整个经营模式中。同时，任何商业模式都不是一劳永逸的，缺乏创新，就算有再多的资金、技术、人员都无法带来良好的收益，所以该模式是否预留了随着技术发展而变化的接口也是评价该商业模式好坏的重要方面。我们主要通过技术在商业模式中应用的创新性和商业模式之前是否被使用来进行创新性评价。

6.5.3.2 价值主张评价

川菜企业的价值目标就是精准地识别消费者并向其提供能满足其需求的餐饮产品和服务。对技术集成的商业模式感兴趣的消费者是具有一定的知识素养的人群。新的商业模式是否成功，主要评价两个方面：客户满意度及客户平均就餐收入。客户满意度又分为产品质量满意度、产品数量满意度、服务时间满意度、服务质量满意度等。通过技术集成可以提高每位顾客的平均就餐收入，精准地将企业定位于对产品的质量、数量、时间、服务都有较高需求的人群。

6.5.3.3 资源配置及协调性评价

在企业经营过程中，资源的获取与配置对最终绩效产生着巨大的影响。将现代信息技术引入经营过程将极大地提高商业模式的资源配置效率。在以 TPS 为核心的商业模式中，TPS 将在人力资源、财务资源、物质资源三个方面起到资源配置的基础性作用。同时，需要考虑 TPS 为核心的商业模式与整个企业经营管理系统的整合程度。我们主要利用人力资源、财务资源、物质资源的配置效率以及川菜企业的整体资源配置协调性来反映该指标。

6.5.3.4 盈利能力评价

川菜产业的一个重要特征就是投入后产出的时间效应。因此，盈利水平的考察是评价商业模式好坏最重要的指标之一。进行 TPS 技术集成的川菜企业盈利水平必须持续增长，如果低于行业的盈利水平，则必须对新的商业模式进行必要的调整。我们主要通过技术集成前后川菜企业传统的财务指标的变化水平来判断新的商业模式对盈利能力的影响作用。

6.5.3.5 风险控制

基于技术集成的川菜餐饮商业模式的企业是否能够经受住市场变化的风险挑战，是一个重要的评价指标。川菜产业受市场变化的影响较大，政府政策、居民收入变化、物价上涨、消费观念转变、气候及自然条件变化都有可能对餐饮企业的运营造成巨大的挑战。因此，需要考察川菜餐饮商业模式技术集成后，川菜企业抗击风险的能力是否有所增强。我们主要将抗击风险的能力划分为两个方面，即川菜企业应对市场变化的能力和应对客户变化的能力。

6.5.3.6 行业发展性评价

新商业模式的应用不仅仅需要考量是否能为川菜企业带来更多的市场份额或利润率，是否能促进产业的发展也是评价商业模式好坏的重要因素。我们进行基于技术集成的川菜餐饮商业模式研究的最终目的就是要促进该产业的整体有序发展，甚至于向更多的传统行业传递技术集成的思路和模型，带动更多传统行业的发展。

6.5.3.7 稳定性评价

基于技术集成的川菜餐饮商业模式是否具有一定的稳定性，将对该模式是否适合整个川菜产业产生重要的影响。通常情况下，商业模式的创新将带来川菜企业核心竞争力的提升，如果这种商业模式无法或不容易被模仿，这种核心竞争力将更强。但基于技术集成的商业模式并不是无法被复制和模仿的，同时，我们也并不需要该模式无法被模仿。川菜企业的核心竞争力将体现在企业的特殊经营思路、特色产品和服务与该商业模式的无缝对接上。因此，基于技术集成的川菜餐饮商业模式是否会给川菜企业带来巨大的财务、法律、政策、经营风险将是评价商业模式是否具有稳定性的重要方面。因此，我们将稳定性评价划分为企业承受技术集成带来冲击的能力和该商业模式可被复制和推广的能力两个方面。

6.5.3.8 组织设计评价

在基于技术集成的川菜餐饮商业模式中我们提到，TPS 作为川菜企业核心，需要扮演企业 CPU 的角色，而川菜企业在组织设计时，必须以新的商业模式为基础来进行。组织设计评价的内容就是评价组织设计是否与新的 TPS 技术集成目标相一致，即川菜企业的流程运转、部门设置以及职能规划是否合适。所涉及的是基于技术集成的川菜餐饮商业模式所采取的分工协作体系、组织结构是否有利于实现企业的长期及短期利润目标以及是否符合管理原理所要求的规范性。

6.5.3.9 未来发展性评价

任何商业模式的评价都需要考察其是否具有发展性。好的商业模式需要有良好的发展前景，需要与产业的发展和社会的发展相一致，能够保持良好的发展速度，并且对经济和社会的发展有正面的作用。在进行未来发展性评价时需要同时考虑川菜企业的长期和短期发展。

6.5.3.10 产品和服务设计评价

川菜企业的产品和服务都是针对特定的消费者。在运用新的商业模式之前，川菜企业在产品和服务的设计上通常采用了两种模式，一种是以自我为中心进行，假设消费者会有什么样的需求，就设计什么样的产品或服务；另一种是市场调查，以调查的方式去发掘消费者的需求，然后根据消费者需求进行相应的产品和服务开发。而基于技术集成的川菜餐饮商业模式是以事物处理系统为中心，协调生产、设计、服务、客户关系等部门，共同为设计消费者所喜爱的产品和服务而努力，同时体现了与消费者的互动性。基于这一点，需要进行产品和服务设计评价，衡量基于技术集成的川菜餐饮商业模式是否按照消费者的真实需求进行了产品和服务设计，而不是仅仅流于形式。

表 6-1 综合了基于技术集成的川菜餐饮商业模式评价指标体系的 10 项一级指标和 20 项二级指标，以及对一级指标和二级指标分别赋予了相应的权重。

表 6-1　基于 TPS 模型的餐饮商业模式评价指标体系＊＊

编号	评价指标	权重	二级指标	权重	评价指标说明
1	创新性	15*	技术集成创新性	10*	主要评价技术集成的整体性，是否达到技术与商业模式有机整合
			同业使用创新性	5	技术集成是否是餐饮企业没有先例的商业模式
2	价值主张	15	客户满意度	10	技术集成后客户在产品、服务、时间、成本等方面的满意度
			客户平均收入	5	技术集成后特定客户获取率，单一客户价值体现

表6-1(续)

编号	评价指标	权重	二级指标	权重	评价指标说明
3	资源配置及协调性	15	人力资源配置	4	技术集成后人力资源配置效率
			财务资源配置	4	技术集成后财务资源配置效率
			物资资源配置	4	技术集成后物资资源配置效率
			整体协调性	3	技术集成后整体资源配置协调性
4	赢利能力	10	传统财务指标	10	技术集成后财务指标的提升程度
5	风险控制	10	应对市场变化	5	技术集成后应对市场变化的能力
			应对客户变化	5	技术集成后应对客户变化的能力
6	行业发展	10	行业发展能力	10	技术集成是否有利行业整体发展
7	稳定性	10	企业承受能力	7	技术集成对企业带来的冲击大小
			可复制性	3	商业模式是否可能被复制和扩大
8	组织设计	5	业务分工协调	3	业务分工的协调性、整体性
			组织结构规范	2	组织结构的规范性要求
9	未来发展	5	短期发展	2	技术集成对企业短期发展的提升
			长期发展	3	技术集成对企业长期发展的提升
10	产品和服务设计	5	产品设计	3	技术集成后产品方面设计提升度
			服务设计	2	技术集成后服务方面设计提升度

*该指标体系中的权重设计使用了半定量的层次分析法模型（邀请了15位行业人士及专家进行层次分析法表格的填写）。

**理论来源：李时椿，常建坤（2011）；罗珉（2009）；Pateli（2005）；Voelpel（2003）；Ishida等（2006）；Hamel（2000）。

7 文化——川菜产业转型升级的文化集成路径研究

川菜产业转型升级过程中，文化的挖掘和集成能够极大地提升产业附加值，增加顾客让渡价值，满足消费者个性化、多样化的需求。川菜产业转型升级所涉及的文化集成路径不只有餐饮文化，而是与巴蜀烹饪历史文化、酒文化、茶文化、少数民族饮食文化的综合集成。只有文化才能给予川菜产业内涵和生命力，将文化注入餐饮，自古就有“夫礼之初，始诸饮食”的说法。本部分旨在挖掘川菜产业的文化之根，以巴蜀文化、巴蜀烹饪历史文化、酒文化、茶文化、少数民族饮食文化为川菜产业转型升级奠定坚实的文化基础。四川著名美食家车辐老先生在其 90 岁的时候完成了一本关于四川美食的著作《川菜杂谈》①，全书 20 余万字，将众多文化人和川菜的故事与川菜的趣闻、四川的名厨、名酒与川菜的历史、文化结合起来，汇集了车辐先生数十年的各种文章，可谓川菜文化的一部集大成之作。本研究中关于川菜历史文化中的部分内容便来源于这本鸿篇巨作。

7.1 川菜产业转型升级文化之源——巴蜀文化

文化是一个很难被界定的概念，无数的哲学家、文学家、人类学家、史学家都在研究这一词的定义。具有代表性的是李宗桂（1988）的定义：“文化是代表一定民族特点的，反映思维水平的精神风貌、心理状态、思维方式和价值取向等精神成果的综合 。”广义上讲，文化就是一个地区人们在生产、生活过程中所形成的有别于其他地区的能够被世代传承的价值观念、行为规范、生活和思维方式，以及贯穿了价值观念和思想的历史、文学、风土人情、风俗习惯

① 车辐. 川菜杂谈［M］. 北京：生活·读书·新知三联书店，2004.

等。它是人们长期生活、劳作过程中所产生的物质财富和精神财富的结晶。狭义上讲，文化就是一个地区人们区别于另一个地区人们的基本特征。

传统来讲，四川文化的基础是巴蜀文化，即以具有悠久历史的四川盆地东部（今重庆地域）的“巴文化”和四川盆地西部（今四川部分区域）的“蜀文化”为主体，并汇集四川其他地区少数民族文化的综合性文化。由于古代的巴蜀地区交通不便，大部分地区都遍布着险峻山岭，少有平坝河谷，与外界交流甚少，信息可以说是相对闭塞的。加之巴蜀地区在前秦时代气候温暖、物产丰富，造就了巴蜀既不同于北方中原文化，又不同于南方江浙文化和岭南文化的独特内陆文化体系。

7.1.1 巴蜀文化的概念

在春秋时期以前，还没有严格意义上的“巴蜀文化”。战国时期开始，有文献将“巴”和“蜀”连接起来使用，从汉代开始则有了整体意义上的“巴蜀”。近代以来，郭沫若先生首先提出了“西蜀文化”的概念。童恩正将巴蜀文化定义为“中国西南地区古代巴、蜀两族先民留下的物质文化，主要分布在四川省境内，其时代大约从商代后期直至战国晚期，前后延续上千年”。袁庭栋（1991）将这一概念进行了引申：“四川古称巴蜀，所以四川文化的研究一般都成为巴蜀文化的研究，巴蜀有两层含义，狭义的是指秦统一巴蜀之前成为巴蜀时期的文化，广义的是指整个四川古代及近代的文化。”从已有的文献中分析，巴蜀文化是一个具有特定含义的概念，也就是说巴蜀文化的概念在通常情况下还属于一个整体。然而由于历史和现实的原因，特别是重庆成为中央直辖市后，很多学者倾向于将巴和蜀作为两个独立的个体进行研究。同时，在进行政策基础研究时，通常以行政单位进行，出现了巴和蜀文化分离的现象。然而，“巴文化”与“蜀文化”的不同点并不是本研究的重点，本研究中的提法依然采用巴蜀文化的概念，只是在研究的过程中，我们的研究主体是现四川行政区域内，会更多地涉及巴蜀文化中“蜀”的成分。

7.1.2 巴蜀文化的独特成因

从文化的角度讲，巴蜀文化是四川文化的核心，有着悠久的历史，是一种相对稳定的亚文化。同时，现今的四川省也是巴蜀文化的主体，即巴蜀文化的核心区。要分析四川特色的旅游文化，首先应梳理具有四川特色旅游文化的核心载体——巴蜀文化。巴蜀文化具有与众不同的一些独特成因。

一是独特的自然地理环境。四川拥有 48.6 万平方千米的广阔地域，地形地貌相对复杂，以山地为主，同时具有丘陵、平原和高原等地形。四川盆地土地肥沃，素有“紫色盆地”的美称。成都平原是中国西南最大的平原，都江堰水利工程亦使成都平原成为水旱从人、沃野千里的“天府之国”。气候特征总体宜人，但地区差异明显。区域内气候垂直变化大且类型多，有利于综合性地发展农业、林业和牧业，特色经济作物繁多，经济动物养殖发达。

二是经济和文化发展渊源悠久，社会政治稳定发展。金沙遗址的发现，将成都的历史推演到了三千余年以前，同三星堆遗址一起证明了古蜀文明的神秘与灿烂。从遗址中发现的金器、玉器、铜器、石器、陶器和象牙器证明成都平原是长江上游文明起源的中心，同时也是华夏文明的重要组成部分。几千年来，四川大部分时期所经历的都是稳定、安逸的社会政治环境，少受战乱的波及。虽然在南宋末期以及明末清初经历了连年的兵荒马乱，造成了极大的资源破坏和物种消失，但四川还是以极快的速度恢复了往日的繁荣。

三是巴蜀文化为基，多元文化并存。四川经历了明末清初的大浩劫之后，人民十有八九都不是老四川人，“湖广填四川”使得各地的移民数量大增。事实上“湖广填四川”是进行了若干年的人口与文化的大规模融合，多种文化因子的碰撞与融合对巴蜀历史的发展具有十分重要的意义，造就了四川文化兼容并蓄、海纳百川的人文性格。

7.1.3 巴蜀文化的主要特征

对于一个地域文化的发生、发展来说，巴蜀文化所经历的都显得与众不同，也至关重要。这些经历促使四川造就了不同于中原文化、江浙文化、岭南文化的独特性格与精神。

首先，巴蜀文化非常讲求实效。从衣、食、住、行各个方面来看，巴蜀文化并不在乎拥有多少理论基础，重要的是功效是否能达到预期。衣服讲求精工细作，蜀绣、蜀锦的精细在国内都是数一数二的。在住的方面，很少见到北方那种大气磅礴的宫殿式建筑，但并不妨碍四川各地的民居官衙的精巧做工，如汉族民居的主要流派之一——川西民居，讲究天人合一的自然观与环境观，就地取材、因材设计，既经济节约，又与环境相映协调。同时，巴蜀文化还熏陶出了全国首屈一指的茶馆文化，其实质就是巴蜀文化中喜好聚集娱乐、注重人际交流的邻里关系。巴蜀文化非常重视食的方面，讲求色、香、味、形、意俱佳，虽无理论之大家，却有“美食在民间”的美称。

其次，巴蜀文化非常推崇技艺。巴蜀文化推崇技艺，强调技术的应用性。从金沙遗址所起源的金器、玉器、石器、陶器和象牙器，到后来的乐器、丝绸、刺绣、制茶等工艺，都是无比精湛。金沙遗址所出土的太阳神鸟金箔，其规整丰满的外形、传神精美的图案、高深莫测的工艺，都足以表现三千余年以前古蜀匠人所推崇的技艺文化。2005 年 8 月 17 日，国家文物局正式公布采用金沙太阳神鸟图案为“中国文化遗产标志”，表现了中华民族强烈的凝聚力和向心力以及自强不息、昂扬向上的精神风貌。可以看出，技艺在古蜀文明中的重要性，也显示巴蜀文化在推崇技艺上的特别属性。总的来讲，巴蜀文化所代表的就是一种传统技艺型文化，这种传统技艺型文化最具体的表现就是饮食文化的盛行。饮食产品最注重的就是技艺的传承，到现在为止，四川的饮食界人士仍然采取传统的师徒模式，技艺的代代相传使得饮食文化在四川的根基尤为深厚。

最后，巴蜀文化重视知识的学习和传承，也非常敬重人才。因此，在巴蜀这块美丽的土地上，汇集了一代又一代的文化名人，文人骚客。杜甫《石犀行》：“君不见秦时蜀太守，刻石立作五犀牛。”李冰父子所修建的都江堰水利工程，一直滋养着成都平原这片土地。“文翁化蜀”更是使蜀地涌现出了大量的杰出人才。司马相如、扬雄、谯周、陈寿、陈子昂、苏轼等巴蜀历代名人都是巴蜀文化繁衍强盛的代表。特别是苏轼这样的大文学家，既是文学大家，又是美食鼻祖。巴蜀文化中知识、人才与美食可谓结下了不解之缘。

7.1.4 饮食文化在巴蜀出土文物中的体现

早在 3 000 多年前，巴蜀的祖先们就已经开始使用专门的美食器皿进行食物的烹调和装盛。在四川新都战国墓的出土文物中，出土了流行于商周年间的“豆”，其形如高脚盘，用于装盛肉或其他食物；“甗”，用于蒸煮食物；流行于战国年间的“敦”，用以盛放黍、稷、稻、粱等食物；“甑”，用于蒸饭的一种瓦器，“甑子饭”这种烹调方式甚至沿用至今。这些专用器皿的出土证明，古代巴蜀住民早已开始用专用的工具进行食物的烹饪和装盛，明白了美食必须配美器的道理，开始了将饮食作为一种文化的历史。

公元前 316 年，秦并巴蜀，之后大量的中原文化及生产技术进入巴蜀地区。从四川出土的黑陶陶豆的分布来看，秦至三国时期巴蜀文化就已与中原文化有了紧密联系，同时制陶工艺在四川的饮宴、烹饪上有了长足的发展。在四川成都西郊出土的东汉画像砖石墓中就发现了“宴饮起舞”“宴桌”“盐井”“酿酒图”“双羊图”等造型。这些造型印证了巴蜀在汉代就已经形成了宴饮文化。当时蜀郡、广汉郡所出产的做工精美的金银器、漆器还大量成为饮食用器，饮食已经成为巴蜀文化中的一种艺术。

7.2 与巴蜀有关的史书、诗词歌赋中所体现的饮食文化

7.2.1 烹饪文化

在西周和春秋年间，四川（成渝）地区就已经形成了类似于今天的行政格局，即以成都一带为政治、经济、文化中心的“蜀”，以重庆一带为政治、经济、文化中心的“巴”。东晋常璩的《华阳国志》是一部专门记述古代中国西南地区历史、地理、人物的地方志著作，其中就曾记述蜀国“山林泽鱼，园囿瓜果”，巴国“土植五谷，牲具六畜”。四川烹饪善用花椒，“椒聊之实，蕃衍盈升”出现于《诗经·唐风》，是中国饮食历史上对花椒最早的记载。

《史记·货殖列传》记“汉兴，海内统一，关梁开放，山泽驰禁”。西汉开始，在全国范围内出现了许多大型的商业城市，成都便属于这些大型商业城市中的一个，还是西南最大的商业中心。《汉书·货殖列传》记载了成都的富商到长安经商，还勾结王公贵戚的事件。此历史说明了成都在西汉时期的城市地位，同时也显示在西汉就已经对烹饪宴席非常重视，客观上促进了四川烹饪的发展和提升。东汉时期经济快速发展，蜀都有户30余万，人口135万，为烹饪的发展提供了优越的物质基础。之后数千年，巴蜀这块神奇的土地上几乎每一个地区都有文人墨客在不断赞美着这片土地上的美食。

7.2.1.1 眉山

宋代年间，巴蜀大地孕育了一门三杰苏洵、苏轼、苏辙。特别是苏轼（东坡）不但文学和艺术成就堪称宋代之最，还是美食大家。宋朝很多笔记小说都有苏轼发明美食的记载。宋代周紫芝在《竹坡诗话》中记载：“东坡性喜嗜猪，在黄冈时，尝戏作《食猪肉诗》云：‘慢着火，少着水，火候足时他自美。每日起来打一碗，饱得自家君莫管。’”位于四川眉山的三苏祠周围就有很多以“东坡”为名的菜品，如“东坡肘子”“东坡鱼”以及酒品“东坡御液”。

7.2.1.2 阆中

陆游的《阆中作》是其对阆中的美食和美酒的赞美：“挽住征衣为濯尘，阆州斋酿绝芳醇。莺花旧识非生客，山水曾游是故人。遨乐无时冠巴蜀，语音渐正带咸秦。平生剩有寻梅债，作意城南看小春。”

7.2.1.3 乐山

清代诗人龙为霖著有《益州书画录续编》，对乐山鱼宴别有喜爱。乐山古

称嘉州，乐山产鱼即为嘉鱼。有诗：“嘉州有嘉鱼，鼊鳞排点漆。龙身燕尾长，双鳍并铁直。二月天气和，春风鼓百蛰，倔强立泥沙，矫如树黑帜。市之罗缕脍，芳鲜妙无匹。吞之清欲化，如蚀神仙迹。郭公固多奇，此语难穷极。独怪镇江鲥，跳网期雪色。千里走京华，岁供上方食。斯物岂不贵，何为贱弃掷。悠悠世间人，尚元不如白。”

7.2.1.4 合江

陆游在进入泸州合江县时，品尝了合江鲜美的鱼肴及泸州美酒后作下《夜泊合江县月中小舟谒西凉王祠》：“悬瀑雪飞舞，奇峰玉嶙峋。摇碎一江月，来谒西凉神。我虽不识神，知是山水人。不敢持笏来，袒褐整幅巾。出我囊中香，羞我南溪苹，杯湛玻璃春，盘横水精鳞。出门意惝怳，烟波浩无津。安得结茆地，与神永为邻。”

7.2.1.5 大渡河

宋代诗人李石对大渡河中的鱼情有独钟，写下《大渡河鱼甚美》：“小跃水泉玉不如，细生仍得芼春蔬。莫将北海金虀脍，轻比西江石桂鱼。”其中的西江指的便是大渡河。

7.2.1.6 蒙顶山

宋代著名画家、诗人文同，人称石室先生，专门写诗《谢人寄蒙顶新茶》赞美蒙顶新茶：“蜀土茶称盛，蒙山味独珍。灵根托高顶，胜地发先春。几树初惊暖，群篮竞摘新。苍条寻暗粒，紫萼落轻鳞。的皪香琼碎，口鬖绿虿匀。慢烘防炽炭，重碾敌轻尘。无锡泉来蜀，乾崤盏自秦。十分调雪粉，一啜咽云津。沃睡迷无鬼，清吟健有神。冰霜疑入骨，羽翼要腾身。磊磊真贤宰，堂堂作主人。玉川喉吻涩，莫惜寄来频。”

7.2.1.7 剑阁

唐代张贲在诗中写到关于四川广元和剑阁一代的青饭：“谁屑琼瑶事青憾，旧传品名出华阳。应宜仙子胡麻拌，因送刘郎与阮郎。”

7.2.1.8 宜宾

唐代杜甫寄情于四川宜宾（诗中戎州）的美酒，写下《宴戎州杨使君东楼》：“胜绝惊身老，情忘发兴奇。座从歌妓密，乐任主人为。重碧拈春酒，轻红擘荔枝。楼高欲愁思，横笛未休吹。”

7.2.1.9 青城山

青城山是中国道教名山，青城道茶和青城乳酒均带有浓厚的道教色彩。杜甫在《谢严中丞送青城山道士乳酒一瓶》：“山瓶乳酒下青云，气味浓香宰见分。鸣鞭走送怜渔父，洗盏开尝对马军。”

7.2.1.10　成都

西汉著名哲学家、文学家扬雄著有《蜀都赋》，系统记述了当时在巴蜀地区比较流行的烹饪生活方式："其浅湿则生苍葭蒋蒲，藿茅青苹，草叶莲藕，菜华菱根。……其深则有猵獭沉鳝，水豹蛟蛇，鼋蟺鳖龟，众鳞鳎鲵。……尔乃五谷冯戎，瓜瓠饶多，卉以部麻，往往姜栀附子巨蒜，木艾椒篱，蔼酱酴清，众献储斯。盛冬有育笋，旧菜增伽。……乃使有伊之徒，调夫五味。甘甜之和，芍药之羹。江东鲐鲍，陇西牛羊。糴米肥猪，鹿雇不行。鸿貌狸乳，独竹孤鸽。炮鸦被纰之胎，山鹰髓脑；水游之腴，蜂豚应雁。被鹅晨凫，戳鹏初乳。山鹤既交，春羔秋跑。脍峻龟肴，粳田孺瞥。形不及劳，五肉七菜，朦驮腥臊。可以颐精神养血脉者，莫不毕陈。尔乃其俗，迎春送冬。……若其吉日嘉会……置酒乎荥川之宅，设座乎华都之高堂。延惟扬幕，接帐连冈……"

西晋诗人张载在成都登高望远，专门写诗《登成都白菟楼》赞美了成都平原的饮食状况："重城结曲阿，飞宇起层楼。累栋出云表，蛲蘖临太虚。高轩起朱扉，迥望畅八隅。西瞻岷山岭，嵯峨似荆巫。蹲鸱蔽地生，原陨殖嘉蔬。虽遇尧汤世，民食恒有余。郁郁小城中，岌岌百族居。……程卓累千金，骄侈拟五侯。门有连骑客，翠带腰吴钩。鼎食随时进，百和妙且殊。披林采秋桔，临江钓青鱼。黑子过龙醢，果馔腧蟹婿。芳茶冠六清，溢味播九区。人生苟安乐，兹土聊可娱。"

7.2.2　巴蜀文化中的茶文化

四川在历史上是重要的红茶和绿茶产区，巴蜀文化中有着悠久的关于茶的记载，巴蜀先祖们也有着引用茶的悠久历史。在古籍中，川茶的出现最为久远，早在常璩的《华阳国志》中就有记述："周武王伐纣，实得巴蜀之师，著于尚书……铁、丹、漆、茶、蜜、灵龟……皆纳贡之。"在周武王伐纣期间，巴蜀的茶叶就已经成为纳贡之上品，迄今为止，其他省区还没有更早的茶事活动的记载。陆羽在其《茶经》中论述："茶者，南方之嘉木也，一尺二尺，乃至数十尺。其巴山峡川有两人合抱者，伐而掇之，其树如瓜芦，叶如栀子，花如白蔷薇，实如栟榈，叶如丁香，根如胡桃。""茶生蜀山青城山丈人峰，为茶中上品。"也就是说茶圣陆羽对巴蜀之茶有极高的评价。《神农本草经》中还记载："茶生益州，川谷山陵道旁，凌冬不死，三月三日采干。"这些都是对茶的早期记载，这些记载都与巴蜀有着密切的联系。

宋代高僧圆悟克勤（1063—1135）在"茶禅一味"的形成过程中有着关键性的作用。日本人村田珠光就是受到了圆悟克勤禅师的"茶禅一味"影响而将禅的思想引入茶文化，创造了日本的茶道。刘元甫所著《茶道清规》所提出的“和、敬、清、寂”的饮茶理论也是来源于其在成都大慈寺学习的师兄及大慈寺的茶礼。茶不仅与佛教文化有着紧密的联系，与我国的本土文化道教也有很深的渊源。

位于四川成都的青城山是我国的道教文化圣地，盛唐年间的青城道茶就已名声大噪，到了宋代青城道茶更是成为皇家贡品。中国人工种植茶叶的起源地即是四川名山蒙顶山。白居易在《琴茶》中写道：“琴里知闻唯渌水，茶中故旧是蒙山。”陆游在《效蜀人煎茶戏作长句》中写道：“饭囊酒瓮纷纷是，谁赏蒙山紫笋香。”千古名句“扬子江心水，蒙山顶上茶”便出自元代李德载的《喜春来・赠茶肆》“蒙山顶上春光早，扬子江心水味高”。因此，旅游胜地青城山、蒙顶山与巴蜀饮食文化——茶文化也结下了不解之缘。

与四川悠久的茶文化有紧密联系的还有茶馆文化，所谓“四川茶馆甲天下，成都茶馆甲四川”的民间说法都是有其道理的。四川茶馆众多、茶馆文化盛行的主要原因有如下几个：第一，四川历来信息教中原地区闭塞，人们到茶馆中不仅是去饮茶，更重要的是在茶馆中能获得更多的信息，还能将自己的新闻传与他人，这对于四川人来说是极大的心理满足。“品茶论道”早已成为川人喜爱的休闲方式。第二，很多旧社会时的公子哥儿会到茶馆中谈论公事，还有商人在那里进行经济交易，直到今日四川的茶馆仍然是一个重要的商业会客场所。第三，茶馆还是民间文化场所。在茶馆总可以看到巴蜀文化中盛行的各种元素，如川剧、清音、金钱板、评书等。第四，茶馆是不少文人墨客聚会的地方，他们在那里可以吟诗、作画，为茶馆增添了一些高雅的成分。

7.2.3　巴蜀文化中的酒文化

巴蜀独特的地理位置和历史传承为巴蜀酒文化的产生和发展奠定了基础。首先，巴蜀地区在全国来讲有着最为发达的水系，从四川的省名就可以看出“川”在四川的重要性。金沙江、岷江、赤水河、涪江、沱江这些流经四川的江河滋养了四川的酒文化，同时巴蜀发达的农业成为酒文化的根基。

广汉三星堆出土的文物中，有很大一部分陶器和青铜器都属于酒器，说明距今 3 000 年前的商周时期，巴蜀祖先就开始形成了饮酒文化。郦道元在其所撰地理名著《水经注》中就记述：“有巴人村，村人善酿，故俗称巴乡清，郡出名酒。”

在四川成都西郊出土的东汉画像砖石墓中就发现了“宴饮起舞”“宴桌”“盐井”“酿酒图”“双羊图”等造型，说明早在汉代时期，酿酒、沽酒与饮酒已经成为重要的活动。司马相如有诗："蜀南有醪兮，香溢四宇。"在左思《蜀都赋》写有："置酒高堂，以御嘉宾……殇以清醥，鲜以紫鳞，羽爵执意，丝竹乃发。"唐代开始，四川的商品经济十分发达，酿酒业也十分兴旺。费著的《成都游宴记》记载的就是唐玄宗李隆基入蜀在富春坊饮酒的历史。杜甫为川酒的口味还专门写道："蜀酒浓无敌，江鱼美可求。"李白有着"诗仙"的称号，"李白斗酒诗百篇"描述了李白对酒的爱好。其在《月下独酌·其二》这首诗中写道："天若不爱酒，酒星不在天。"李商隐在《杜工部蜀中离席》中写道："座中醉客延醒客，江山晴云杂雨云。美酒成都堪送老，当垆仍是卓文君。"成都人雍陶曾任简州刺史，其诗中写道："自到成都烧酒熟，不思身更入长安。"

自宋代开始，酒成了政府的专卖品。政府设置专门的机构来管理酒的酿造、销售和税收。陆游这样描述蜀中的情形："益州官楼酒如海，我来解旗论日买。"由于宋元时期长年的战乱，四川的社会经济经受了一场浩劫。元代实行禁酒，但由于"川蜀地多岚瘴"，还对四川的禁酒问题给予了特殊的优惠待遇。明清时期是四川酒文化发展的重要阶段，川酒中众多的品牌都是在那个时候出现的。明代诗人杨升庵（杨慎）就曾写下"玉壶美酒开华宴，团扇熏风坐午凉""江阳酒熟花如锦，别后何人共醉狂"的诗句来赞美泸州的美酒。乾隆年间四川著名诗人张问陶乘船经过泸州时，写下两首题为《泸州》的七绝。"城下人家水上城，酒楼红处一江明。衔杯却爱泸州好，十指寒江给客橙。""滩平山远人潇洒，酒绿灯红水蔚蓝。只少风帆三五叠，更余何处让江南。"

7.3 巴蜀地区民族饮食文化

饮食文化不但具有地区性和历史性，还具有极强的民族性。巴蜀地区自古以来就是多民族聚居地，在巴蜀地区汇集着两条饮食文化的主线，一条是以汉族为主体的汉饮食文化，另一条则是聚集于川西地区众多少数民族的各类饮食文化。川西地区主要聚集了藏族、彝族、羌族等少数民族，这些少数民族饮食文化的发展主要受到地理位置和经济文化发展水平的影响。

7.3.1 巴蜀地区藏族饮食文化

四川藏区是全国第二大藏族人口聚集地，四川藏区的地形地貌复杂，一句民间俗语就可以概括四川藏区的自然条件，即"一山有四季，十里不同天"。

自然条件的严酷使得四川藏区的农作物种类和数量都较少，只有青稞、小麦、豆类这些农作物可以较好地在藏区进行耕种。但是，藏区的畜牧业较为发达，历史上藏区居民就擅长饲养牦牛、绵羊、山羊等家畜。

藏族的饮食文化是藏族居民在长期的生产生活过程中积累的物质资源和文化资源的结晶，也是藏族居民同其他民族不断交流发展的结果。藏族饮食文化的杰出代表就是藏餐。藏餐发展主要经历了四个阶段。第一阶段主要是吐蕃王朝期间，吐蕃以粮食和肉食为主食，尤其喜好饮酒。吐蕃属于游牧民族，牛、羊自然是游牧民族的主食，而吐蕃尤重吃牛肉。由于唐代和吐蕃王朝均奉行开放的政策，因此在此时期吐蕃与中原文化的交流日益频繁，不但丰富了藏区的烹饪原材料，还提高了藏区的烹饪技术。第二阶段主要是在元代，这个时期西藏地区基本结束了分裂割据状态，同时与中央政府有了更加紧密的联系，藏族与蒙古族的交流也使藏族饮食文化有了更大的发展。第三阶段主要是在清代，随着藏族饮食文化与汉族饮食文化的进一步交流，内地的各种烹调方式大规模地融入藏餐的烹制过程中，最具代表性的就是“杰塞柳久结”，即十八道汉餐的引入，更使藏餐蕴含了汉族饮食文化的底蕴。最后一个阶段就是近现代，特别是改革开放以来，随着经济、文化交往的日益频繁和旅游业的日益繁荣，加之与内地饮食文化、民族间饮食文化、中西饮食文化间的相互学习与融合，形成了新时代具有独特魅力的藏式饮食文化。

7.3.1.1　巴蜀地区藏族的主要食品

巴蜀地区的藏族居民主要以青稞、豌豆、玉米、燕麦等制成的糍粑为主食。在四川藏区，糍粑主要有三种传统的食用方法。第一种就是普遍流行的将糍粑和酥油茶、奶茶放在一起，用手搓成坨状小团，然后食用。第二种食用方法仍然是将糍粑与酥油茶和奶茶放在一起，但茶的比例更大，将糍粑调成糊状。第三种就是将糍粑与奶饼和奶渣混在一起食用。

该地区的藏区居民还如汉族住民一样使用面粉（荞麦粉、玉米粉和小麦粉）进行食物的烹饪，烹饪后的食物主要有荞麦炕饼、玉米馍馍、玉米炕饼、小麦馍馍、小麦锅块和面皮。在四川康定地区，藏族居民还喜爱将酥油、糖和糍粑和成馅，再像汉族烹饪方式一样用面粉做成包子皮，制成酥油包子，在节日时还会制作“酥油果子”。《西康综览》中这样描述：“此为贵客佳会之点心，其制法大都仿汉人炸油条、麻花之法。”①

7.3.1.2　巴蜀地区藏族的副食

巴蜀地区的藏族以肉类、蔬菜和奶制品为副食。由于游牧民族的传统特

① 西康综览. 十四编·民国三十年正中书局铅印本.

征，藏族居民尤其喜爱牛肉和羊肉，也兼食猪肉，并且川西藏族居民还有吃生肉的习俗。《西康综览》中记述："康地寒燥，生肉不腐，悬之数日，风干为脯，割而生食，康人习以为常，颇饶古风。"同时，"康人不重蔬菜，除富人稍事烹饪外，均不讲究"。根据《西康综览》的记述，该地区的民众自古以来不喜种植蔬菜，只有在雨季时少量种植。藏族地区大规模蔬菜种植起源于改革开放以来，现代也有了更多对蔬菜的烹调方式，不过这些烹调方式还是以汉式为主。而巴蜀藏民非常喜爱采集野外的蔬菜和菌类，甚至将菌类晒干后全年使用。

由于畜牧业的发达，饲养牛羊是四川藏区居民的主要活动，奶制品也就成了巴蜀藏区民众不可或缺的主要食物。深受藏族民众喜爱的酥油就是由鲜奶提炼的。酥油有极高的营养价值，富含蛋白质、维生素以及人体所需的多种微量元素，非常适合生活在高海拔的高原住民食用。当地民众还用鲜奶制作奶饼、酸奶和奶渣等奶制品。

7.3.1.3 巴蜀地区藏茶文化和藏酒文化

藏族民众对茶的需求同主食和副食一样旺盛。藏茶有着悠久的历史，它是我国藏民族的主要生活饮品。《史记·周本纪》中记载在商周时期"南八部族贡武王茶"，也就是说四川的部族就开始向周武王进贡茶叶。《西藏政教鉴附录》中记载的"茶叶自文成公主入藏地"，就是四川雅安所产的龙团、凤饼茶，贡奉朝廷后作和蕃礼品带进藏区。由于唐代和吐蕃王朝奉行开放政策，藏茶也从雅安向藏区不断输入，至今已有上千年。唐、宋"茶马互市""榷茶制""引岸制"等政策相继使用，主要作用就是"以茶治边"，雅安的藏茶在这一时期快速发展。《明史·茶法》中有记载，宋太祖"设茶马司于秦、洮、河、雅诸州，自碉门、黎、雅抵朵甘、乌思藏（康、藏都司），行茶之地五千余里……"，也就是在天全、汉源和雅安等地设立专司茶马的行政机构。《明史·茶法》中还记载，明太祖朱元璋"诏天全六番司民，免其徭役，专令蒸乌茶易马"，要求四川天全专门进行藏茶的采摘制作和马匹的交易。从以上古籍中可以发现，巴蜀的雅安地区自古以来都为整个藏区提供着藏茶。茶圣陆羽在《茶经》记述："茶之为用，味至寒，为饮最宜。"唐代顾况《茶赋》中说，茶能"攻肉食之膻腻，发当暑之清吟，涤通宵之昏寐"。藏族谚语说"青稞之热，非茶不消，腥肉之食，非茶不解"。当代以来，通过对藏茶更为深入和科学的研究，发现藏茶所含的儿茶素，β-胡萝卜素，维生素 B1、B2、C、E 能够起到降血脂、降血压、减肥消脂的保健作用。

巴蜀地区的藏族民众还喜爱酿酒与饮酒。酿酒的原料多取自高原青稞，所酿制酒名为“青稞酒”。青稞酒分为“穷”和“博拉”两类。也有地区产玉米和小米，这些地区的藏族民众就用这些作物酿制“咂酒”。

7.3.2 巴蜀地区彝族饮食文化

彝族，古时称“夷族”。《彝族源流》和《西南彝志》等历史典籍记载，其民族自称“尼”，故汉文多记载其为“夷”。新中国成立之后，“夷族”在毛泽东的建议下更名为“彝族”。彝族是我国的六大少数民族之一，主要居住在云、贵、川三省，四川凉山是我国彝族最大的聚居地。自古以来，凉山就是西南重要的交通要道，是“南方丝绸之路”和“茶马古道”的重要路段。在漫长的历史文化进程中，彝族人民靠着自己的勤劳、智慧发展出了灿烂的文化。如在世界上只有汉字、古埃及的圣书字、中美洲的玛雅文字和苏美尔人的楔形字等少数几种文字是自源文字，而中国彝族的彝文也伟大地位于自源文字的序列之中。

彝族是一个深受火文化影响的民族，其最大的习俗就是一年一度的火把节，将彝族对火的崇拜推向了高潮。中华烹饪美食文化与其他国家饮食文化的最大不同就在于对于“火”的掌握。可见，彝族的火文化与中华饮食文化中的火文化不谋而合。

7.3.2.1 巴蜀地区彝族的主要食品

凉山彝族民众的主要食物包括荞麦（苦荞，甜荞）、土豆、玉米、大豆和燕麦。凉山彝族民众喜爱食用苦荞，彝语中将苦荞称为“格萝”。《本草纲目》中记载：“苦荞味苦，性平寒，能实肠胃，益气力，续精神，利耳目，炼五脏渣秽。”而在《千金要方》《中药大辞典》及相关文献中都记载了苦荞的奇特功效：可安神、活气血、降气宽肠、清热肿风痛、祛积化滞、清肠、润肠、通便、止咳、平喘、抗炎、抗过敏、强心、减肥、美容等。彝族民众不但将苦荞作为日常食用的食品，还将其作为祭祀仪式的上品，同时也作为馈赠嘉宾、接待贵客的首选[①]。土豆传入凉山彝族地区的历史并不算太长，但其作为主食已经成为凉山彝族地区不可替代的农产品。燕麦，也是在四川彝族地区常见的食材，彝族民众将其做成炒面，不但适合老年人、哺乳期妇女食用，还十分适合在旅行过程中作为方便食品食用。由于凉山的自然条件适合种植玉米作物，同时玉米的抗病抗旱能力强，产量高，玉米已经成为凉山彝族地区民众餐桌上的主要食物。

---

① 伍精忠. 凉山彝族风俗［M］. 成都：四川民族出版社，1993：18.

7.3.2.2 巴蜀地区彝族的副食

凉山彝族主要的肉食有牛肉、猪肉、羊肉和鸡肉。在节日期间，彝族民族以宰杀三牲（牛、羊、猪）为最高的祭祀礼节，同时也以同时具备三牲的宴席为最高规格的宴席。这与巴蜀文化中崇尚使用三牲祭祀的习俗类似。彝族人生性豪爽、大方、好客，无论是猪肉还是牛羊肉都是制成大块进行烹煮，名曰“坨坨肉”。凉山彝族过年的时候还会像四川汉族地区一样制作腌腊食品，常见的有维乌杂（香肠）、维黑则（灌猪肚）和腊肉。在蔬菜方面，由于种植时间长，产量高，而且用途广泛，凉山彝族地区普遍种植萝卜和元根两类蔬菜。彝文的古书《尼体特衣》中还专门这样记述以上两种蔬菜：“饥日可做充饥物……用它代口粮，有它不觉饥。”

7.3.2.3 巴蜀地区彝茶文化和彝酒文化

相对于藏族喜爱喝茶，彝族更爱饮酒。凉山彝族地区民众所饮用的酒大多为自己酿制，酿制的酒类分为三种：白酒、甜酒和杂酒。甜酒实际上就是汉族地区经常饮用的米酒，其品质和口感最好的当属凉山甘洛县的“坛坛酒”（杆杆酒）。彝族地区的民间俗话“汉人贵茶，彝人贵酒”“有酒便是宴”说明了酒在彝族民众日常生活中的重要地位。与汉族招待贵客喜欢用茶不同，彝族将饮酒作为接待贵宾的不二之选。饮酒往往不分时间、不分地点，甚至不分是否熟识，席地而坐，轮流畅饮。可见酒文化在彝族地区的盛行。

凉山彝族地区是最先发现和饮用茶的民族之一，彝族的先民们常到大森林中采摘野生茶作为祭神和祭祖的贡茶。彝族也喜爱饮用隔年的陈茶，并有经过发汗的隔年茶能治病的传说。彝族称茶为“拉”，茶叶为“拉觉”。凉山的彝文古籍《茶经》中有记载：“彝人社会初始，已在锅中烤制茶叶，‘女里’时代煮茶，茶气飘香……”① 凉山彝族地区饮茶从茶具、煎茶、饮茶、茶俗方面都与汉族地区有较大差异。近年来，华夏大地又兴起了一场饮用苦荞茶的风暴。科学研究证实，苦荞茶中含有一种特殊的黄酮类物质——芦丁（维生素P），能够改善毛细血管的弹性，可用于辅助治疗糖尿病和高血压。而苦荞茶的主要产区之一就是凉山彝族自治州。也就是说，凉山彝族的茶文化在现代又有了新的发展。

7.3.3 巴蜀地区羌族饮食文化

羌族是巴蜀地区的一个古老民族，以游牧为主，传说中羌族是炎黄大战中

---

① 杨甫旺. 彝族茶文化初探［J］. 农业考古，1997（4）：171，173，191.

战败的炎帝部落的一支。四川是羌族的主要聚居地，在四川地区包括阿坝藏族羌族自治州的茂县、汶川和理县，绵阳市的北川羌族自治县、平武县等。羌族的部分地区还保留着原始宗教体系，盛行万物有灵和多种信仰的灵物崇拜。早在三千年前的《说文·羊部》就有对羌族的描述："羌，西戎牧羊人也，从人从羊，羊亦声。"《史记·五帝本纪》中记载："迁三苗于三危，以变西戎。"《后汉书·西羌传》中记载："西羌之本出自三苗，羌姓之别也。其国近南岳。及舜流四凶，徙之三危，河关之西羌地是也。"羌族的聚居地处于青藏高原的东部边缘，四川盆地的西部，地形地貌以山地为主，因此羌族被称为"云朵上的民族"。

7.3.3.1 巴蜀地区羌族的主要食品

羌族是我国较早耕作小麦的民族，在生活的四川河谷及平坝区域种植小麦、玉米、荞子、青稞和豆类。羌族民族的烹饪方式比较简单，常将玉米和蔬菜混合熬煮成为一种叫面汤的主食。还将玉米面粉、小麦面粉和荞麦面粉做成馍馍进行蒸、烧、烙，并添加各种馅料成为风味各异的馍类制品。将苦荞面用咂酒发酵后，加上猪肉、猪油和猪血，辅以各种调料做成馅料，用小麦面粉做成的面皮包好蒸熟成为血饼。玉米蒸蒸、搅团、擀面和洋芋糍粑都是羌族民众喜爱食用的主要食品。

7.3.3.2 巴蜀地区羌族的副食

与藏族和彝族不同，在历史上羌族民众很少食用新鲜猪肉。猪肉的烹饪方式类似汉族的腌腊制品，即在冬季宰杀毛猪，将内脏等物作为过年的美食，再将猪肉连皮切割成条，悬挂于房梁之上风干以备全年食用。蔬菜有元根、萝卜和白菜。羌族民众喜爱食用蔬菜类食品，常将一些蔬菜腌制为酸菜食用。羌族民众居住的区域还盛产各种菌类、蕨类野生食品。巴蜀文化中有山珍海味的说法，而山珍中就有香菇、木耳、银耳、羊肚菌、薇菜等食材，在羌族聚居地经常见到，羌族民众就将这些食材做成美味的菜品。同时，羌族区域还出产多种经济作物，茂县的"茂椒""茂汶苹果"，北川的"泉椒"，海内外知名度都非常高。

7.3.3.3 巴蜀地区羌茶文化和羌酒文化

羌族聚集地是著名的茶叶产地，北川县在唐代就已成为行政当局课以茶税和实行茶叶专卖的地区。羌族区域的茶叶种类主要是绿茶和红茶，新采摘的碧翠欲滴，经过发酵后的红茶色泽红润，入口后苦尽甘来。区域内的高山、峡谷均有利于茶叶的生长，得天独厚的自然环境孕育了该区域茶叶香高、味纯、耐冲泡的品质。宋代八大名茶之一——昌明兽目就产自北川。羌族民众还饮用

“罐罐茶”——用陶瓷瓦罐烧制的茶，罐罐茶保留着古羌族人的饮茶遗风。煮罐罐茶的方法很多，其中以“面罐茶”和“油炒茶”最为出名，但地域不同，煮法也不一样。当地的民谚曰：“煮茶罐罐二寸八，两头小来中间大。城西两路面罐茶，北路家户油炒茶。”面罐茶的用料有面粉、茶粉、鸡蛋、核桃、花生、豆腐、腊肉、麻花、锅巴；香料有葱、姜、花椒、大香、回香。先炒佐料，切成细丁备用。煮茶时将面浆搅在一起，加佐料即成。由于佐料比重不同，悬浮于面茶溶液中，上中下各不一样，故有“三层楼”之称。每一层都有每一层的风味，一碗之内各有差异。

羌族也有悠久的酿酒和饮酒历史。羌族甚至与造酒的传说有紧密的联系。“禹兴于西羌”。相传夏禹时期的仪狄发明了酿酒。公元前二世纪史书《吕氏春秋》云：“仪狄作酒。”汉代刘向编辑的《战国策》则进一步说明：“昔者，帝女令仪狄作酒而美，进之禹，禹饮而甘之，曰：‘后世必有饮酒而亡国者’。遂疏仪狄而绝旨酒。”史籍中有许多处提到仪狄“作酒而美”“始做酒醪”的记载，似乎仪狄乃制酒之始祖。一种说法叫“仪狄作酒醪，杜康作秫酒”。这里并无时代先后之分，似乎是讲他们作的是不同的酒。“醪”，是一种糯米经过发酵而成的“醪糟儿”，性温软，其味甜，多产于江浙一带。现在的不少家庭中，仍自制醪糟儿。醪糟儿洁白细腻，稠状的糟糊可当主食，上面的清亮汁液颇近于酒。“秫”，高粱的别称。杜康做秫酒，而杜康亦是禹的后裔，可见羌族与中华制酒的渊源。

与藏族类似，羌族一般饮用咂酒。在节日、婚丧、祭祀、聚会和待客时，羌族民众都会备有美酒。同时羌族民间还有“重阳酒”“玉麦蒸蒸酒”等多种酒类。

8　人才——川菜产业转型升级的人力资源管理及人才培养路径研究

8.1　川菜产业人力资源管理问题及对策

李扬（2015）提出中国经济减速是国际因素和内在结构性因素叠加的结果，而内在结构性因素所占比重更大。导致结构性减速出现的原因主要有：要素供给效率变化、资源配置效率变化、创新能力不足、资源环境约束增强。在经济新常态下，中国的产业结构、需求结构、供给结构、城乡结构、区域结构、收入分配结构都正在发生巨大的转变。这些转变都不断冲击着川菜产业，同时也在不断冲击着川菜产业最重要的供给要素——人力资源。因此，新形势下川菜产业向现代服务业的转型发展，亟须突破人力资源瓶颈。因此，本部分以川菜产业面临的人力资源发展现状及存在的主要问题为焦点，着力分析新形势下劳动年龄人口数量降低、劳动力成本大幅上升、人力资源规划不明确、高素质人才缺失、高等教育与职业教育边界不清、人才培养目标不明确、企业内训表面化等问题给产业带来的挑战。

8.1.1　川菜企业人力资源面临的问题

8.1.1.1　劳动年龄人口数量降低

改革开放以来，中国经历了三十余年的高速发展，实现了9%的年均增速，经济规模已经成为全球第二。经济增长来源于要素的投入，从经济学的角度来看，劳动力、资本、技术等要素的投入是经济增长的主要动力，而中国是人口大国，“人口红利”事实上是过去相当长一段时间推动中国经济快速增长的重要因素。汪小勤（2007）指出，“人口红利”从“高劳动参与率”“高储蓄率”和“较高的劳动力配置效率”这三个方面推动中国经济的增长。同时，由于中国人口的城乡二元结构，农村剩余劳动力向城镇流动，城镇劳动力人口充裕，促使大批劳动密集型企业快速发展，中国快速成为制造业大国、服务业大国。餐饮行业是传统服务业，有劳动密集型且技术附加值不高的特性。在剩余劳动力充沛的情况下，很容易得到快速的发展。

然而，国家统计局公布的数据显示，2018 年末，全国 16-59 岁人口为 89 729万人，占 64.3%。与 2017 年末相比，16-59 岁劳动年龄人口减少 470 万人，比重下降 0.6 个百分点。自 2012 年起，我国劳动年龄人口的数量连续 7 年下降，7 年间减少 2 600 余万人。根据国务院最新公布的《"十三五"国家老龄事业发展和养老体系建设规划》，预计到 2020 年，中国 60 岁以上老年人口将增加到 2.55 亿人左右，占总人口的比重提升到 17.8%左右。按照国际通常看法，中国已经逐渐进入了老龄化社会，且高龄人口增长迅猛。中国的人口结构正从稳定的正三角结构过渡到纺锤结构，并有可能最终发展到倒三角结构。从人口经济学的角度和欧美日的发展经验来看，倒三角结构是一种很不稳定的人口结构，很可能导致经济增长减速。

可见，劳动年龄人口数量降低并不是一个周期性问题，而是中国现在及未来面临的长期性问题。国家已经通过调整生育政策提高人口出生率。但政策的效应需要很长时间才能显现，甚至可能因为其他各种因素显现不明显。以劳动密集型著称的川菜产业必将面临长期的劳动力短缺问题。21 世纪前 10 年的川菜产业用工荒问题主要表现为季节性矛盾，而最近几年这种矛盾已经逐渐转变为结构性矛盾，即由短暂性问题演变为长期性问题。因此劳动年龄人口数量降低已经成为川菜产业发展面临的首要问题。对于川菜企业来讲，劳动力问题也已成为关乎存亡发展的战略性问题。

8.1.1.2 劳动力成本大幅上升

劳动力的短缺带来的首要问题是劳动力成本的大幅上升。大量的剩余劳动力和低廉的劳动力成本，曾经吸引了全球制造业企业，使中国成为全球钦慕的"世界工厂（World Factory）"。国家统计局公布的数据显示，2018 年城镇非私营单位就业人员年平均工资为 82 461 元，城镇私营单位为 49 575 元，其中住宿和餐饮业平均年薪为 48 260 元。从 2001 年到现在，中国的小时劳动报酬和单位劳动成本都在不断升高，相对于亚洲新兴国家已经丧失了劳动成本低的优势，劳动成本的提升也就倒逼了制造业及其他劳动密集型企业的结构转型和升级（魏浩，2013）。

在此背景下，以前在中国进行制造业布局的国际企业纷纷将自己的产业布局到泰国、越南、马来西亚、菲律宾等劳动成本相对低廉的国家。同时由于产业之间的成本差距，低成本产业的劳动力将转向高成本产业，造成产业间的劳动力流动。劳动密集型企业技术附加值不高，加之管理不规范，很容易造成劳动力的流失。劳动力的减少和劳动力成本上升对川菜产业这类劳动密集型而又无法进行生产转移的产业来说有着致命性的影响。

8.1.1.3 川菜企业人力资源规划不明确

人力资源规划的目的一是寻求和保持一定规模的具有某种特定技能、知识储备和工作能力的人力资源；二是根据企业面临的外部环境和内部条件，准确地预测企业所需的人才类型和数量；三是充分利用现有人员，对现有人员进行有针对性的培训和指导，以适应企业现实和未来的需要，减少企业在人才培养和储备上的不确定性。

因为川菜产业的特殊性，需要具有特殊技能的厨师，川菜企业对关键技术人才的规划还是基本具备的。然而，对于非关键技术类的人力资源规划还很缺乏，如战略规划人才、运营管理人才、营销人员、服务人才随时都处于招聘、上岗、离职的循环中。由于没有用战略的眼光去审视川菜产业面临的人力资源问题，在劳动年龄人口降低和劳动力成本上升的现实下，川菜企业开始遭遇巨大的人力资源危机。

8.1.1.4 川菜产业高素质人才缺失

Petty（1672）曾提出，不同产业部门之间存在劳动力成本差异，这将导致劳动力在不同产业部门之间的流动，继而影响产业结构的变动。也就是说，提高劳动者工资，可以提高劳动生产率，从而改善产业结构（Smith 1776）。然而，川菜产业一直以来属于劳动密集型的传统服务业，劳动附加值不高使川菜产业无法进行劳动者工资的快速提升，因此产业劳动力成本普遍偏低，最终无法吸引众多高素质的劳动者。

同时，由于中国长期处于劳动力人口过剩的状态，在人口红利没有消失之前，川菜企业可以很容易招聘到没有任何技术含量的初级劳动力。因此，川菜企业长期以来不重视人力资源战略、人力资源分析和人力资源管理。高素质人才通常集中于知识技术密集型企业，这类企业也很重视技术型员工的管理，容易招聘及留住高素质的人才，劳动人口及初级劳动力数量的降低对这类企业的影响并不突出。当初级劳动力数量慢慢降低时，川菜企业同时面临着转型的要求，高素质人才对其显得尤为重要，但由于长期不重视人力资源规划，其高素质人才储备和招聘竞争力都较低，最终导致了川菜产业高素质人才的长期匮乏。

8.1.1.5 川菜餐饮高等教育和职业教育边界不清

每一个快速发展的产业都对应着与之相适应的教育体系。无论是高科技含量的设计制造业，还是低技术附加的服务业，都有大量与之对应的高等学校、高等职业学校、中等职业学校在为其提供者高素质的劳动者。然而，由于川菜产业的低技术附加特性，加上川菜企业长期以来对人力资源管理的漠视，其在高素质劳动者的招聘、甄选、培训、考核、劳动关系管理等一系列管理上都存在着漏洞。因此，川菜产业的人才培养体系一直以来都是行业发展的短板之一。高等及中等院校的人才培养体系是以市场需求为导向的，川菜企业的需求不明确就会导致院校无法精确地进行培养定位。

中国的教育体系分为普通高等教育和职业教育两个体系。由于历史和现实的原因，普通高等教育体系和职业教育体系并不相通，处于各自独立发展的状态。就川菜餐饮教育而言，就有两套体系在分别独立运行。一套是以高等专科学校和本科院校构成的川菜餐饮普通高等教育，另一套是以职业技术学院和职业技术学校构成的川菜餐饮职业教育。这两个教育体系在很大程度上不是互补的，而是相互竞争的。同时，由于市场需求的模糊，这两类学校的办学定位也相对模糊，最终导致培养的人才定位模糊，不符合川菜企业的需求。因此，餐饮高等教育和职业教育所培养出的毕业生在数量和质量上都无法满足川菜企业快速发展需求。

8.1.1.6 川菜产业人才培养目标不明确

川菜产业及川菜企业对人才需求的界定不清晰，餐饮高等教育和职业教育界限也很模糊，导致了川菜产业人才培养目标不明确。就高等院校和职业院校而言，市场需要什么样的人才，就培养什么样的人才，这是高等教育近年来的主题。人才培养目标是一个层次性非常明确的结构体系，包括人才培养的总目标、各专业目标、课程目标、实施目标以及操作目标等。也就是说，人才培养目标是逐层递进的。当行业人才需求不明确时，院校对人才培养的总目标就会模糊，与之相对应的学科专业设置、专业定位及发展路径、课程设置及目标、实施路径都将会随之模糊。因此，川菜产业人才培养目标不明确是川菜产业人力资源培养的严峻问题。

8.1.1.7 川菜企业内训表层化

企业内训是帮助员工获得实施企业战略所需的各种技能、培养员工企业认同感的一种常用手段。对于企业而言，培训是内部管理的重要环节，可以减少员工因知识技能不符对企业战略实施造成的不利影响，并使企业能够适应外部环境的快速变化。对于川菜企业而言，员工培训的目标一是要将企业发展愿景清晰展现给员工，帮助其规划职业生涯，树立其与企业共发展的思想；二是使员工具有餐饮企业发展所需的知识和技能，尽量减少餐饮服务差错，提高餐饮服务质量；三是稳定员工队伍，努力提升员工满意度，降低员工流失率；四是构建企业认同，努力使员工融入企业文化。

从目前川菜企业的内部培训来看，以上的培训目标达到的很少。川菜企业通常只对员工进行基本的技能培训和管理制度培训，以求帮助其具有完成工作的基本能力。这对于员工的稳定、员工能力的提升、员工的职业发展都不利。因此，川菜企业的内部培训表层化是川菜产业人力资源面临的重要障碍。

8.1.2 川菜产业人力资源管理对策建议

8.1.2.1 积极进行川菜企业人力资源管理提升

川菜企业人力资源面临的问题很多来自人力资源规划不足、人力资源管理缺失。首先，川菜企业应该积极依靠有川菜餐饮教育的高校，使其成为自己管理工作的智囊机构，帮助自己进行人力资源规划，获得一定质量和必要数量的人力资源，从而求得人员需求量和人员拥有量之间在企业未来发展过程中的匹配，正确进行人力资源的招聘与配置，培训与开发。特别是在人员的绩效管理、薪资福利管理中摈弃劳动密集型企业的传统管理方式，以人为本，贯穿效率，通过有效的绩效考核、适度的物质激励、人性化的精神激励，达到有效激励和提升员工满意度的目的。其次，深化与高等川菜餐饮教育、职业教育学校的人才培养合作，从培养层次、培养目标、培养规格、培养规模等方面与高等学校全面合作，将与学校联合进行人才培养作为提升企业竞争力的重要方式。川菜企业通过以上方式可以在转型升级的形势下最大限度地解决人力资源面临的内部管理问题，最终建立现代化的人力资源管理体系。川菜餐饮类高等院校可以发挥的作用可以归纳如下：

（1）人力资源规划

帮助川菜企业进行人力资源规划，使其拥有一定质量的和必要数量的稳定的人力，以实现包括个人利益在内的川菜企业目标拟订一套措施，从而求得人员需求量和人员拥有量之间在川菜企业未来发展过程中的匹配。其内容主要包括：川菜企业组织机构设置，川菜企业组织机构调整与分析，川菜企业人员供给需求分析，川菜企业人力资源制度制定，人力资源管理费用预算的编制与执行。

（2）招聘与配置

帮助川菜企业按照其经营战略规划的要求把优秀、合适的人招聘进企业，放在合适的岗位。其内容主要包括：招聘需求分析，餐饮企业工作分析和胜任能力分析，招聘程序和策略，招聘渠道分析与选择，招聘实施，特殊政策与应变方案，离职面谈，降低员工流失的措施。

（3）培训和开发

帮助川菜企业合理运用学习、训导的手段，提高员工的工作能力、知识水平和潜能发挥，最大限度地使员工的个人素质与川菜企业的工作需求相匹配，促进员工工作绩效的提高。其内容主要包括：餐饮行业基本理论学习，餐饮项目评估，餐饮需求调查与评估，餐饮技能培训与发展，需求评估与培训，培训建议的构成，员工培训、发展与教育，培训的系统方法，开发管理与企业领导，开发自己和他人，项目开发与管理。

（4）绩效管理

帮助川菜企业有目的、有组织地对日常工作中的员工进行观察、记录、分析和评价。其主要内容包括：绩效管理准备，实施、考评、总结，应用开发，绩效管理的面谈，绩效改进的方法，行为导向型考评方法，结果导向型考评方法。

（5）薪资福利管理

帮助川菜企业构建全面合理的薪酬体系、福利体系。其内容主要包括：岗位评价，薪酬等级、薪酬调查、薪酬计划、薪酬结构、薪酬制度的制定，薪酬制度的调整，人工成本核算，福利保险管理，企业福利项目的设计，企业补充养老保险和补充医疗保险的设计，评估绩效和提供反馈。

（6）劳动关系

帮助川菜企业保持良好的员工劳动关系。其主要内容包括：劳动法和劳动合同法、劳动关系和劳务关系、企业激励和协调、劳资谈判和调解、工会化和集体谈判。

通过川菜高等餐饮教育与川菜企业的有机衔接，建立川菜企业现代合理的人力资源管理体系，从根本上解决招工难、用工难、人员流失严重和流动率高的问题。

8.1.2.2 探索高等餐饮教育与职业教育的有机衔接

明确每一个教育层次的人才培养目标和人才培养模式，做到人才培养的互补而不是相互竞争。办有高等餐饮类本科专业的高校可以逐步提高招收在职技术技能人员的比例，积极探索在职人员学历素质提升教育模式，为一线川菜餐饮技术技能人才职业发展、终身学习提供有效支持。适当扩大招收中职、专科层次毕业生的比例，打通川菜餐饮职业教育和普通高等餐饮教育的通道。制定多样化川菜餐饮类人才培养方案，根据学习者来源、知识技能基础和培养方向的多样性，全面推进模块化教学和学分制。

8.1.2.3 探索高等餐饮教育与企业和社会培训机构的有机衔接

办有高等餐饮类本科专业的高校主动承接川菜产业继续教育任务，加强与行业和领先企业合作，使此类应用型高校成为地方政府、川菜产业和企业依赖的继续教育基地。主动与社会培训机构融合，为社会培训机构提供富有理论性和实战技能的高层次兼职教师，同时为社会培训机构培训大量兼具理论功底和实战技能的专业教师。通过继续教育的方式，为社会培训机构培养的毕业生提供深造的机会，为川菜产业提供大量兼具理论功底和技能的现代餐饮人才。

8.1.2.4 建立紧密对接产业、创新链的川菜产业人才培养体系

根据对川菜产业的现状分析及需求分析，有机衔接高等教育、职业教育、社会培训力量，紧密对接产业和创新链的餐饮专业体系可以包括以下几种类型（专业群）：战略规划类专业群（管理科学、工商管理、旅游管理、电子商务、经济学）、生产运营类专业群（工商管理、特许经营管理、会计学、财务管理、人力资源管理、物流管理、物流工程、贸易经济、公共关系学、商品学）、市场营销类专业群（工商管理、市场营销、商品学、电子商务、国际商务）、关键技术类专业群（烹饪营养与教育、食品科学与工程）、现代服务类专业群（酒店管理、商务英语、旅游管理、会展经济与管理、文化产业管理、物业管理）。

8.1.2.5 创新川菜应用技术技能型人才培养模式

无论是高等餐饮教育，还是职业教育和社会培训机构，都需要本着专业对接产业和地方、打造教学共同体的指导思想来创新餐饮应用技术技能型人才培养模式，主动适应川菜产业发展和转型升级需求，注重夯实学生理论基础，拓宽专业口径，体现学科交叉融合，坚持内涵式发展，为学生终身学习和继续深造奠定坚实的基础。要将学校、政府、企业（用人单位）、教师、家庭、学生凝结而成的教学共同体理念贯穿于课程与课程体系设置、教学内容和教学方式改革中，为社会培养出真正“应用型、有特色、开放式、国际化”的应用技术型人才。

8.2 川菜产业人才培养研究

川菜产业向现代服务业转型升级过程中，人才将是明确产业发展战略、转型生产经营方式、转变营销理念、提升品牌和服务能力的核心要素和重要支撑。根据川菜产业转型升级的要求，川菜产业人才培养应与其相匹配和适应。

8.2.1 战略规划类人才培养

川菜企业面临的转型困境及内部管理问题主要来自缺乏产业及企业的战略规划。企业和产业的发展应该首先制定战略规划，其次是对战略的执行和实施。而川菜企业的发展往往是由小及大，特别是在劳动密集型发展年代，三五朋友集结而成的个体户占比较大。由于企业性质和经营管理层的问题，很多企业没有战略规划。因此，川菜企业面临的一个重大选择就是重新审视企业的发展方向和进行企业流程的再造。熟悉川菜产业，同时熟悉企业管理的战略规划的人才，是川菜企业亟须培养和储备的首类人才。

战略规划是川菜企业处于宏观环境、行业环境和竞争环境中，配置利用资源以谋取竞争优势的一系列决策、计划和组织实施行动。川菜企业的战略规划需要特别关注总体战略、竞争战略和人力资源战略。总体战略涉及餐饮企业的长远发展和业务开拓，关系到企业的生存与发展，是企业最基本的行动大纲。由于其重要性，企业总体战略通常由企业高层管理者参与制订。但由于历史和现实原因，川菜企业高层管理者多数不具备完整制订发展规划的能力，需要相应人才进行辅助和参谋，对内外部环境进行分析，提供备选方案、同时评估实施过程和实施结果。对川菜企业而言，能够从事这类规划辅助任务的人才并不多，这就需要对人力资源的环境分析能力、方案制订能力和战略实施能力进行相关培训，使其具有为企业高层出谋划策的能力。

竞争战略的目标是提升川菜企业的竞争力。川菜企业之所以竞争能力不强，就是在产品创新、生产管理、成本控制等方面的竞争战略不清。因此，在每一个业务层次的战略规划中，能够清晰了解市场竞争状态并进行竞争战略规划的人才都是需要培训和储备的。

人力资源战略是企业为实现总体目标而在人力资源的甄选、录用、培训、绩效、薪酬、激励、职业生涯管理等方面所做一系列决策。川菜企业需要科学地分析和预测环境的现状和变化趋势，制订企业人力资源取得、利用、保持和开发策略，使企业在特定的时间和条件下能够获得合适的人力资源供给。因此，川菜企业只有将人力资源战略放在重要的位置，才能有效地进行人力资源的规划、挖掘和使用，才能解决日渐突出的人力资源矛盾。

因此，战略规划类人才是解决川菜产业人力资源问题的首要需求，也是最重要的一项需求，需要加大培养和储备力度。

8.2.2 生产运营类人才培养

生产运营类人才的缺乏是川菜企业不能做大做强的一个明显短板。企业的生产运营工作是将投入品转变为产品或服务的所有活动。生产运营活动实质上是川菜企业进行资源转换的中心环节，只有在数量、质量、成本和时间等方面达到一定水准才能形成川菜企业有竞争力的生产和服务。川菜企业人力资源问题实质上是生产运营问题，如果不能很好地解决菜品的生产过程（现场炒制或工业化生产）、产能平衡、劳动标准、质量标准等问题，就无法实现人力资源的均衡布局。因此，生产运营能力的高低决定了川菜企业战略的成败。

同时，餐饮产业连锁化、规模化效应正在加强，这也正是川菜企业无法与国内其他省区的企业竞争的原因。如果不能很好地解决生产运营类人才培养问题，就无法进行连锁化、规模化经营。因此，川菜企业亟须培养大量的生产运营类人才。

8.2.3 市场营销类人才培养

营销管理已经成为现代企业不可忽视的重要工作。菲利普·科特勒指出市场营销是个人和集体通过创造产品和价值，并同别人自由交换产品和价值，来获得其所需所欲之物的一种社会和管理过程。

现代服务业与传统服务业最大的区别之一就是能否精准地找到市场需求，甚至于创造市场需求。“酒好不怕巷子深”是四川老牌餐饮一直秉承的策略，但在市场需求发展如此之快的今天，这种策略显然已经过时。在数字经济和经济新常态背景下，我国模仿型排浪式消费阶段基本结束，个性化、多样化消费渐成主流，竞争形态也逐步转变为质量型、差异化为主。个性化、多样化消费以及差异化竞争，都需要川菜企业获取大量的市场营销人才从事市场机会分析、目标市场分析、市场定位分析、市场策略分析、营销计划制定、营销组织管理、营销控制等工作。因此，市场营销类人才是川菜企业满足消费者个性化、多样化需求，不断创新产品和服务形式的重要环节。

8.2.4 关键技术类人才培养

川菜产业的企业化运作需要靠战略规划人才、生产运营人才、市场营销人才，这些人才能够保证川菜企业沿着正确的方向前进，做大做强。但只有这些人才，还无法构建川菜企业的核心竞争力。核心竞争力是经过了企业内一系列挖掘和整合过程而形成的，是可以协调融合多种生产技能、生产关系及整合多种经验的知识或能力，是能够通过形成独特的产品和服务向消费者提供核心价值的核心能力。

川菜之所能成为四大菜系之一，与其独有的饮食文化、特有的食材、独特的烹饪方式、众多懂得川菜美食的关键技术人才无不相关。其中关键技术类人才可谓是川菜制作和创新的灵魂，产业发展的核心。他们以极致的态度对自己的餐饮产品精雕细琢，精益求精、追求完美。他们喜欢不断雕琢自己的餐饮产品，不断改善自己的工艺，享受着餐饮产品在双手中升华的过程。他们的目标是打造川菜产业中最优质的、其他同行无法匹敌的卓越产品。他们完美演绎了川菜产业中的工匠精神，也就是追求卓越的创造精神、精益求精的品质精神、用户至上的服务精神。他们用特有的食材、特有的烹调方式创造了川菜特有的色、香、味、形、意，以及附着在川菜上的特有文化。这种工匠精神打磨下的川菜产品和服务价值不仅能被消费者广泛认可，还很难被竞争对手模仿和替代。因此，关键技术类人才是川菜企业构建核心竞争力的关键要素，也是所有人才中最难培养的人才类别。企业需要研究这类人才的培养方式，长期积累，特别重视加强培养和储备。

8.2.5 现代服务类人才培养

餐饮服务类人才对川菜企业的转型升级非常重要，但企业往往最容易忽视餐饮服务类人才的培养。在劳动力充裕的年代，川菜企业可以通过最廉价的方式雇佣到初级劳动力，这些劳动力没有经过专业培训，甚至没有接受过正规的教育，其服务质量可想而知。

在经历了近四十年的经济社会快速发展和变迁之后，消费者的价值观、生活方式和消费观念都发生了巨大的变化，对衣食住行的需求都已不仅仅是满足基本需要，而已经成为其追求美好生活的一部分。他们对餐饮的需求也不再局限于低价、吃饱等基本要素，而是更加注重餐饮产品背后所蕴含的服务。消费者渴求在餐饮消费的同时得到精神和物质上的双重满足，尤其是心理上、精神上的享受。这就需要餐饮服务人员不仅要拥有良好的职业道德、职业化的外在形象、热情的服务态度、娴熟的服务能力，还需要拥有良好的应变能力、优秀的沟通能力、协调的协作能力。因此，川菜企业向现代服务型企业转型升级，满足消费者个性化、多样化的消费需求，亟须大量的现代服务管理人才和现场服务人才。

综上所述，推进川菜产业的转型升级应更为重视以上各类型人才的培养，将政府相关部门、行业协会、高等院校、职业培训学校、教育机构等与人才培养紧密相关的各类机构职能进行整合优化，进而建立起有机的餐饮人才培养体系。培养大量对推进川菜产业转型升级有重要作用的多层次、多类型人才。

9 平台——政府及行业协会在产业升级转型中的定位和作用

9.1 川菜产业政、产、学、研、用横向合作平台搭建

推进川菜产业向现代服务业转型升级需要进行政、产、学、研、用横向合作平台的搭建。通常情况下政产学研用分别代表着政府部门、企业集团、高等院校、科研机构和目标用户五个方面。只有五个方面通力协作，才能更好地推动产业的升级转型。其中，政府部门属于宏观层面；目标用户代表市场需求，属于中观层面；企业集团、高等院校和科研机构受宏观层面的政府部门领导，需要满足中观层面目标用户的需求从事具体的活动，属于微观层面。

首先，川菜产业的升级转型发展需要政府营造出良好的政策环境和创新氛围。政府部门不仅仅需要对川菜企业进行直接的技术开发项目资金支持，更需要发挥“有形的手”的作用，多方位配套出台人才政策激励政策、协调政策、监管政策等，加强引导和宏观调控，优化配置川菜产业发展亟须的各类资源，为川菜企业做大做强提供良好的内外环境和市场竞争秩序。

其次，川菜企业是川菜产业发展的主体，是转型升级的核心。企业对社会需求最了解，对市场反应也最灵敏，能有效凝聚资源力量，生产产品投入市场。因此，川菜企业的主体地位是政产学研用结合的关键所在。

再次，高等院校主要进行川菜产业相关科技的原始创新，科研机构偏向于新思想、新模型的关键技术创新。在以川菜企业为主体的政产学研用结合中，高等院校和科研机构要紧密结合，共同为川菜企业服务，充分发挥两者在川菜技术和管理创新中的重要作用。同时，在科研成果实现之后，要尽快联合川菜企业将科研成果付诸应用，实现科研成果向现实生产力的转化。

最后，政产学研用的横向合作及平台搭建不能仅仅限于理论层面，必须付

诸实施才会发生效用。在平台搭建的过程中，政府不可替代地担负了核心、关键的角色，只有服务型政府发挥服务性作用，才能将政产学研用的各个主体作用发挥出来，通过必要的行政机制使其发挥有机的统一体效用。

9.2 加大川菜产业的国际交流

加深川菜产业国际化交流程度，加大对海外华人开办的川菜企业的支持力度。国际化对川菜产业向现代服务业转型升级有极强的推动力，川菜产业国际化的进程实质上就是向现代服务业转型升级的进程。而国际化涉及政府、行业协会、高校、科研机构、川菜企业等。川菜企业是川菜国际化的主体；政府需要加大对川菜企业国际化的支持力度，包括设立川菜产业国际化投资基金、给予川菜产业国际化相应政策支持、向川菜国际化经营企业提供相关保障等；行业协会应加大国际文化交流与民间组织交流，向川菜国际化经营企业提供必要的智慧支持，为川菜企业的国际运营牵线搭桥；高等院校应加大川菜产业国际化人才培养力度，与川菜国际化经营企业一起，探索国际化人才所需的知识和技能，创新人才培养模式，弥补川菜国际化人才缺口。同时，政府和行业协会应将川菜区域品牌上升到战略层面。促进全社会树立川菜品牌意识和创新意识，构建川菜产业的知识产权保护体系。最后，川菜的国际化交流不仅仅是国内企业走出国门，还有国外的海外华人华侨，甚至是外国人经营川菜企业。对这部分企业，政府和行业协会也应加大政策扶持力度，从资金、技术、文化、政策各个方面给予支持，使川菜产业不仅在国内，在国际上也有更大的生存和发展空间。

9.3 提升川菜产业文化与技术国际化影响力

现代服务业与传统服务业最大的差别就是文化内涵的集成性，也就是说高品位的文化集成是现代服务业的重要属性。四川拥有悠久的饮食历史文化，这为川菜产业的文化集成提供了坚实的基础。政府和行业协会应以巴蜀文化中的饮食文化为切入点，将川菜产业与古巴蜀饮食文化、酒文化、茶文化、川西少数民族文化等进行有机的整合，进而挖掘川菜文化背后所蕴含的深刻内涵，最终形成独具文化和地域特色的川菜文化品牌。通过政府、行业协会、高等院校、川菜企业的合理分工、持续创新，达到川菜文化品牌识别、搭载、集聚和刺激的效应。

9.4 促进川菜行业协会转型

川菜产业的发展离不开行业协会的推动，要促进川菜行业协会在行业自律、技术创新、交流、推广等方面发挥更大的作用。四川省旅游协会餐饮分会、四川烹饪协会、四川省美食家协会、四川省饭店与餐饮娱乐行业协会、成都市餐饮同业公会等对推动川菜产业的发展都有较大的贡献。然而，协会之间老死不相往来、各自为政的状态。使得川菜产业没有一个统一的交流平台。川菜产业亟须一个统一的平台，积极开展行业组织、行业自律、资源整合、企业维权、商业协调、国际交流、人才培训等方面的工作，以促进川菜产业进步与发展。行业协会主要应起到的作用和提供的服务包括：开展行业服务、开展培训服务、开展技术服务、开展信息服务、开展对外交流服务等。

9.5 政府应加强对川菜产业的扶持力度

政府应进一步加强对川菜产业转型升级的扶持力度。首先，加大资金支持力度。每年在省级财政预算中安排一定的额度用于支持川菜产业的发展，各地、市、州也应结合当地实际情况，配套出台相应的川菜产业发展扶持资金，对川菜产业相关的现代物流业、信息服务业也给予一定的资金支持。其次，标准化建设。虽然川菜产业的标准化、规范化建设方面取得了一些突破，但仍处于起步阶段，制订川菜产业相关标准的步伐还需加快，已制订、颁布的标准有待进一步推广、实施。第三，统计体系的建立。专门针对川菜产业的统计体系尚未建立，统计口径不一致，难以真实客观地反映产业发展现状，还不能为川菜产业相关政策措施的制订与实施提供可靠的依据。

参考文献

[1] AMIT R, ZOTT C. Value creation in e-business [J]. Strategic Management Journal, 2001, 22 (6-7): 493-520.

[2] BULL P J, HEALEY M J, LLBERRY B W . Location and change: perspectives on economic geography [J]. Transactions of the Institute of British Geographers, 1993, 18 (1): 150.

[3] AMIT R, ZOTT C, L MASSA. The business model: recent developments and future research [J]. Journal of Management, 2011, 37 (4): 1019-1042.

[4] YAHYA S, KINGSMAN B . Modelling a multi-objective allocation problem in a government sponsored entrepreneur development programme [J]. European Journal of Operational Research, 2002, 136 (2): 430-448.

[5] CHANGIZI M A, ZHANG Q, SHIMOJO S . Bare skin, blood and the evolution of primate colour vision [J]. Biology Letters, 2006, 2 (2): 217-221.

[6] CHEN X. ANALYSIS for Digital Content Industry Value Chain [C] // IEEE International Conference on Network Infrastructure and Digital Content, 2009. Ic-Nidc. IEEE, 2009: 349 - 352.

[7] CHESBROUGH H. Business model innovation: it´s not just about technology anymore [J]. Strategy & leadership, 2007, 35 (6): 12-17.

[8] CROWLEY A E . The two-dimensional impact of color on shopping [J]. Marketing Letters, 1993, 4 (1): 59-69.

[9] CROZIER W R . The psychology of colour preferences [M] // Review of Progress in Coloration and Related Topics. 1997.

[10] MITCHELL D, COLES C. The ultimate competitive advantage of continuing business model innovation [J]. Journal of Business Strategy, 2003, 24 (5): 15-21.

[11] ELLIOT A J, MAIER M A . Color psychology: effects of perceiving color

on psychological functioning in humans [J]. Annual Review of Psychology, 2014, 65 (1): 95-120.

[12] FAI F, TUNZELMANN N V. Industry-specific competencies and converging technological systems: evidence from patents [J]. Structural Change & Economic Dynamics, 2001, 12 (2): 141-170.

[13] GAMBARDELLA A, TORRISI S. Does technological convergence imply convergence in markets? Evidence from the electronics industry [J]. Research Policy, 1998, 27 (5): 445-463.

[14] GORN G J, CHATTOPADHYAY A, SENGUPTA J, et al. Waiting for the web: how screen color affects time perception [J]. Journal of Marketing Research, 2004, 41 (2): 215-225.

[15] HAMEL G, TRUDEL J D . Leading the revolution [J]. Journal of Product Innovation Management, 2001, 18 (3): 212-213.

[16] HUNT S. Book review: the production and distribution of knowledge in the United States fritz machlup [J]. Journal of Political Economy, 1965, 73 (3): 45-58

[17] ISHIDA F, SAKUMA H, ABE H, et al. Remodeling method for business models of R&D outputs [C] //Technology Management for the Global Future, 2006. PICMET 2006. IEEE, 2006, 2: 708-714.

[18] JRAISSATI Y, SLOBODENYUK N, KANSO A, et al. Haptic and tactile adjectives are consistently mapped onto color space [J]. Multisensory Research, 2015, 121 (1-3): 253-278.

[19] LA LONDE B J, MASTERS J M . Emerging logistics strategies [J]. International Journal of Physical Distribution & Logistics Management, 1994, 24 (7): 35-47.

[20] LEI D T. Industry evolution and competence development: the imperatives of technological convergence [J]. International Journal of Technology Management, 2000, 19 (7/8): 699-738.

[21] MAGRETTA J. Why business models matter [J]. Harvard Business Review 2002 (5). 3-8.

[22] MEHTA R, ZHU R. Blue or red? Exploring the effect of color on cognitive task performances [J]. Science, 2009, 323 (5918): 1226-1229.

[23] MEIER B P, D'AGOSTINO P R, ELLIOT A J, et al. Color in context:

psychological context moderates the influence of red on approach- and avoidance-motivated behavior [J]. Plos One, 2012, 7 (7): e40333.

[24] MONCZKA R M, TRECHA S J . Cost-Based supplier performance evaluation [J]. Journal of Purchasing and Materials Management, 1988, 24 (1): 2-7.

[25] JOHNSON MW, CHRISTENSEN CM. Reinventing your business model [J]. Harvard Business Review, 2008, (11): 59-68.

[26] PATELI A G, GIAGLIS G M. Technology innovation-induced business model change: a contingency approach [J]. Journal of Organizational Change Management, 2005, 18 (2): 167-183.

[27] PRYKE S R. Is red an innate or learned signal of aggression and intimidation? [J]. Animal Behaviour, 2009, 78 (2): 393-398.

[28] RAPPA M A. The utility business model and the future of computing services [J]. IBM Systems Journal, 2004, 43 (1): 32-42.

[29] SHEVELL S K, KINGDOM F A . Color in complex scenes [J]. Annual Review of Psychology, 2008, 59 (1): 143-166.

[30] TIMMERS P. Business models for electronic markets [J]. Electronic Markets, 1998, 8 (2): 3-8.

[31] VOELPEL S C, LEIBOLD M, TEKIE E B . The wheel of business model reinvention: how to reshape your business model to leapfrog competitors [J]. Journal of Change Management, 2004, 4 (3): 259-276.

[32] WALTERS J, APTER M J, SVEBAK S . Color preference, arousal, and the theory of psychological reversals [J]. Motivation and Emotion, 1982, 6 (3): 193-215.

[33] WHEELWRIGHT S C, CLARK K B. Creating project plans to focus product development [J]. Harvard Business Review, 1992, 70 (2): 70-82.

[34] 保尔·芒图. 十八世纪产业革命：英国近代大工业初期的概况 [M]. 北京：商务印书馆，1983.

[35] 曾静. 第三方物流服务项目风险管理研究 [D]. 电子科技大学，2012.

[36] 车辐. 川菜杂谈 [M]. 北京：生活·读书·新知三联书店，2004.

[37] 陈倩. 基于组织学习视角的我国餐饮业人力资源管理模式研究 [D]. 天津大学，2011.

[38] 陈荣秋，马士华. 生产运作管理：第五版 [M]. 北京：机械工业出

版社，2017.

［39］陈云川. 西部大开发中川菜产业升级对策研究［D］. 西南财经大学，2001.

［40］程婕. 中小型餐饮企业人力资源管理对策：基层员工流失问题的思考［J］. 商场现代化，2017（4）：106-107.

［41］戴佳. 基于消费者情感需求的产品个性化设计研究［D］. 上海交通大学，2007.

［42］戴维·拉克尔，布莱恩·泰安. 北京：中国人民大学出版社，2018.

［43］丁一. 川菜产业"走出去"与农业产业化［J］. 农村经济，2005（10）：36-39.

［44］丁一. 西部地区特色产业市场拓展的营销策略：川菜品牌与川菜产业"走出去"的现状、问题及对策［J］. 西南民族大学学报（人文社科版），2005，26（09）：53-56.

［45］东晋·常璩. 华阳国志［M］. 济南：齐鲁书社，2010.

［46］段海燕，赵瑞君，佟昕. 现代装备制造业与服务业融合发展研究：基于"互联网+"的视角［J］. 技术经济与管理研究，2017（1）：119-123.

［47］盖建华. 我国信息技术产业与现代服务业产业关联分析［J］. 经济问题，2010（03）：31-36.

［48］格鲁伯（加），沃克（加）. 服务业的增长：原因与影响［M］. 陈彪如，译. 上海：上海三联书店，1993.

［49］郭健波. 餐饮企业人力资源流失对策研究［J］. 中国新技术新产品，2012（05）：223-223.

［50］郭金喜. 传统产业集群升级：路径依赖和蝴蝶效应耦合分析［J］. 经济学家，2007，3（03）：66-71.

［51］何少萍，鲁正坤. 加快郫县川菜产业化功能区绿色（有机）食品蔬菜产业发展的思考［J］. 四川农业科技，2011（07）：50-51.

［52］何勇. 现代服务业/制造业的发展与产品服务化的关系［J］. 商业研究，2006（21）：150-154.

［53］胡启恒. 现代服务业发展与中国教育［C］// 中国教育国际交流协会 2004 年国际教育论坛. 2004.

［54］黄静，王正荣，杨德春，等. 色彩营销研究：回顾与展望［J］. 外国经济与管理，2018，40（10）：40-53.

［55］黄丽娟，甘筱青. 消费者个性化的虚拟商店设计构建［J］. 仪器仪表

学报，2006，（S3）：2510-2511.

［56］黄卫伟. 生产与运营管理［M］. 北京：中国人民大学出版社，2015.

［57］姜冰，邓志民. 郫县安德镇：特色经济创造川菜产业奇迹［J］. 今日中国论坛，2007（11）：122+119.

［58］蒋传海，唐丁祥，杨渭文. 消费者寻求多样化与企业定价竞争［J］. 财经研究，2012（02）：72-81.

［59］蒋传海，唐丁祥. 厂商动态竞争性差别定价和竞争优势实现：基于消费者寻求多样化购买行为的分析［J］. 管理科学学报，2012，15（03）：44-53.

［60］卡丽斯·鲍德温，金·克拉克，等. 设计规则：模块化的力量［M］. 北京：中信出版社，2006.

［61］来有为. 加快新兴现代服务业发展需进行制度和政策创新［J］. 中国发展观察，2013（06）：27-31.

［62］李彩兰. 餐饮企业如何实施JIT生产方式［J］. 太原学院学报（社会科学版），2004，5（04）：8-10+28.

［63］李飞，米卜，刘会. 中国零售企业商业模式成功创新的路径：基于海底捞餐饮公司的案例研究［J］. 中国软科学，2013，（09）：97-111.

［64］李进军，王世峰，董恺凌. 经济转型背景下餐饮商业模式创新研究［J］. 成都大学学报（社会科学版），2014，（03）：29-32.

［65］李美云. 服务业的产业融合与发展［M］. 北京：经济科学出版社，2007.

［66］李琪，盖建华. 我国现代服务业发展的动态演进分析［J］. 未来与发展，2007（01）：37-41.

［67］李善同，陈波. 世界服务业发展趋势［J］. 经济研究参考，2002（11）：38-44.

［68］李善同. 凸现新经济特点：世界服务业发展趋势［J］. 国际贸易，2002（03）：26-30.

［69］李时椿，常建坤. 创业学：理论、过程与实务［M］. 北京：中国人民大学出版社，2011.

［70］李文秀，夏杰长. 基于自主创新的制造业与服务业融合：机理与路径［J］. 南京大学学报（哲学·人文科学·社会科学），2012，49（02）：60-67+159.

［71］李娅岚. 我国第三方物流公共政策探讨［J］. 知识经济，2012（11）：

104-105.

[72] 李扬，张晓晶. "新常态"：经济发展的逻辑与前景 [J]. 经济研究，2015 (05)：4-19.

[73] 李宗桂. 中国文化概论 [M]. 广州：中山大学出版社，1988.

[74] 凌守兴. 基于 CRM 的物流配送信息平台的构建 [J]. 物流技术，2013，(11)：425-427.

[75] 刘兵权，王耀中. 分工、现代生产性服务业与高端制造业发展 [J]. 山西财经大学学报，2010 (11)：35-41.

[76] 刘纯彬，杨仁发. 基于产业融合的我国生产性服务业发展研究 [J]. 经济问题探索，2011 (09)：69-73.

[77] 刘琳. 冷链物流配送优化路径模型及控制算法 [D]. 烟台大学，2012.

[78] 刘明宇，芮明杰，姚凯. 生产性服务价值链嵌入与制造业升级的协同演进关系研究 [J]. 中国工业经济，2010 (08)：66-75.

[79] 刘思勋，车振明，周昌豹. 郫县川菜特色调味品产业集群发展战略研究 [J]. 食品与发酵科技，2009，45 (03)：23-25.

[80] 刘卫星，丁信伟. 基于六维平衡计分卡的商业模式评价体系构建 [J]. 工业技术经济，2010，29 (12)：131-135.

[81] 刘志彪. 论以生产性服务业为主导的现代经济增长 [J]. 中国经济问题，2001 (01)：10-17.

[82] 刘重. 论现代服务业的理论内涵与发展环境 [J]. 理论与现代化，2005 (06)：47-50+60.

[83] 卢显文，王毅达. 产品开发集成创新的过程与机制研究 [J]. 科研管理，2006，27 (05)：10-16.

[84] 卢一. 论川菜的核心 [J]. 四川旅游学院学报，2010 (01)：10-10.

[85] 陆国庆. 基于信息技术革命的产业创新模式 [J]. 产业经济研究，2003 (04)：31-37.

[86] 罗珉. 商业模式的理论框架述评 [J]. 当代经济管理，2009，31 (11)：1-8.

[87] 罗晓东. 西康文化历史珍稀资料汇编 [M]. 成都：四川大学出版社，2018.

[88] 马连福等. 公司治理 [M]. 北京：中国人民大学出版社，2017.

迈克尔·波特. 竞争战略 [M]. 北京：中信出版社，2014.

[89] 麦克尔·约翰逊. 忠诚效应：如何建立客户综合衡量与管理体系[M]. 上海：上海交通大学出版社，2002.

[90] 孟园园. 基于GIS的物流配送系统设计 [D]. 大连海事大学，2012.

[91] 彭茂，李进军. 基于TPS模型的现代餐饮物流配送系统研究 [J]. 四川旅游学院学报，2016，122 (01)：26-29.

[92] 钱炳，金中坤，方文辉. 模块化生产组织方式对模块供应商创新意愿的影响研究 [J]. 科技管理研究，2014，(08)：202-206.

[93] 邱少格. 第三方物流系统的设计与实现 [D]. 电子科技大学，2012.

[94] 荣力锋. 第三方物流服务的时效性研究 [J]. 价值工程，2012 (11)：19-20.

[95] 塞西尔·博扎思，罗伯特·汉德菲尔德. 运营与供应链管理 [M]. 北京：中国人民大学出版社，2014.

[96] 尚永胜. 我国现代服务业的发展现状、问题及对策 [J]. 山西师大学报（社会科学版）2005 (05)：25-28.

[97] 申诚. 模块化：一种新生产组织方式的导入 [J]. 企业改革与管理，2013 (09)：5-6.

[98] 苏洁. 餐饮业人力资源饥荒的应对 [J]. 饭店现代化，2009 (03)：60-62.

[99] 孙鹏，罗新星. 区域现代物流服务业与制造业发展的协同度评价：基于湖南省数据的实证分析 [J]. 系统工程 2012 (07)：112-116.

[100] 孙鹏，罗新星. 现代物流服务业与制造业发展的协同关系研究[J]. 财经论丛，2012 (05)：97-102.

[101] 孙晓峰. 现代服务业发展的动力机制及制度环境 [J]. 兰州学刊，2004 (06)：161-163.

[102] 谭继和. 巴蜀文化：四川朝阳产业的光源 [J]. 四川省情，2007 (03)：8-10.

[103] 谭丽梅. 黑龙江省区域物流配送中心选址问题研究 [D]. 哈尔滨工程大学，2011.

[104] 谭仲池. 现代服务业研究 [M]. 北京：中国经济出版社，2007.

[105] 唐振龙. 生产组织方式变革、制造业成长与竞争优势：从工厂制到温特制 [J]. 世界经济与政治论坛，2006 (03)：60-65.

[106] 田志龙，盘远华，高海涛. 商业模式创新途径探讨 [J]. 经济与管理，2006，20 (01)：42-45.

[107] 仝凯歌. 基于电子商务需求的第三方物流业竞争力研究 [D]. 上海师范大学，2012.

[108] 童芳，周庭锐. 消费者多样化购买行为影响因素的研究 [J]. 商场现代化，2006，(34)：243-244.

[109] 屠一琳，霍佳震. 餐饮物流配送路线的优化研究 [J]. 重庆交通大学学报（自然科学版），2009，28 (5)：956-959.

[110] 万志超，王亚杰. 基于商品属性的消费者个性化偏好模型研究 [J]. 北京邮电大学学报（社会科学版），2013，(05)：79-83.

[111] 汪小勤，汪红梅. "人口红利"效应与中国经济增长 [J]. 经济学家，2007 (01)：104-110.

[112] 王堃. 威福克餐饮管理有限公司商业模式分析 [J]. 合作经济与科技，2015，(19)：118-119.

[113] 王世达，陶亚舒. 巴蜀文化的特征及其对当代四川文化发展的影响 [J]. 成都大学学报（社科版），1989，(04)：36-40+46.

[114] 王昱，杨铭铎. 中餐国际化发展面临的问题研究 [J]. 商业经济，2017 (10)：88-89+94.

[115] 王鑫鑫，王宗军. 国外商业模式创新研究综述 [J]. 外国经济与管理，2009，31 (12)：33-38.

[116] 王耀中，任英华，姚莉媛. 服务业集聚机理研究新进展 [J]. 经济学动态 2010 (04)：104-109.

[117] 王治，王耀中. 中国服务业发展与制造业升级关系研究：基于东、中、西部面板数据的经验证据 [J]. 华东经济管理 2010 (11)：65-69.

[118] 魏浩，黄皓骥，刘士彬. 对外贸易的国内就业效应研究：基于全球63个国家的实证分析 [J]. 北京师范大学学报（社会科学版），2013 (06)：107-118.

[119] 魏炜，朱武祥. 发现商业模式 [M]. 北京：机械工业出版社，2018.

[120] 沃勒斯坦，伊曼纽尔，罗荣渠. 现代世界体系：第一卷 [M]. 北京：高等教育出版社，1998.

[121] 伍精忠. 凉山彝族风俗 [M]. 成都：四川民族出版社，1993.

[122] 武振业，周国华. 生产与运作管理 [M]. 成都：西南交通大学出版社，2000.

[123] 邢妍，王薇. 浅析中式餐饮连锁企业人力资源开发 [J]. 企业经济，

2010（06）：82-84.

［124］邢颖，弓如英. 餐饮企业集团商业模式创新思考：以“全聚德”为例［J］. 美食研究，2014，（03）：39-42.

［125］徐国祥，常宁. 现代服务业统计标准的设计［J］. 统计研究，2004，21（12）：10-12.

［126］闫宝华. 餐饮业服务人员流失的原因影响及对策分析［J］. 旅游纵览，2014（05）：117-118.

［127］杨甫旺. 彝族茶文化初探［J］. 农业考古，1997（04）：171-173+191.

［128］杨瑾，赵嵩正，王娟茹. 客户化供应链中的延迟策略［J］. 工业工程与管理，2005（04）：35-39+44.

［129］杨铭铎，王显. 中餐国际化发展历程回顾与发展机遇思考［J］. 四川旅游学院学报，2017（06）：30-32.

［130］杨仁发，刘纯彬. 生产性服务业与制造业融合背景的产业升级［J］. 改革，2011（01）：40-46.

［131］杨颖. 浅析我国餐饮业人力资源管理中员工离职率高的原因与对策［J］. 中国科技信息，2012（05）：117+126.

［132］用友网络科技股份有限公司编著. 企业数字化：目标、路径与实践［M］. 北京：中信出版社，2019.

［133］尤建新. 质量管理学［M］. 北京：科学出版社，2003.

［134］袁庭栋. 巴蜀文化［M］. 沈阳：辽宁教育出版社，1991.

［135］原磊. 商业模式体系重构［J］. 中国工业经济，2007（06）：70-79.

［136］张海梅. 广东传统产业转型升级的困境与出路［J］. 岭南学刊，2009（05）：115-118.

［137］张荣齐，田文丽. 餐饮连锁企业 O2O 商业模式研究［J］. 中国市场，2014，（32）：81-88.

［138］张银银，邓玲. 创新驱动传统产业向战略性新兴产业转型升级：机理与路径［J］. 经济体制改革，2013（05）：97-101.

［139］张众. 餐饮物流配送路径优化方法研究［J］. 物流技术，2014，（13）：262-264.

［140］郑吉昌，夏晴. 论生产性服务业的发展与分工的深化［J］. 科技进步与对策，2004（02）：13-15.

［141］植草益. 信息通讯业的产业融合［J］. 中国工业经济，2001（02）：24-27.

［142］周静莉，尹汝龙，邵东风. 石家庄餐饮业人力资源管理现状分析［J］. 江苏商论，2010（08）：60-61.

［143］周耀进，王丹. 武汉餐饮企业人才困境探析［J］. 市场周刊：理论研究，2007（04）：142-143.

［144］周振华. 产业融合：产业发展及经济增长的新动力［J］. 中国工业经济，2003（04）：46-52.

［145］周志丹. 信息服务业与制造业融合互动研究［J］. 浙江社会科学，2012（02）：34-38+57+156.

［146］朱高峰，郭重庆，徐性初，等. 全球化时代的中国制造［M］. 北京：社会科学文献出版社，2003.

［147］朱国清. 基于 MVC 模式的高校餐饮物流系统的设计与实现［D］. 浙江工业大学，2007.

［148］朱慧泉. 云计算的特点与关键技术及其在物联网中的运用［J］. 科学技术创新，2019（29）：86-87.

［149］朱晓婷. 高校后勤餐饮物流管理系统的设计与实现［D］. 北京交通大学，2015.

［150］朱秀梅，姜洋，杜政委，卢青伟. 知识管理过程对新产品开发绩效的影响研究［J］. 管理工程学报 2011（04）：113-122.